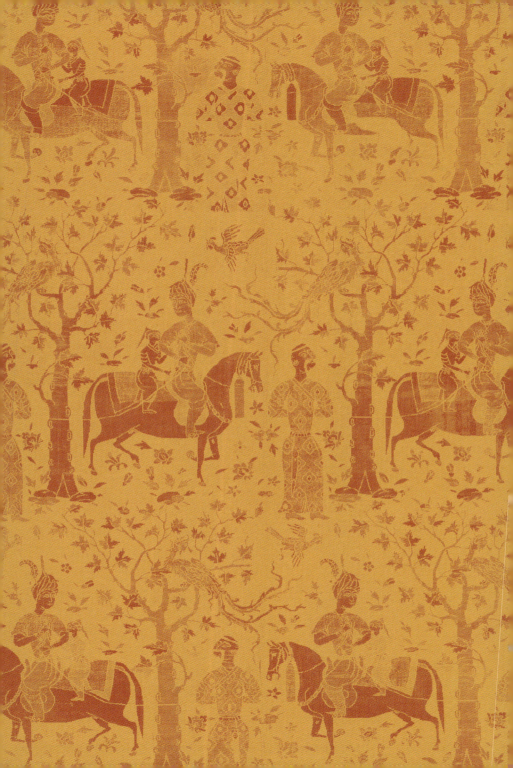

让
我
们
一
起
追
寻

Medieval Persia
1040~1797

波斯的
中古时代

1040~1797 年

〔英〕戴维·摩根（David Morgan）著

赵博阳 译

社会科学文献出版社
SSAP
SOCIAL SCIENCES ACADEMIC PRESS (CHINA)

目　录

各朝谱系及地图

1.大塞尔柱王朝

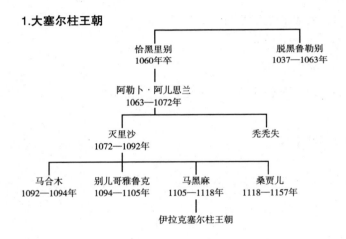

恰黑里别
1060年卒

脱黑鲁勒别
1037—1063年

阿勒卜·阿儿思兰
1063—1072年

灭里沙
1072—1092年

秃秃失

马合木
1092—1094年

别儿哥雅鲁克
1094—1105年

马黑麻
1105—1118年

桑贾儿
1118—1157年

伊拉克塞尔柱王朝

2.伊利汗王朝

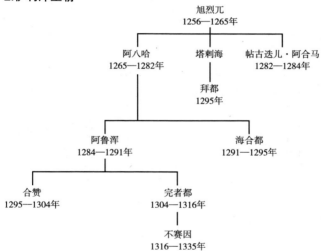

3.帖木儿王朝

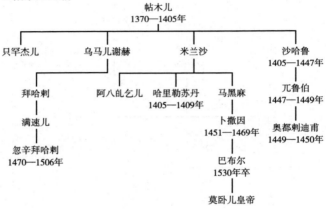

4.萨法维王朝

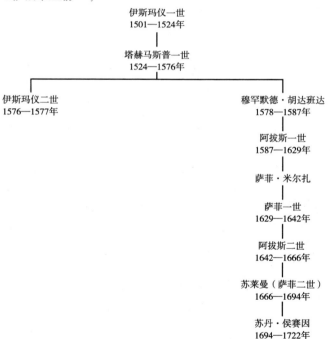

伊斯玛仪一世
1501—1524年

塔赫马斯普一世
1524—1576年

伊斯玛仪二世
1576—1577年

穆罕默德·胡达班达
1578—1587年

阿拔斯一世
1587—1629年

萨菲·米尔扎

萨菲一世
1629—1642年

阿拔斯二世
1642—1666年

苏莱曼（萨菲二世）
1666—1694年

苏丹·侯赛因
1694—1722年

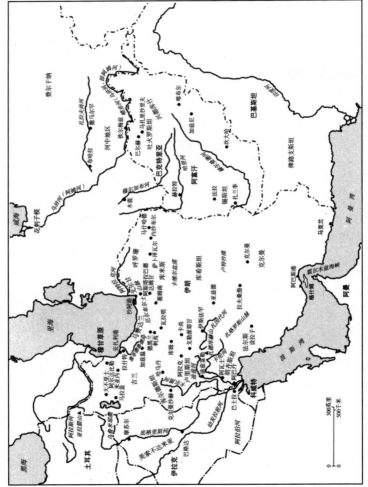

波斯中古时代地区概览

关于纪年的说明

伊斯兰纪元始于"徙志"（Hijra，有时拼作 Hegira），即公元 622 年先知穆罕默德从麦加逃往或迁徙至麦地那。因此，伊斯兰教的年份表达采用字母缩写 AH（Anno Hegirae）的形式。伊斯兰教历一年由 12 个阴历月组成，因此大约比西方的阳历（儒略历或格里历）少 11 天。要想找到西方纪年对应的伊斯兰纪年，就要使用换算表，反之亦然。这方面，弗里曼－格林威尔（G. S. P. Freeman-Grenville）的《穆斯林与基督徒日历》（*The Muslim and Christian Calendars*, London，1963）是一份实用的手册。需要注意的是，徙志历的一天从日落开始，相当于跨了公历的两天。

本书中出现的其他民族拥有自己的纪年法，例如，蒙古人使用十二生肖纪年法（借鉴自汉人），每一年以一种动物命名。因此，如果我们知道成吉思汗生于猪年，那就有可能是指公元 1155 年或公元 1167 年。本书中的纪年一般同时采用公历和伊斯兰历，伊斯兰历纪年采用括注形式标出，如 1258 年（伊历 656 年）。碰到不适合使用伊斯兰历的情形，则只采用公历。为了避免不必要的冗赘，年代（如"13 世纪 50 年代"）和世纪（如"13 世纪"）只用公历表述。

序

　　本书旨在用简明易懂的方式向读者描述从公元 11 世纪塞尔柱来临到 18 世纪末恺加王朝崛起这一时期的波斯历史。"先知穆罕默德与哈里发国时代"系列丛书中休·肯尼迪（Hugh Kennedy）的一卷论述了塞尔柱人征服前伊斯兰时代早期波斯的大部分历史，而马尔科姆·亚普（Malcolm Yapp）的两卷则讲述了恺加王朝及之后的历史。但当中的七个世纪尚是一片空白，亟须填补。这就是我写作《波斯的中古时代》的一个消极的原因。还有一个积极的原因。把伊斯兰时代早期的波斯当作一个独立的历史研究单元意义不大，必须将其视为伊斯兰世界不可分割的一部分。这在某种程度上总是正确的，只要不把从塞尔柱时代起的波斯历史单独分离开来，而是视为中东历史合情合理的细分，就更容易做到。

　　政治地理方面的内容就讲这么多。另外，还有一个分期的问题。历史的分期或多或少都有点随意。但这仍然必不可少，而我认为，我们可以把这七个世纪恰当地称为"中古时代"，并且它们在真正意义上具有统一性，这种统一性不只是证明把它们集合在一本书中的做法是合理的。然而，我认为直接从塞尔柱王朝开始叙述是不合理的，至少要先勾勒出 11 世纪波斯所处的历史背景。因此，本书第二章对 3 世纪至 11 世纪波斯的历史加以鸟瞰——当然鸟难免飞得又高又快，但我仍希望这么做能起到帮助，而不是造成混淆。

我有幸在本书出版前阅读了三部重要作品——已故的傅礼初（J. F. Fletcher）即将在《剑桥内亚史》中发表的关于乌兹别克人之兴起的文章，A. K. S. 兰顿（A. K. S. Lambton）的《中古波斯的连续性与变化——行政史、经济史与社会史的视角（11—14 世纪）》，以及 B. F. 曼茨（B. F. Manz）的《帖木儿的崛起和统治》。任何以后能读到这些文字的人一定会明白我对这些研究的感激之情。

感谢 P. M. 霍尔特教授（Prof. P. M. Holt）邀请我撰写本书，感谢他长期以来的鼓励，也感谢他给本书终稿提出的意见。兰顿教授和 A. H. 莫顿（A. H. Morton）先生审阅了本书倒数第二稿全文，并提出了意见。霍尔特教授和兰顿教授每人都修改了一次校样。K. S. 麦克拉克伦博士（Dr. K. S. McLachlan）为本书第一章提供了专业的地理学意见。G. R. 霍廷博士（Dr. G. R. Hawting）批评甚至推翻了第二章的初稿。我向所有这些朋友表示衷心的感谢。我欠他们的太多。倘若我有未听从他们建议的地方，一切责任和错误都在我。

戴维·摩根

1987 年 1 月

自 1987 年以来，我不断从各个方面了解有关本书主题的信息。我最感激的是上文提到的两位朋友——A. K. S. 兰顿教授和亚历山大·莫顿先生——可惜他们都已经离开了我们。安·兰顿（1912—2008 年）和上一代的爱德华·G. 布朗（Edward G. Browne）都是20 世纪最伟大的英国波斯学学者。桑迪·莫顿（Sandy Morton，1942—2011）和我一样都曾是安的学生。桑迪成了他那个时代最优秀的研究波斯语文本的学者。我非常荣幸数十年来能够吸收他们对波斯和波斯历史的广博知识和理解。二十多年里同阿里·安萨里教授（Prof. Ali Ansari）的多次讨论也使我获益匪浅，他曾是我的学生。我还要感谢威斯康星大学麦迪逊分校的学生们给我的激励，包括那些有胆量选修我"伊朗伊斯兰教"课程的本科生以及我指导过的研究生。

戴维·摩根

2015 年 3 月

第二版引言

也许有人会问，除了研究历史上异国事物的专家外，21世纪
还有谁会关心三百年前甚至一千年前波斯的事？而答案是双重的。
历史造就了今天的波斯，而波斯的历史对波斯人自身很重要。自本
书完成以来，波斯或者说伊朗总是见诸新闻。本书第一版解释了为
何使用"波斯"（Persia）一词，而不是现在流行的"伊朗"（Iran）。
打那以后，有些波斯人认同这一做法，但与这里提出的理由不同。
有人认为，自1979年革命以来，西方民众对"伊朗"的印象总体
上是负面的——高呼反美（实际上是反英）的人群、严厉的阿亚图
拉①（ayatollahs）、涉足恐怖主义、所谓的核武器计划等等。而对
"波斯"的联想往往是积极的——波斯地毯、波斯猫、细密画、诗
歌。因此，有人建议优先选择传统的西方术语。当然，对"波斯"
的联想集中于文化灿烂的往昔，而非不太吸引人的当下。

但我们对波斯昔日的评价能有多积极？英国或美国的读者或许
不会立刻意识到波斯的历史曾多么的动荡，远非英国和美国的命运
可比。英国四面环水，上一次被成功入侵还是在1066年（或者也
可以说是1688年）。美国受大西洋和太平洋庇护，南北陆地邻国几
乎不构成威胁。然而，波斯却是西方、东方和北方侵略者的必争之

---

① 伊斯兰教什叶派高级神职人员的称号。——译者注

地。我们要清楚，在本书所涵盖的时期内，除了 18 世纪波斯部分地区有过一个短暂的时期外，这个国家从未被伊朗裔民族统治过。所有统治过波斯的集团——他们大多为突厥裔——无论成功入侵者，还是内战胜利者，都是通过武力夺取政权的。

　　这听上去像是一则惨淡的故事？如果从严格的政治角度来看，或许如此。那几个世纪可以且常常被描绘成一系列入侵与屠杀，其特点是破坏、社会瓦解以及军人统治。他们中有些人可能是称职的战士，有些人却平平庸庸、残暴贪婪。这其中当然有耐人寻味之处。有人可能会说，我们有时候认为今天我们可以在波斯人或其中一些人身上看到的某些特征，与他们的国家过去经历的困境有关。这是一种危机感和戒备心，是因外国人过去的所作所为而心生怀疑。但除了政治和军事上的视角外，还有另一种看法。波斯的身份存在于哪里？当然不会在像诺曼征服以来的英国那样连续不断的政治史中。这是一种文化身份，有着悠久的传承。令人费解的是，直到目前，波斯人可能大多忘记了阿契美尼德王朝，像居鲁士（Cyrus）和大流士（Darius）这样的君王是罗马帝国之前古代世界最伟大帝国的统治者。不过，现代波斯语是阿契美尼德时代古波斯语的沿袭，而波斯人对自己历史的概念可以追溯到那些岁月，即使传统上认为，真正的阿契美尼德君主们已经被菲尔多西（Firdawsī）《列王纪》（*Shāh-nāma*）中的传说人物所取代。

　　波斯在历史上大多数时间里可能没有过和平的时期，但这并没有阻碍艰难岁月中文化的百花齐放。有意思的是，政治上的分裂和纷争似乎并不总是抑制文化的繁盛，文艺复兴时期的意大利就是一个典型例子。因此，塞尔柱人、蒙古人、帖木儿家族、萨法维家族统治下的波斯也见证了各种艺术，尤其是绘画、诗歌（所有伟大的波斯古典诗人都活跃在这个时期）、其他文学形式（尤其是历史编纂）和建筑的重大发展。值得注意的是，这在很大程度上受到了某些统治者的积极鼓励，而这些统治者在其他方面却有着应得的恶名。

我们所了解的波斯人的其他一些特征，可能也是这段动荡的历史造成的。可以认为，波斯人的历史使他们要想生存就必须具备适应能力，善于应变，也需要他们心思敏锐、胸有城府，这对那些来自所谓的"直截了当"的社会的人而言总是不那么显而易见。波斯语就是一个很好的例子。外国人尝试学习波斯语时，起初总是觉得很容易——尤其学习者的母语是英语，和波斯语同属印欧语系。但他们在学习了一段时间后，就会明白事情并没有那么简单。波斯语，尤其是书面语，具有一定程度的微妙差异和模棱两可，需要多年学习的经验才能正确察觉、解读出来。

因此，21世纪伊朗民族的形成很大程度上归因于11世纪中叶至18世纪末波斯所发生的事。这里可以举几个例子。正是塞尔柱人在波斯建立了一种政治体制，这种体制从本质上而言，一直持续到了19世纪。蒙古人也没有被遗忘。当有人在将小布什对伊拉克发起的首次袭击比作1258年蒙古人旭烈兀对巴格达的洗劫时，认为没有必要向读者们解释旭烈兀是谁——因为他们都知道。为什么伊朗伊斯兰共和国的大多数民众如此明显地热衷依附于伊斯兰教十二伊玛目派？只有了解萨法维时期的历史以及波斯宗教史的一些后期发展，才有助于理解这一问题。

历史的目的不是指引到哪里去，而是——或应当是——阐明从哪里来，为何而来。所以，如果我们要想了解现代伊朗——如今是一个地区性的"超级大国"——单单研究其当前的宗教和政治是不够的。了解伊朗的过去不仅是出于对这个国家本身的极大兴趣，而且对把握当代世界这一部分至关重要。

第一章

波斯的土地与民族

波斯国的疆界，虽然已明显缩小——特别是在西北和东部地 4
区，归咎于 19 世纪俄国的扩张以及与邻国截然不同的政治实体阿
富汗的崛起——但实质上是由 16 至 17 世纪萨法维王朝的沙们①
（shāhs）所确立的。历史上，当然也包括本书所涵盖的时期内，波
斯的文化乃至政治势力范围都要远远超出今日的国界。我们会涉及
那些今天属于土耳其、伊朗、苏联②和阿富汗的地区，以及波斯固
有的领地。

波斯的官方名称为伊朗。1934 年，礼萨沙·巴列维（Reza Shah
Pahlavi）颁布法令，规定他国人士也应使用伊朗一名指称该国。"波
斯"一词源于该国西南部省帕萨（Parsa）古代希腊化时期的名称
"波西斯"（Persis）。帕萨孕育了阿契美尼德（Achaemenians，公元
前 6—前 4 世纪）和萨珊（Sasanians，3—7 世纪）两个伟大的王
朝。7 世纪阿拉伯人征服后，该省被称为"法尔斯"（Fārs，由于

---

① 沙为古代伊朗高原诸民族的君主头衔。——译者注
② 本书写于 1987 年，当时苏联未解体。后文亦有类似表述，不再做说明。——译者注

阿拉伯语中没有字母 P，波斯人在改用阿拉伯字母书写本民族语言时，不得不发明新字母），直至今日。波斯的主要语言是波斯语（Fārsī）。在语言学术语中，伊朗语泛指很大一支语族，不过迄今为止，波斯语是其中使用最广泛的语言。

英国人谈论波斯或法国人谈论波斯（Perse）时，他们——无疑总是无意地——在使用一个省的希腊化名称，就如同他们使用"日耳曼尼亚"（Germania）这一拉丁语行省名指代整个德国一样。因此，似乎没有什么有力的理由要用"伊朗"取代"波斯"，就像波斯人不必非得弃用"英吉利斯坦"（Englestan）指称英国。

波斯语是波斯的官方语言，也是该国大概三分之二人口的自然母语。按语言结构类型来分，波斯语属于印欧语系，和阿拉伯语（一种闪米特语）截然不同，即便使用相同的字母书写——但波斯语增加了几个字母——并吸收了大量阿拉伯语词汇。就语言类型而言，波斯语比阿拉伯语更接近英语，而操英语人士一般会觉得学习波斯语要比学习其他主要中东语言简单。至少在学习波斯语的初级阶段以及刚克服了阿拉伯字母书写所带来的最初障碍时的确如此。学习者可能只有在积累了几年经验后才会意识到波斯语要比初看时难得多。

波斯语并非波斯独有。它的另一种形式叫作塔吉克语（Tājīk），是塔吉克苏维埃社会主义共和国的官方语言，而在毗邻的操突厥语的乌兹别克苏维埃社会主义共和国境内，旅行者也会发现波斯语有用武之地，尤其是在古城布哈拉（Bukhārā）。波斯语也是阿富汗最广泛使用的语言，被称为达里语（Darī），即便阿富汗的第一大官方语言是同属伊朗语族的普什图语（Pashto）。波斯语还曾是印度北部宫廷和政府沿用数百年的语言。

波斯语是一门悦耳的语言，它听上去最优美的时候——即便这不浅显易懂——是在吟诵诗歌时，直至最近几年，许多波斯人还能随时随地复述大量诗歌——这项才能随着扫盲的不断推进却丧失了。爱德华·吉本（Edward Gibbon）——虽不懂波斯语，但显然见多识广——形容波斯语为"一门流畅而优雅的方言，穆罕默德推荐为天堂用语，即便被无知又傲慢的阿伽提亚斯（Agathias，6 世纪拜占庭学者、诗人）冠以粗鄙、刺耳的称号"。① 阿拉伯人征服后，阿拉伯语取代萨珊波斯语（巴列维语）成为书面语，但后者作为口语被继续使用，最终演变为人们所说的"新波斯语"（参见第二章），取代古语成为伊斯兰教的第二大书面语。自此以后，波斯语表现出极大的稳定性，10 世纪的波斯语对现代波斯人而言，就好比今天的英国人阅读莎士比亚作品，不成问题。

新波斯语的出现并不意味着阿拉伯语在波斯全然消亡了。阿拉伯语至今保持了其作为伊斯兰教务书写媒介的威望，因为它（作为《古兰经》的用语）被视为安拉的语言，因此对于那些想要就教义或教法写作的人而言，唯有使用这门语言才是合适的。甚至历史编 6
纂长期以来也以阿拉伯语为主，直到 13 世纪，本书中的大部分史料才用波斯语写就，不过伽色尼时期的国家文书已经开始采用这门语言了。波斯语作为编史的媒介，其支配地位的末期与蒙古人占领

---

① E. Gibbon, *The History of the Decline and Fall of the Roman Empire*, ed. J. B. Bury, 7 vols, London 1905-6, vol. 4, 362.

波斯的时期重合，而这种重合不大可能是偶然的。对来自东方的蒙古人而言，阿拉伯语没什么特殊地位可言。实际上，他们不懂阿拉伯语，而波斯语正好成为蒙古人亚洲帝国中的通用语。

蒙古语本身没能在波斯诸语言中确立长久的地位，尽管在蒙古人的统治瓦解后，它至少在文书中还保留了一段时间。这很可能是因为操蒙古语的人口比例很小，以至于没有产生很大影响。蒙古人征伐当然也使大量人口迁入波斯，但他们可能大多操着各种各样的突厥语。这些移民再加上那些祖辈自塞尔柱时期（11—12 世纪）便已在波斯定居的乌古思人，成为全国最大的语言性少数民族。突厥语仍是许多波斯公民的母语，他们主要是西北部人，居住在阿塞拜疆①（Āzarbāyjān，与土耳其接壤），还有东北部的土库曼人以及许多游牧部落，其中有些位于该国南部。这些多样化的语言并不一致，和土耳其语也不相通，只有阿塞拜疆语能和土耳其语互通。

除波斯语与突厥语外，其他语言中最重要的有阿拉伯语（尤其是在西南部胡齐斯坦——原先叫"阿拉伯斯坦"）、库尔德语和俾路支语。波斯的语言分布相当复杂。

按照欧洲的标准，波斯可谓是大国，即便 19 世纪俄国大肆侵吞领土导致版图缩水。波斯领土面积约 636000 平方英里，差不多是法国、西德、意大利、瑞士和西班牙领土面积的总和。从西北到东南的距离为 1400 英里，从北到南的距离为 875 英里。波斯的人口

---

① 历史上波斯西北部地区，包括今日伊朗阿塞拜疆省和阿塞拜疆共和国，下文同。——译者注

比大多数中东国家要多。1976 年的人口普查结果为 3370 万，而到
1986 年预估为 4500 万。整个国家的人口分布很不均匀，该国约 70%
的地区为沙漠和荒原，鲜有人居住。最大的荒漠地区是坐落在中部的
卡维尔盐漠（Dasht-i Kavīr）和南部的卢特沙漠（Dasht-i Lūṭ）。至
于波斯其他地方，该国总面积的 10.9% 为森林和牧场，而耕地只占
10%。剩下为边缘土地，在足够有利的条件下也许可以耕作。

波斯的许多地区属于高原，海拔 4000~5000 英尺高，其间多有
高峰耸立。胡齐斯坦与波斯湾沿岸地区是例外，它们仅略微高于海
平面，而里海以南狭窄的沿海地带，则低于平均海平面 90 英尺。
高原的北面、西面和南面为高耸的山脉环绕，北面是厄尔布尔士
（Alborz）山脉，而西面和南面是扎格罗斯（Zagros）山脉。高原缺
少大河，整个国家最大的河流——卡伦河（Kārūn）——自扎格罗
斯山脉流经胡齐斯坦，再注入波斯湾。高原上的河流诸如流经伊斯
法罕（Iṣfahān）的扎因代河（Zāyanda-rūd），大多数情况下找不到
出口，最终只能消失在沙漠和沼泽中。

波斯各地的气候迥异。阿巴丹（Ābādān）的夏季月平均气温
（7 月）为 99 华氏度（约 37.2 摄氏度），而大不里士（Tabrīz）则
为 77 华氏度（约 25 摄氏度）。两地 7 月的绝对最高温度分别为 127
华氏度（约 52.8 摄氏度）和 104 华氏度（约 40 摄氏度）。不过，
这并非听上去那么令人不适。由于高原的海拔高度，高温天气干
燥，对来自气候较冷或潮湿地区的人而言通常也完全能够忍受（当
然，在高原以外更加潮湿的地区，情况并非如此）。

波斯的人民不仅可以基于语言或种族加以分类——波斯人、突

厥人、阿拉伯人、库尔德人、卢尔人、俾路支人等等，还可以按照
生活方式划分——市民、农民和游牧民。伊斯兰教本质上是一种城
市信仰。尽管城市依赖农业，但彼此之间一直有一道鸿沟，市民和
农民之间缺少同情和理解。

　　波斯的一些特大城市直到现代才变得重要。它们中有坐落在胡
齐斯坦石油区的阿巴丹、如今是全国最大都市的都城德黑兰
（Tehran）。有时人们会说，18 世纪末恺加王朝（Qājār dynasty）定
都于德黑兰前，此地无足轻重。严格来说这不正确。按照卡斯蒂利
亚使臣克拉维约（Clavijo）的记载，他在 15 世纪初前往帖木儿帝
国的撒马尔罕（Samarqand）时途经德黑兰，当时那里已很繁华。
尽管如此，13 世纪蒙古人来袭前，波斯北部最大的城市并非德黑
兰，而是距这座现代都城数英里外的剌夷（Rayy）。

　　其他城市在数百年里都保持着重要地位。波斯中部的伊斯法罕
曾是塞尔柱帝国都城，后又成为 16 世纪晚期阿拔斯一世（Shāh ʿ
8　Abbās I）在位时的都城。西北部阿塞拜疆的大不里士曾是一座重要
城市，在本书涵盖的大部分时间段内频频成为都城，这是因为它坐
落在许多统治波斯的王朝最偏爱的地区。设拉子（Shīrāz）是白益
王朝（Buyids）和赞德王朝（Zands）时期的都城，而在整个伊斯
兰时期也是法尔斯省省会。一些较小的城市，诸如坐落在中部沙漠
边缘的亚兹德（Yazd），其固有的重要性源于它们作为绿洲城镇的
事实。

　　东部大省呼罗珊（Khurāsān）历史上的面积更宽广，包含了今
天中亚苏维埃社会主义共和国和阿富汗的部分领地。呼罗珊曾被划

分为四部分，分别以木鹿①（Marv）、巴尔赫（Balkh）、赫拉特（Harāt）和内沙布尔（Nīshāpūr）四城为中心。今天只有内沙布尔还在波斯境内，且其重要性已被马什哈德（Mashhad）超越，这是因为什叶派第八代伊玛目的陵墓坐落在此——伊斯兰教什叶派于 16 世纪成为波斯国教是关键因素。

　　但波斯大部分人口不是城镇居民，他们是居住在农村的农民。农村并非孤立的农庄，这是波斯乡村的特征，而各农村之间的规模相差极大。大多数情况下，农民不是土地所有人而是佃户，往往通过与地主签订分享作物的协议持有土地〔土地被分为若干称为"朱夫特"（juft）的能以牛耕作的单元〕。地主通常不在农村，常年居住在城里。尽管伊斯兰时代的波斯明显存在占支配地位的地主阶级，但并没有出现真正的世袭土地贵族。政治动荡和伊斯兰继承法的性质阻碍了这一发展。

　　波斯大部分地区降雨量少，意味着大多数农作物的种植必须依靠灌溉进行。有些地方可以进行旱作，特别是阿塞拜疆和呼罗珊部分地区，但在其他地方，通常的做法是使用一种叫"坎儿井"（qanāt）的设施。这是一种地下水渠，通常能将若干英里外的水引至需要处。坎儿井的建造是一项技术要求很高的工作，需要不断且同样熟练的维护。因此，波斯的农业特别受制于影响全国的政治变

---

　　① 其遗址位于今土库曼斯坦马雷州。本书时间跨度大，各地名称在中国历代文献中的译名颇为繁杂，如呼罗珊四郡及其郡治有称"巴里黑""班勒纥""哈烈""乃沙不耳""你沙不耳"等者，为避免混淆，皆采用现代译名，唯今废而不用者沿用约定俗成的旧称。——译者注

迁。倘若农民被杀或被驱逐——这种情况尤其发生在蒙古人统治时期——即便坎儿井未被摧毁，忽视对它们的适当维护也会很快带来灾难性的后果。任由土地荒芜一定会使其变得无法耕种。

波斯人口中的第三部分是游牧民和半游牧民，至今仍然存在，不过他们的比例已经不如从前那么高了。游牧业主要兴盛在波斯西部和南方扎格罗斯山脉脚下。一些部落联盟，诸如扎格罗斯的巴赫蒂里亚人（Bakhtiyārī），都具备伊朗血统，其余诸如法尔斯的卡什加人（Qashqāʾī）则是突厥人。本书所涉及的大部分时期内，游牧民们更偏爱的地区是呼罗珊和阿塞拜疆，因为它们拥有广袤的草原，可供放牧牲口。今天波斯最有名的半游牧群体是居住在阿塞拜疆北部的沙赫塞万人（Shāhsevan）。

从11世纪塞尔柱王朝至19世纪恺加王朝，波斯大部分统治者来自游牧部落，或是在游牧部落的支持下掌权（如萨法维王朝）。这在很大程度上要从游牧民的生活方式和战时效率两者间的并行不悖来解释。放牧和狩猎生活所需的机动性、骑术和射箭的技能很容易适应战斗，由于这些部落中几乎全部成年男性都掌握了这类技能，他们能够动员很大一部分全副武装、受过训练的人投身战争。不过，我们不能断言游牧民族和定居民族之间的关系是全然掠夺性的。他们的关系千变万化。蒙古人的政府只为自己的统治者获益，而在其他时期，如塞尔柱帝国时期，不同阶层的人口之间（可能）存在互利共生的关系。

鉴于这种巨大的差异——种族、语言等——我们称为"波斯"的实体能够一直存在实在令人感到讶异。然而，从某种意义上而言，今天的波斯仍然可以辨认出是公元前 6 世纪居鲁士大帝所统治的那个国家。一种连绵不断的元素存在着，统治者、民众、宗教和政治边界的变化都无法消除它。这种元素包括了哪些方面？要想给出明确的定义可能是危险的。"民族主义"（nationalism）的概念最好避免，因为它在很大程度上是一种无关紧要且相对较新的西方舶来品。比方说，两个世纪前的普通波斯人不会将自己定义为血统可追溯到居鲁士和大流士的波斯人，这两者他可能从来没有听说过。他可能会首先想到自己是穆斯林。但他和叙利亚、埃及的穆斯林不同，而这种不同不仅仅是逊尼派和什叶派信徒间的区别那么简单。

　　毫无疑问，波斯语尽管发生了种种变化，其存续却能够帮助解释这种现象——但这可能更像是结果而非原因。实际上，似乎的确有一种波斯人的身份认同感——"伊朗性"（īrāniyyat）——贯穿着这个国家的历史，西方历史学者似乎认为大抵如此。这是一种文化认同，而非"民族"认同，但这一切是真实的。阿拉伯人、突厥人、蒙古人和欧洲人来来往往，而波斯不管怎样，始终是波斯。

10

第二章

伊斯兰时代早期的波斯

萨珊王朝

11   萨珊王朝统治的时期是伊斯兰波斯历史背景的重要组成部分。萨珊王朝是最后一个前伊斯兰时代的重要王朝，其统治始于 3 世纪初，终于 7 世纪 30 年代——四百多年——本该在波斯的历史和社会上留下印迹。此后波斯统治时长最久的萨法维王朝，也只不过存在了两个世纪。而按照伊斯兰时代的标准来看，这久得实在异乎寻常。

波斯的传统保留了大量的传奇材料，但就其与实际历史事件相关的民族记忆而言，几乎无法追溯到比萨珊王朝更早以前的时期。这在菲尔多西的民族史诗《列王纪》中可见一斑。波斯人对萨珊王朝的前代帕提亚王朝（Parthians）尚存一丝记忆，却在努力遗忘真正伟大的缔造者阿契美尼德王朝——两百年来它们一直是古代世界的强国。在波斯人的记忆中，居鲁士和大流士是无法追溯的。唯有亚历山大大帝的对手大流士三世（Darius Ⅲ）残留了一些记载，他

在《列王纪》中被称为"达拉"（Dārā），而亚历山大本人却以
"依斯干达"（Iskandar）一名成为这部甚至传播至远东的传奇史诗
中的焦点。因此，萨珊王朝之前的历史对波斯人而言是一个充满神
话和传说的世界。对千年前史实的重构只能留待现代西方学者的关
注，他们使用诸如《圣经·旧约》、古希腊历史学家（特别是希罗   12
多德）的著述等材料，此外还有考古发现。

　　萨珊帝国的根基是由法尔斯本地的统治者阿尔达希尔一世
（Ardashir I）推翻了帕提亚王朝的统治后奠定的。他当政的时间可
以追溯至 224 年。在法尔斯至今仍然能够看到非常吸引人的萨珊时
期遗迹。菲鲁扎巴德（Fīrūzābād）的一座萨珊宫殿在建筑史上具有
一定的重要性，因其穹顶是由已知最早的内角拱支撑（以四边形基
座支撑圆顶）。比沙普尔（Bīshāpūr）有更多废墟，此外还有一系
列著名的浮雕，这是萨珊的特色。其他一些遗迹位于该国西部克尔
曼沙赫（Kirmānshāh）附近的塔克布斯坦（Tāq-i bustān），以及位
于法尔斯的波斯波利斯附近阿契美尼德王陵的所在地纳克歇洛斯塔
姆（Naqsh-i Rustam）。然而，如果说法尔斯曾始终是萨珊帝国的
心脏地带，那么帝国的中心就位于底格里斯河畔的泰西封①
（Ctesiphon），距离后来阿拔斯王朝的哈里发所建立的都城巴格达只
有几英里。泰西封残存着"伊旺"（īwān）——它是 6 世纪萨珊王
朝最伟大的君主霍斯劳一世·阿努希尔万②（Khosrau I Anushirvan）

---

① 其遗址位于今伊拉克境内巴格达东南32公里处。——译者注
② 意为灵魂不朽者。——译者注

的会堂，其敞开的前拱仍然是迄今为止已知最大的砖砌拱顶。萨珊帝国的都城位于现代伊拉克，这表明其疆域比现代波斯国家要广袤得多，它囊括了苏联、阿富汗、巴基斯坦以及伊拉克的部分领土——并且在帝国停止扩张前，甚至拓展到了西方。

　　萨珊王朝的历史可以粗略简便地划分为两个不等的部分——5 世纪晚期之前和之后。三百年来，帝国以相当分散的方式进行着管理，大部分权力掌握在世袭的地方统治者手里。国王只是字面上的"万沙之沙"（shāhanshāh）——"万王之王"。他被称为"平衡法则"。这种权力分散的原因部分归因于帝国幅员辽阔，从偏远省份前往都城需要很长时间。按照社会理论，沙以下可以分为四个阶层——祭司、战士、文士和农民。国家的最高长官有宰相（vuzurg-framadar）、大元帅（Eran-spahbad）和大祭司（mobadan-mobad）。大祭司领导着国教，这是一种在当地发展起来的琐罗亚斯德教。宗教正统得以建立并严格执行，这一进程尤其同祭司卡尔提尔（Kartir）紧密相关，他活跃于沙普尔一世（Shapur I，241—272）在位及之后的时期。琐罗亚斯德教的经典被汇编成集，称为《阿维斯陀注释》（Zend-Avesta）。尽管《阿维斯陀》（Avesta）汇编于萨珊王朝时期，但有些部分要更古老，而《阿维斯陀注释》是对它的评注。

　　琐罗亚斯德教是种二元论信仰，认为存在善恶两种共同永恒的原理。善被人格化为阿胡拉-马兹达（Ahura-Mazda），又名奥尔马兹德（Ohrmazd），而恶被人格化为阿里曼（Ahriman）。火是纯洁的主要象征，而燃烧着永恒不灭火焰的祭台则是崇拜的中心。因此，琐罗亚斯德教有时（并不准确）也被称为"拜火教"。琐罗亚斯德教的万神庙中也立有其他神祇，尤其是密特拉（Mithra）和水神阿娜希塔（Anahita）。除了官方强制的正教，还有各种各样的教派，诸如察宛（Zurvan）的派别，以及其中最有意思的马兹达克（Mazdak）的派别，下文将会述及它们的理念。

　　萨珊王朝的琐罗亚斯德教甚至助长了一种新兴宗教——摩尼教。萨珊王朝美索不达米亚人摩尼（Mani）所宣扬的宗教，是一种将琐罗亚斯德教和其他宗教（尤其是基督教）元素融合的强有力的二元论。摩尼自称"耶稣基督的使徒"，并传播其信仰，直至276年在卡尔提尔的怂恿下被处决，理由是他煽动了对琐罗亚斯德教的背叛。虽然摩尼教在波斯受到压制，却在东亚和中亚，甚至是西方获得了长久的发展。希波的圣奥古斯丁（St Augustine of Hippo）曾是摩尼教徒，而中世纪持二元论的波格米勒派（Bogomils）和清洁派（Cathars）可能也受益于摩尼教。波斯仍有一些琐罗亚斯德教徒，以及一个繁荣的社区——孟买的帕西人（Parsees），他们是逃亡印度的流亡者的后裔。但也许前伊斯兰时代最显眼、最永久的遗产是新年节日诺鲁孜节（Nawrūz），直到今天，信教或不信教的波斯人都会在3月21日或22日这天庆祝，而这一天已不具备任何宗教意义了。

　　琐罗亚斯德教在阿拉伯人征服后并未能长久地保持信众的忠诚，其原因有待讨论。当我们认为琐罗亚斯德的信仰（虽然琐罗亚斯德所生活的年代存在诸多争议）是一种波斯本土信仰，在某种形式上至少和波斯一样古老——如果将波斯的历史追溯至阿契美尼德时代——那它对伊斯兰波斯的直接贡献则是惊人的小。有些人主张琐罗亚斯德的信仰"输入"了伊斯兰教，如有人认为穆斯林一日五拜可能基于琐罗亚斯德教的礼仪，但萨珊王朝的遗产明显更多存在于政治理念和行政实践中，而非在宗教领域里。

在最初几个世纪里，罗马帝国是萨珊王朝主要的外部敌人。波斯人最伟大的胜利之一就是 260 年沙普尔一世击败并俘获罗马皇帝瓦莱里安（Valerian），这被刻画在纳克歇洛斯塔姆的一幅浮雕中。然而，到了 5 世纪后期，真正的危险来自东方，也就是嚈哒人（Hephthalites），或称白匈奴（嚈哒人似乎和阿提拉所属的匈人没有亲缘关系，尽管他们也是游牧民族，但被认为拥有印欧血统）。484 年，费鲁兹国王（Firuz）在波斯东北部的戈尔甘地区（Gurgān）惨败给嚈哒人。沙和大批贵族被屠戮，紧随这场灾祸而来的是严重的饥荒。彻底的崩溃无疑导致萨珊王朝旧秩序的终结。如果波斯不想亡国，就必须采取果断的措施。

对于恰当的行动方式是什么，人们有不同的看法。正是在这一时期，改革家马兹达克成了有影响力的人物。他提出了一种激进版本的琐罗亚斯德教，彻底反对贵族和祭司的特权。他提倡社会平等，似乎也反对多配偶制及妻妾成群。在这个混乱的时代中，他的这种近乎原始共产主义的思想甚至获得了当时沙的支持。然而，他在那些因实施其教义而注定会失败的人中引起了恐慌，而在琐罗亚斯德教神职人员看来，他似乎也具有社会颠覆性。诚然，即便受到镇压，这种思想在数个世纪内——直到伊斯兰时期——仍使社会保守派烦恼，后者包括了我们现在赖以了解波斯历史的大部分资料来源的作者。对于咒骂谴责"马兹达克教派"（Mazdakism），任何激进的教导都是可以的。这从尼扎姆·穆勒克（Niẓām al-Mulk，11世纪晚期）的《治国策》（Siyāsat-nāma）中可见一斑，它为我们提供了现存有关马兹达克最完整的记载，其中一些细节可能是事实。甚至在 14 世纪剌失德丁（Rashīd al-Dīn）的著作中也可以发现马兹达克派的威胁。马兹达克的思想可能的确以某种形式留存下来，并继续为伊斯兰时代出现的某些异端运动做出贡献。

那些害怕马兹达克派所引发的后果的人在一位王公的带领下建立了强大的联盟，在 6 世纪 20 年代得以发起一场有效的反革命。至少在表面上，马兹达克教徒被全部镇压，消灭殆尽。这位王公在 531 年成为沙，并以霍斯劳一世·阿努希尔万之名，一直统治到 579 年。霍斯劳一世一直被视为萨珊王朝最伟大的君主，他的正义成为传奇，尽管实际上被大大神化了。围绕着他的名字的是关于他完美的判决和卓越的治理的轶事。即便是在波斯穆斯林作家的笔下，他也是公正明君的典范。

这一点生动地体现在一条被归于其名下的格言中，这条格言在伊斯兰时期的作品中始终以不同的形式出现。11 世纪一个波斯小王为教导其子所撰写的劝言书《王者之镜》（Qābūs-nāma）记载了这条格言：“要常修善政；要理解这条真理——国家靠军队保卫，军队靠黄金供养，黄金靠农业发展取得，农业发展靠公平正义获得。因此，要公平正义。”① 甚至直至最近，所有明显属于前伊斯兰时代的建筑被普遍归功于霍斯劳一世，这可能恰如其分，正如伊

15

① 　Kay Kā'ūs b. Iskandar, Qābūs-nāma, ed. R. Levy, London 1951, 125.

斯兰建筑被归功于萨法维王朝的阿拔斯一世一样。

　　霍斯劳一世并不试图恢复旧秩序。这种事不再可能发生，或者在他看来，这是不可取的。地方自治的时代结束了。中央集权的治理成为彼时新的秩序。帝国分为四个军事区——北部、南部、东部和西部——唯有国王才是大元帅。帝国引入了一种改良过的税收制度，显然深受戴克里先皇帝设立的罗马税收制度的影响。这一制度以新的调查为基础，并具有固定的缴税标准。地方上的治理以"迪赫坎"（Dihqān）为代表，征税是其主要职能。"迪赫坎"是一个不易翻译的术语。在现代波斯语中，它指农民。而在萨珊王朝及随后的时期——在征服波斯的阿拉伯人看来"迪赫坎"在行政上也有其用处——它也许有点类似乡绅，但肯定不是高阶的世袭贵族。

　　霍斯劳一世认为突厥人是有力的盟友，后者当时正成为中亚和东亚的强大势力。在突厥人的帮助下，霍斯劳一世于 560 年左右击败了嚈哒人。解决了来自东方的威胁之后，波斯人得以将精力转向西方的宿敌罗马人，他们此时已以拜占庭帝国的形式出现。正是在这些战役中，波斯人进行了重要的军事创新，特别是在骑兵战中。萨珊王朝的军队在中亚交战时开发了一种新型的全副武装的骑兵，通常被称为重甲骑兵。这种形象在塔克布斯坦的萨珊王朝晚期浮雕中有所展现。这种身披盔甲并挥舞长矛的骑兵很容易被误认为是西欧中世纪的骑士，尽管前者出现的时间要早几个世纪。塔克布斯坦浮雕中的重甲骑兵通常被认为描绘的是霍斯劳二世·帕尔维兹①

---

　　① 意为"得胜王"。——译者注

（Khusraw II Parviz），他是 6 世纪末萨珊王朝的沙。重甲骑兵适时地传给了波斯人的劲敌拜占庭人，因为后者认为有必要以同样的重型骑兵进行交锋。

至少在一段时间内，霍斯劳二世是萨珊王朝最伟大的军事征服者。在他的指挥下，帝国取得了最后的辉煌成就，直到被灾难压垮。霍斯劳二世 590 年登基，但直到其漫长统治的后期才开始真正取得军事上的胜利。萨珊军队侵入了拜占庭的叙利亚，并于 613 年占领了安提阿，紧接着是埃及，619 年亚历山大城沦陷。620 年，波斯军队攻打君士坦丁堡，这位沙似乎即将重置阿契美尼德帝国的疆域。当然，这些都是征服性的战役，并非只是掠夺式的袭击。对波斯人入侵安纳托利亚的考古学研究清楚地表明，他们已经留驻在此。但事实并非如此。拜占庭皇帝赫拉克利乌斯（Heraclius）发起了一次成功的反击，绕过了安纳托利亚的波斯军队，深入萨珊帝国在伊拉克的领土。

二十五年后，这场战争最终落幕——事后人们普遍认为——两个伟大的近东帝国都陷入了疲惫不堪的境地。霍斯劳二世本人于 628 年驾崩，萨珊王朝的稳定亦随之逝去——628 年之后的四年里，出现了至少 8 位统治者，直至见证了萨珊王朝末日的悲剧人物伊嗣俟三世（Yazdigird Ⅲ）登基。伊嗣俟三世于 632 年即位，同年先知穆罕默德去世——此事的重要性无疑跨越了君士坦丁堡与泰西封。接下来几年里发生的事件清楚表明，这两个帝国将会更多关注阿拉伯半岛所发生的事。

16

阿拉伯人对波斯的征服

　　萨珊帝国很快就彻底沦陷在阿拉伯穆斯林军队的手里。一个如此长命的庞大帝国为何会如此轻易地分崩离析，这个问题已经引发了许多争论，且仍未有定论。我们已提及长期同拜占庭的战争导致了国力的削弱。二十五年间不间断的战争——这期间大部分的责任在于将帅而非沙——可能削弱了军队对萨珊王室的忠诚。此外，也有人认为霍斯劳一世·阿努希尔万引入的"新秩序"可能缺少充分的机会得以稳固地建立起来。建制以及官方强制推行宗教所引发的异议仍旧是普遍的，重建的萨珊帝国政体并不完全稳固。

　　还有一种考虑是，离阿拉伯人最近且最易受攻击的地区伊拉克，尽管不是"严格意义上的"波斯的一部分，却是帝国的行政中心，也是政府五分之二收入的来源。因此，一旦伊拉克落入侵略者手中，要想在波斯高原上进行有效的抵抗就不大可能。波斯人在卡迪西亚［Qādisiyya，约 637 年（伊历 16 年）］和尼哈旺德［Nihāwand，642 年（伊历 21 年）］的战败是决定性的。尽管伊嗣俟三世活到了 651 年，和东部呼罗珊的末代阿契美尼德人一样垂死挣扎，但斗争的问题早已成定局。

　　阿拉伯人最终吞并了整个波斯。但是，他们很快就发现或多或少难以消化。"波斯人"的身份和波斯的语言在一定程度上存活了下来，这是前拜占庭帝国的行省无法相比的，诸如埃及和叙利亚，它们在同一时期被阿拉伯帝国所吞并。这种消化不良可能部分归因于整个帝国被穆斯林的王国囫囵吞下，在穆斯林统治下的波斯人没有剩下的波斯国家可以寻求帮助和支持。因此，他们被迫自力更生，可能更努力地保存着过往的元素。

相对而言，波斯是一个统一的政体，拥有普遍接受的官方宗教——尽管远非普世——和身份认同感，尽管这种认同感并不基于种族，但肯定是真实存在的。相比之下，拜占庭帝国尽管版图缩小了，却在阿拉伯人征服之后仍然存在了八百年之久。拜占庭帝国落入阿拉伯人之手的是一些行省，而非帝国中心。虽然帝国因失去这些省份而陷入衰弱和贫穷，但仍能正常运作。此外，这些行省或多或少不满于君士坦丁堡的统治，尤其是在宗教方面。埃及人和叙利亚人虽然是基督徒，但在很大程度上对官方推行的希腊东正教并不友好。得到地方强烈支持的基督教各派别各不相同。也不存在一种压倒性的、使人抗拒成为"阿拉伯人"的叙利亚人或埃及人的身份认同感。

还有其他诸多因素能够帮助我们解释这样一个事实，即我们能够合理地称波斯在阿拉伯人的征服中存活了下来。可以想象，波斯语的印欧语系结构使其比前拜占庭行省的语言如叙利亚语、科普特语，更难被闪米特阿拉伯语同化。此外，与叙利亚、埃及相比，阿拉伯人在波斯的定居点分布可能很少。但无论出于何种原因，被征服的前拜占庭帝国臣民最终都被吸收进了新的阿拉伯-伊斯兰文明中。事实上，更准确的说法是他们自己就是这个逐渐形成的文明的组成部分。倘若他们有单独的身份，也被大大削弱。而波斯人尽管也成了穆斯林，却从未变成"阿拉伯人"。他们仍旧是波斯人，仍　18

旧说着波斯语。

很难说伊斯兰教在波斯被征服后传播得有多快。很有可能——就像在伊斯兰帝国的其他地方一样——从先前主流宗教的改宗起初相当慢，即便接受新统治者宗教的实际益处足够明显。但我们真的不清楚，如通过分析有记录的穆斯林姓名来估计皈依的比率的尝试，是否涉及远非不证自明的诸多假设。

阿拉伯人并没有大肆迫害琐罗亚斯德教，即便按照严格的伊斯兰教条本应如此。伊斯兰教宽容"有经人"，主要是犹太人和基督徒，伊斯兰教承认他们的《圣经》是受安拉启示——尽管被人玷污——他们的启示也被认为是伊斯兰教的先声。犹太教和基督教尽管已被取代，就其发展而言却足够真实。琐罗亚斯德教的情况则并非如此，其二元论同犹太教、基督教、伊斯兰教格格不入。然而，琐罗亚斯德教徒实际上被视为"有经人"。他们没有被当作偶像崇拜者，面临要么皈依伊斯兰教，要么受死的抉择。

这背后的原因并不清楚。也许仅仅是阿拉伯人不愿意将伊斯兰教（或死亡）强加给除了少数基督徒和犹太人外的所有波斯人。从长远来看，宽容的政策（带有歧视和二等地位）是有效的，也是权宜之计。琐罗亚斯德教并没能证明自己具有犹太教和基督教那样持久的力量。这可能同旧信仰在萨珊帝国的官方地位有关。它们因彼此紧密的联系而一同没落。琐罗亚斯德教与萨珊帝国的政体有着千丝万缕的联系，如果没有后者，它无法作为一种大众的信仰存在下去。相比之下，犹太教和基督教拥有丰富的遭受迫害和官方歧视的经历可供借鉴。

最终，16、17 世纪，大多数波斯人在伊斯玛仪一世（Shāh Ismāʿīl I）及其继任者的压力下选择了伊斯兰教的少数派——什叶派。而伊斯兰世界大部分坚持着逊尼派的信仰。过去有人主张，什叶派存在一些特有的波斯特征，这实际上是被淹没的波斯精神面对外来入侵者能够坚定自我的手段。这种观点认为，逊尼派和什叶派之间争论的主要问题——至少在起源上——是谁应当接替穆罕默德成为伊斯兰团体的领袖，并成为他的哈里发（继承人或代表）。什叶派持正统王朝式的观点——应当在穆罕默德家族中承继——据说，这很容易同波斯人君主制导向的看待事务的方式兼容。他们还指出，根据传说，某位早期什叶派伊玛目——什叶派视其为伊斯兰团体的合法领袖——娶了萨珊王室的一位公主。

有时，我们仍会遇到这种将什叶派和波斯精神等同起来的做法，但这种观点毫无学术基础是早已明了的事。早期什叶派远非波斯特有的运动，毫无疑问，在波斯人正式成为什叶派信徒前，大部分人都属于逊尼派。正如今天每个人都知道，波斯人最终不可逆转地归附了什叶派，他们的虔诚不可动摇，我们将回到这一点上。

哈里发的统治

波斯被向大马士革的倭马亚王朝哈里发负责的阿拉伯人统治长达一个世纪。和萨珊王朝统治者一样，阿拉伯人以伊拉克为基地对波斯进行治理。在波斯高原，他们很大程度上依赖迪赫坎作为地方代理人和税吏。至 8 世纪中叶出现了麻烦，波斯呼罗珊省掀起了推翻倭马亚王朝的政教合一的起义。这就是"阿拔斯革命"。

　　试图用几句话来解释这场革命是勇敢的。有关这一主题的解释几乎和出版物一样多。这场革命被认为是波斯人对抗阿拉伯人的运动，是一些阿拉伯部落对抗另一些阿拉伯部落的运动，也是一些阿拉伯部落联合波斯人对抗其他阿拉伯人的运动。有人认为，这场革命源于毛拉们（mawālī，单数形式 mawlā）的不满。这里的"毛拉"是指皈依伊斯兰教的非阿拉伯人，为了确保其在穆斯林团体中的地位而不得不成为某个阿拉伯部落的"被保护人"（mawlā）。可能有些波斯毛拉不满于被当作二等穆斯林对待。在这方面，有人指出这场起义的领袖艾布·穆斯林（Abū Muslim）就是一名波斯毛拉——尽管必须记住，他是被他的阿拉伯阿拔斯传道会教长从伊拉克派往呼罗珊的。

　　无论阿拔斯革命的原因和特征为何，就波斯传统的延续而言，它有着不可否认的重大影响。首先，新的哈里发王朝将伊斯兰帝国的都城从叙利亚的大马士革迁至新建立的巴格达城。尽管巴格达建城不久，却位于伊拉克，且靠近泰西封——帝国的中心再度回到了萨珊王朝时代。762 年，哈里发曼苏尔（al-Manṣūr）始下令建设巴格达。它被规划为一个像萨珊王朝菲鲁扎巴德一样的圆形城市，拥有一座严密保卫的王宫，其谒见堂面对着一座 45 英尺高、30 英尺宽的波斯式伊旺，并由呼罗珊军队把守。

　　其次，哈里发之位受波斯帝国先例的影响更大。倭马亚王朝的哈里发至少最初和理论上在某种程度上仍是部落的酋长，没有受到过多的尊崇，且总是随时为其臣民服务。而阿拔斯王朝的哈里发是一位遥不可及的人物，只有通过适当的（且复杂的）仪式才能接近。他是真正的传统的东方君主，是一位皇帝。

　　重要的是不能过于夸大这种观点，即阿拔斯王朝的哈里发并不是披着伊斯兰外衣的沙。他们必须尝试以伊斯兰教而非波斯的用语来确立自身的合法性，他们没有复兴萨珊王朝的称号，也没有采取其他特别倒退的措施。那种认为阿拔斯王朝的治理只是萨珊王朝翻版的观点也站不住脚。例如，已经证明，维齐尔（wazīr）一职——哈里发的首相——的设立并不像人们过去认为的那样直接源于萨珊的先例。尽管如此，阿拔斯王朝的早期统治还是带有某种波斯风格，而这在倭马亚王朝时期不太明显。从某种意义上而言，古老的中东帝国传统在伊斯兰城市巴格达得到了重建。

　　阿拔斯王朝即便不是由波斯人，至少也是由来自波斯的支持者掌权。王朝初期的存续仰赖于驻扎在伊拉克的呼罗珊军队的支持。对呼罗珊人的过度依赖很快就暴露出潜在的危险。755 年（伊历138 年），哈里发杀害了阿拔斯革命中极具影响力的缔造者波斯人艾布·穆斯林。呼罗珊很快爆发了严重的叛乱，随后的动乱时期中，叛军领袖有时声称自己是"真正的"艾布·穆斯林。9 世纪30 年代，哈里发穆塔西姆（al-Muʿṣim）决定采取激进的措施，改变整个阿拔斯王朝军队的招募基础。

　　此后，军队的核心不再是传统的呼罗珊支持者，而是引进的中亚奴隶。这是一次重大的创新，这些人成为伊斯兰中东世界长达千年的军事精英。他们年轻时从东方被买回或俘虏，后来改信伊斯兰教，并被训练成为士兵。理论上（且在实践中），他们作为哈里发

21 的奴隶必须坚定不移地效忠，因为他们已经被从自己的家园连根拔起，别无他求。这种奴隶制并没有什么不光彩之处，一个穆斯林奴隶士兵可以升任到国家和军队的最高职位，甚至不必被其主人奴役。如此成功的奴隶在适当的时候可以拥有自己的奴隶。13 世纪，奴隶士兵（马穆鲁克，mamlūk）的制度成为两大伊斯兰政体的基础，分别是埃及与叙利亚的马穆鲁克苏丹国和德里苏丹国。这些国家的统治者和统治阶级（军人）都是奴隶或奴隶后人。

然而，要维持军事和民事权限的边界是困难的。突厥人对阿拔斯王朝的忠诚足够稳固，但很明显的是，一旦哈里发的继承出现分歧，其家族中的任何成员都无法依赖他们。不久，哈里发就开始由马穆鲁克将领提名、罢黜、谋杀。9 世纪中叶以后，伊拉克的实权掌握在突厥大元帅，而非哈里发本人手中。没有人想过废除哈里发制，甚至没有想要取代阿拔斯王朝。哈里发被认为是实现政治统治合法化所必要的，而实权掌握在他人手里。接下来的四百年里，伊斯兰统治者仍旧寻求哈里发的任命。直至蒙古人 1258 年强行推翻哈里发制，逊尼派世界才稍稍惊讶地发现，他们完全可以没有哈里发。

"独立的"王朝

中央的普遍混乱以及不同马穆鲁克派系（支持不同哈里发人选）之间一系列的继承斗争意味着中央政府对伊斯兰帝国各省的控制开始放松。埃及和北非、波斯、中亚都涌现了一定程度上享有事实独立的地方王朝。这些统治者中少有人愿意在理论上强调他们不服从巴格达,半自治的总督和真正独立的统治者之间的界限往往很微妙。实践中,特定统治者站在哪一边很可能会从他对一个问题的态度上体现出来,即他是否会向哈里发缴纳所要求的税款。

　　传统上,第一个"独立的"波斯王朝是指塔希尔王朝(Ṭahirids),这个王朝的四代人自 821 年(伊历 206 年)至 873 年(伊历 259 年)统治着呼罗珊。他们是波斯迪赫坎的后代,在阿拉伯人征服的时代,其同名缔造者塔希尔(Ṭāhir)的祖先已是波斯东南部锡斯坦(Sīstān)阿拉伯统治者的毛拉。塔希尔的祖父参与了阿拔斯革命,此后这个家族的声望如日中天。810 年(伊历 194 年)至 811 年(伊历 195 年),在阿明(al-Amīn)和马蒙(al-Ma'mūn)兄弟争夺哈里发之位的内战中,塔希尔担任了将军,他属于战胜方,并在伊拉克获封重要官职。821 年,他被任命为伊拉克以东所有地区的总督。值得注意的是,许多后来的塔希尔统治者也在伊拉克任职——甚至是巴格达的军事总督。虽然拥有这样的官职无疑巩固了他们在东部的"独立"地位,但似乎有证据表明,他们被视为——也视自己为——忠诚的阿拔斯王朝总督,而非叛乱者,更不用说是独立的君主了。他们象征着波斯地方分离主义向前迈出了一步,但他们并非真正成熟的例子。

　　下一个出现在波斯政治舞台上的家族则完全不同。这就是萨法尔王朝(Ṣaffarid)。他们崛起于锡斯坦,这个动荡的地区内只有扎朗(Zarang)和博斯特(Bust)——两地如今都在阿富汗境内——等主要城市有中央政府或其地方代表有效驻扎。真正的权力大部分

22

掌握在持不同政见的伊斯兰团体哈瓦利吉派（Kharijite）手中。在这种情形下，锡斯坦人民不得不展开自救，于是形成了被称为"艾亚尔"（ʿayyārūn）的队伍。艾亚尔可能介于警卫和土匪之间。铜匠叶尔孤白（Yaʿqūb）加入了这支队伍并加以接管，建立了自己的政权并驱逐了塔希尔王朝的代表，最终在 861 年（伊历 247 年）自称为"异密"。

叶尔孤白通过对哈瓦利吉派有利的条件将他们纳入自己的军队，接着将自己的政权向东扩展到现代的阿富汗，向西拓展到波斯。873 年（伊历 259 年），他终结了塔希尔王朝在呼罗珊的统治。所有这一切都同哈里发无关，事实上，876 年（伊历 262 年）叶尔孤白被击败时已经拓进到距离巴格达 50 英里的地方。作为一个重要国家，萨法尔帝国是短命的。叶尔孤白的兄弟、继任者阿穆尔（ʿAmr）于 900 年（伊历 287 年）失去了对呼罗珊的控制，两年后在巴格达被处死。不过，他的继任者在接下来百年内的大部分时间里都掌控着锡斯坦，此后，萨法尔家族的成员在锡斯坦仍旧有着很大的影响力，直至萨法维王朝时期。

尽管阿穆尔有时得到哈里发的认可，并在硬币上承认哈里发的存在，萨法尔国显然不是一个略微自主的阿拔斯帝国行省。它是一个真正独立的地方王朝。更重要的是，萨法尔王朝有意识地成为一个波斯人的王朝。他们利用近似波斯"民族"感情，宣扬反抗阿拉伯人的阿拔斯王朝。尽管他们出身微贱，却自称是萨珊王室的后裔。这大概表明，即便是被阿拉伯人征服两个世纪后，他们仍能通过这种主张获得政治资本。这很可能帮助了萨法尔王朝在对抗阿拔斯哈里发的叛乱中，实现其追随者眼中另一种形式的正统性。

阿穆尔的惨败是由紧随其后成为波斯政治舞台中心的萨曼人（Samanids）造成的。其政权以河中地区（Transoxania）为据点，尤其是伟大的城市布哈拉和撒马尔罕，他们曾在那里担任塔希尔王朝的地方总督。塔希尔王朝的覆灭使他们成为河中地区近乎独立的统治者，而伊斯玛仪·萨曼尼（Ismāʿīl Sāmānī）战胜阿穆尔后掌控了呼罗珊。伊斯玛仪同哈里发的关系是正确的，不同于铜匠叶尔孤白，却相当正式——他显然未向巴格达进贡。萨曼帝国从 10 世纪 70 年代起丧失其外围领土，999 年（伊历 389 年）来自更东边的喀喇汗突厥人终结了其在家乡河中地区的统治。从前说伊朗语的河中地区的突厥化（Turkicization）始于萨曼王朝。

伊斯玛仪·萨曼尼在后世作家的笔下堪称公平正义的典范，某种程度上可同霍斯劳一世·阿努希尔万媲美。人们通常认为，萨曼王朝看上去高效运作的行政机器混合了萨珊王朝、伊斯兰教和中亚的元素，为后来的王朝提供了范式。这一范式可能影响了塞尔柱人（Saljūqs），并通过他们实际上影响了 19 世纪前所有的继任者，尽管事实上，塞尔柱人可能更多关注了伽色尼王朝的实践，以及在巴格达所见到的阿拔斯王朝的治理。

尽管萨曼王朝没有像萨法尔王朝那样利用他们的"波斯人"身份，他们的的确确是波斯人，并为新波斯文学语言的新兴做出了重要贡献。他们赞助诗歌——如诗人鲁达基（Rūdakī）——和散文创作。众多散文中最重要的可能是巴尔阿米（Balʿamī）的作品，他是伊斯玛仪·萨曼尼的孙子纳斯尔（Naṣr）的维齐尔。963 年（伊历 352 年）前后，巴尔阿米创作了泰伯里《历代先知与帝王史》（*Ta'rīkh* of Ṭabarī）的波斯语删节译本。《历代先知与帝王史》是当时最伟大的阿拉伯语著作。巴尔阿米的书目前仍然没有现代批判版本，但很明显，将其描述成只是对泰伯里著作的翻译是有失公允的。这本书实际上是巴尔阿米自己的历史著作，它以泰伯里的著作为基础，但也包含了许多额外的信息，尤其是在波斯所发生的事件。因此，它应当是第一部重要的波斯语史书，具有里程碑意义。

24 波斯人的确早就在记录伊斯兰史方面发挥了重要作用，但都是用阿拉伯语写作（如泰伯里本人就是里海沿岸泰伯里斯坦省的波斯人）。

伽色尼王朝和白益王朝

萨曼王朝灭亡后，波斯的主要统治者是东部的伽色尼人和西部的白益人。伽色尼王朝是第一个以今天属于阿富汗的领土为中心的伊斯兰大王朝，在当时以及很久之后都处在伊斯兰世界的边缘。他们的都城是位于喀布尔以南的加兹尼（Ghazna）。这在很大程度上是偶然的。961 年（伊历 350 年），呼罗珊的萨曼王朝大元帅阿勒卜特勤（Alptegin）（同历史学家巴尔阿米一同）卷入了一场阴谋，想将自己的候选人推上布哈拉的王位。密谋失败后，阿勒卜特勤认为撤退到阿富汗是明智的做法，以免受害。他的追随者娑匐特勤（Sebüktegin）在那里继承其位，但仍然拥有萨曼王朝总督的正式身份。

　　娑匐特勒之子马哈茂德（Maḥmūd，998—1030 年在位）在位期间是伽色尼王朝权力的巅峰。他的帝国从波斯西部一直延伸到北部的花剌子模（Khwārazm），再到印度的边境地区。多年来，他定期在冬季对印度进行远征。主要的实际结果是对金银和奴隶的大肆掠夺，但由于印度人是异教徒，马哈茂德也获得了宗教上的荣誉，即便这一阶段几乎没有让印度人皈依伊斯兰教。使印度次大陆成为世界上穆林斯的主要聚集地之一这一漫长的皈依过程很晚才开始。但至少没有人会怀疑马哈茂德的穆斯林身份，由于在什叶派成功的年代里他是一个狂热的逊尼派信徒，他在一定程度上获得了巴格达哈里发的支持。

　　马哈茂德帝国的治理以萨曼王朝为基础。尽管伽色尼人属于突厥人，但他们帝国的运作方式以及所资助的文化似乎很少具有突厥特征。不过，必须记住，我们的资料是由同时代的波斯人所撰写，他们不太可能会对非波斯（最终是非伊斯兰）的元素过多强调。正是在马哈茂德治下，菲尔多西撰写了《列王纪》，此书集中体现了波斯传统中的"波斯"特征（甚至包括了印度边境的加兹尼）——尽管传言说马哈茂德是一个吝啬的赞助人。伽色尼王朝还见证了最优秀的波斯史著作之一——无论是从学术还是文学的角度来看——拜哈吉（Bayhaqī）的《历史》（*Taʾrīkh*）的成书。这部编年史书仅留下了一小部分，是有关马苏德（Masʿūd）在位时期的历史［1030—1041 年（伊历 421—432 年）］，因此也被称为《马苏德史》（*Taʾrīkh-i Masʿūdī*）。我们很想了解拜哈吉对马哈茂德统治下帝国鼎盛时期的描述。不过，即便如此，阅读他的著作能够直接了解中古波斯国家的日常运作，这点还是很难得的。

伽色尼帝国的历史很短暂。马苏德不得不面对塞尔柱人入侵波斯的问题，而他没能很好地应对，而 1040 年（伊历 431 年）伽色尼人在丹丹坎（Dandānqān）成为塞尔柱人的手下败将标志着他们在呼罗珊统治的终结。然而，他们试图保留在阿富汗东部的原始领地和印度北部征服的地区。他们在印度的统治直至 1186 年（伊历 582 年）被古尔人（Ghurids）取代，后者的家园位于阿富汗中部群山中，远在伽色尼的马哈茂德的势力所能征服的地区之外。

在波斯西部和伊拉克，与伽色尼王朝同时期的大国是白益王朝，这是 18 世纪赞德王朝之前最后一个具有波斯民族血统和背景的重要王朝。他们来自里海西南厄尔布尔士山脉中的德莱木（Daylam）。934 年（伊历 322 年）至 945 年（伊历 334 年），三个白益兄弟在设拉子、剌夷和巴格达建立政权。10 世纪晚期，鼎盛时期的白益帝国囊括了伊拉克，波斯中部、北部和西部，东部的克尔曼（Kirmān），乃至阿曼（'Umān），横跨整个波斯湾。设拉子是白益王朝的都城。983 年（伊历 372 年）白益的最高统治者阿杜德·道拉（'Aḍud al-Dawlah）去世后，继位之争旋即而来，边远地区开始衰落，帝国已远不如昔。最终白益人和伽色尼人一样被迫臣服于塞尔柱人。1055 年（伊历 447 年），他们失去了对巴格达的掌控，1062 年（伊历 454 年）又丢失了设拉子。

里海沿岸各省显示出对伊斯兰教的抵抗力。白益人在进入伊拉克和波斯高原时，德莱木人在什叶派分支栽德派（Zaydī）的影响下皈依了伊斯兰教。结果，白益人对巴格达的占领显然造成了这座逊尼派哈里发国都城落入什叶派之手的政权奇景。虽然白益王朝的统治者倾向采用一种较为傲慢的方式对待哈里发，但他们并没有采取什么措施来镇压，阿拔斯哈里发可能仍然拥有为所欲为的政治权力。诚然，他们允许继续以哈里发之名宣讲呼图白（Khuṭba，聚礼日的讲道），也允许哈里发的名字出现在钱币上。这些都被认为是承认哈里发在国家中的权威的标志。

　　白益人无疑受到了这样一种事实的影响，即无论他们的信仰如　26
何——一个需要澄清的问题——他们的大多数臣民不是什叶派信徒。也许更重要的是，白益军队由两个相当明确的部分组成——德莱木人本身，他们是步兵部队、什叶派信徒，以及拥有突厥血统、可能倾向于逊尼派的骑兵部队。这两个团体之间存在大量分歧，而罢黜阿拔斯哈里发可能只会令局势恶化。不管怎样，比起没有哈里发，或者 969 年（伊历 358 年）后的另一种替代——屈服于遥远埃及的法蒂玛王朝什叶派哈里发——将哈里发置于严密的政治控制下可能更安全。

　　正如提到里海各省对伊斯兰化的抵抗时所预料的那样，古老的前伊斯兰时代的波斯传统在该国的这一地区异常强大。吉兰（Gīlān）君主马尔达维季（Mardāwīj）曾是白益三兄弟的资助人（后来同他们发生了争吵），他庆祝诺鲁孜节，坐在黄金宝座上，头戴萨珊王冠。白益人掌权之际，他们王权中的"波斯"元素便涌现出来。962 年（伊历 351 年），鲁肯·道拉（Rukn al-Dawla）发行了一枚纪念勋章，上面刻画了他头戴冠冕的形象，并刻有巴列维语铭文，这是萨珊王朝时期使用的语言和文字。该铭文为："愿万沙之沙（万王之王）的荣耀倍增。"到了 980 年（伊历 369 年），白益王朝编定了完整的萨珊王朝谱系，而阿杜德·道拉也在发行的钱币上自称"万沙之沙"。虽然白益人算是穆斯林，而阿杜德·道拉也在 977 年（伊历 366 年）被阿拔斯哈里发任命为统治者，但白益王朝标志着在波斯建立明显延续萨珊传统之王权的最持久尝试。

这也是很长一段时间内的最后一次尝试，直到 19 世纪初法特赫·阿里沙（Fatḥ ʿAlī Shāh）在位时期，以及更明显的 20 世纪巴列维时期，我们才在后来的波斯王朝中看到类似的仿古趋势。一千三百年的伊斯兰时期意味着怀念前伊斯兰时代的过往（暗示这一过往在某种意义上优于伊斯兰教）是极为危险的。白益王朝的直接后继者塞尔柱王朝肯定掌管着波斯文化而非突厥或阿拉伯文化占据主导地位的波斯。但塞尔柱君主并不自认为是波斯的万沙之沙，即便他们中的某些人在钱币上加入了这一头衔。哈里发赐予他们"苏丹"（sulṭān）的称号，这是一个原意为"权力"的阿拉伯语单词。毫无疑问，他们首先是伊斯兰君主。尽管如此，萨珊王朝的遗产——无论是语言、文化、政治思想还是治理模式——仍在某种意义上存续并影响了四百年。它是形成中世纪和现代波斯的各种影响要素永久的一部分。

第三章

塞尔柱人在波斯的统治

——全盛时期的大塞尔柱苏丹国（1040—1092 年）

塞尔柱人的到来标志着波斯历史的新纪元。11 世纪前，伊斯
兰世界中就已有塞尔柱人的身影——诸如伽色尼王朝时期、巴格达
哈里发的马穆鲁克——但起初他们都是单个被招募的奴隶。就掌权
而言，乌古思人是通过从内部接管持续经营的事业而获得的。塞尔
柱人却不同。他们从"伊斯兰之所"（Dār al-Islām）的边缘征服了
波斯和其他地区。塞尔柱人依然是游牧民族，具有部落的组织形
式。他们的征服标志着塞尔柱人统治波斯时代的开端，这一时期一
直持续到 16 世纪初，甚至在某种意义上持续到 1925 年。

塞尔柱人的起源

塞尔柱人属古思（Ghuzz）或乌古思（Oghuz）部，得名于其
首领塞尔柱（Saljūq，按照突厥语可拼写为 Seljük）。他们最早出
现于 10 世纪下半叶，生活在中亚药杀河的下游，位于"伊斯兰之
所"的边缘。当时他们皈依了伊斯兰教，这显然是苏菲派（ṣūfīs）

巡游传教的结果。苏菲派信奉个人和情感上的神秘信仰。这一阶段，苏菲派的组织较为松散，即便塞尔柱王朝为他们建造了修道院，还建立了组织制度"塔里卡"（ṭarīqa，意为"道乘"）。这些组织拥有自己的教学、启蒙和礼仪形式，以及教师等级。因此，早期塞尔柱人信奉的伊斯兰教可能是一种被正统逊尼派乌莱玛（ʿulamā）怀疑的类型。它可能包含了一些更接近中亚草原传统信仰的元素，而不是"官方"的伊斯兰教。但显而易见的是，当塞尔柱人在波斯和伊拉克建立政权时，其所支持的是伊斯兰教逊尼派正统。

29

　　大约在 10 世纪末，塞尔柱人在伊斯兰地区站稳了脚跟。他们先后被萨曼人和喀喇汗人（他们在河中地区萨曼王朝的故地建立了自己的王朝）招募为雇佣兵。塞尔柱人定居在乌浒河（Oxus）和药杀河之间的地区。1025 年（伊历 416 年），伽色尼的马哈茂德想要利用塞尔柱人，将他们中的一部分人迁置到故土西南的呼罗珊。但这批人因行为放荡而被驱逐。

　　正如我们所见，1030 年（伊历 421 年）马哈茂德死后，伽色尼人陷入了困境，而在随后的混乱时期里，塞尔柱人于 1035 年（伊历 426 年）在脱黑鲁勒别（Toghril Beg）和恰黑里别（Chaghri Beg）两兄弟的带领下全部进入了呼罗珊。塞尔柱人的统治看上去并没有像伽色尼人那样令呼罗珊的百姓难以接受。至少，该省很快就臣服了。1037 年（伊历 428 年）内沙布尔被占领，后来成为塞尔柱帝国的首个都城。塞尔柱人同伽色尼人的公开战争在 1040 年（伊历 431 年）的丹丹坎战役中达到高潮，伽色尼的马苏德的军队在这场战役中被击溃。伽色尼人撤退到了阿富汗地区，并最终退至印度。塞尔柱人成为呼罗珊的新主人。

脱黑鲁勒别：　塞尔柱帝国的建立

塞尔柱两兄弟共同统治，直至恰黑里别于 1060 年（伊历 452 年）去世。这与他们从中亚带来的有关政治主权性质的概念是一致的。草原上的突厥人和蒙古人按照游牧部落的形式组织起来，他们将主权视为整个统治家族的财产，而非该家族某一成员个人的财产。因此，虽然脱黑鲁勒别被接纳为最高统治者，当他将塞尔柱人的统治向西推进至"伊斯兰之所"的深处时，恰黑里别继续担任呼罗珊的统治者是完全正常的。这种统治家族各成员间的权力划分后来导致了冲突，但两兄弟之间这种最初的安排似乎已是足够友好了。

伽色尼人被驱逐出呼罗珊后，波斯西部和伊拉克的白益人成为劲敌。他们很快被消灭，却在某些地区作为依附塞尔柱人的统治者又存活了几年。脱黑鲁勒别于 1055 年（伊历 447 年）进入巴格达，而这座哈里发国的都城终于恢复为逊尼派的天下。 30

就阿拔斯哈里发而言，世俗统治者的更替显然是在朝好的方向发展，但这并不意味着他们同塞尔柱人之间的关系没有紧张和分歧——有时关系甚至会破裂。哈里发卡伊姆（al-Qāʾim）授予脱黑鲁勒别"苏丹"的称号。有关此事的意义，过去和现在都有很多探讨。老一辈学者习惯了源自欧洲史的概念，喜欢将两者的关系比作教皇和皇帝，我们在此处看到了宗教权力和世俗权力之间的明确划分。最近的学者则强调在中世纪的伊斯兰教中不存在教会/国家的区分，此外，尽管哈里发被视为伊斯兰团体当然的领袖，他在明确教义方面几乎没有教皇那般的权威（至少在这一时期）。

那个时代的伊斯兰思想家也意识到了这种困境。当时的知识分子领袖安萨里（al-Ghazālī）精心设计了一种理论，使苏丹制能够融入伊斯兰教思想的范畴内。他的观点是，苏丹制并不与哈里发制或伊玛目制分离；他认为，应该把它看作伊玛目制的一部分。于是，这避免了在宗教和世俗的统治与权威间进行不合理划分的风险，尽管可能只是理论上的。

就当时而言，这种观点足够合理，但它的确近乎危险地将苏丹制想象成中世纪教宗制宣扬者心中所设想的神圣罗马帝国皇帝的地位——哈里发的世俗臂膀。不论该观点为何，也不论哈里发制早期的情况如何，倘若历史学家们否认这一时期哈里发与苏丹职能事实上的区分——这种区分在某种程度上好似教会与世俗领域的区别——他们似乎的确在一定程度上反对着政治现实。

也许还值得一提的是，伊斯兰历史学家竭力阻止将伊斯兰社会同中世纪欧洲进行误导性的对比，有时往往会夸大中世纪基督徒对教会/国家的区分程度，这种区分和后来的几个世纪一样尖锐。在中世纪盛期（再次使用了一个对伊斯兰世界作用有限的欧洲史术语），这两个社会中"教会"和"国家"的相对地位虽然不完全相同，但比双方专家有时候所认为的要更相似。

至1059 年（伊历 451 年），塞尔柱人的统治已是相当稳固， 31
遍及波斯和伊拉克，直至叙利亚和拜占庭帝国安纳托利亚的边
境。脱黑鲁勒别定都于剌夷，距离现在的德黑兰只有数英里之遥
（后来迁都至伊斯法罕）。恰黑里别于 1060 年（伊历 452 年）死
后，他的兄弟成为唯一的统治者。而当脱黑鲁勒别自己于 1063
年（伊历 455 年）去世时，他已能正当地宣布建立了一个帝国。
这是一个操突厥语的游牧部落酋长在不到三十年的时间里所取得
的丰功伟绩。

塞尔柱帝国的巩固（1063—1092）

脱黑鲁勒别膝下无子。因此，他的侄子——恰黑里别的长子
（阿勒卜·阿儿思兰）——继承其位。其他家族成员及其支持者中
并非没有反对的声音，但阿勒卜·阿儿思兰是竞争者中最有经验
者。此外，他和自己的父亲一样在呼罗珊拥有强大的权力基础。

阿勒卜·阿儿思兰的统治使刚建立不久的塞尔柱帝国得以稳
固。即使在这段相当早的时期，将国家建立在曾帮助脱黑鲁勒别上
台的古思部的军事支持基础之上，这种做法显然具有潜在的危险。
古思人当然是非常善战的骑兵，但在战争之外，他们并不遵守纪
律，也决不愿意服从一个伊斯兰苏丹国的中央政府。

草原传统是截然不同的。根据这种传统，部落可以自由选举或
承认自己的可汗（khān）。倘若可汗要确保自己被民众接受，就必
须出自相称的贵族。该家族中谁人会被接纳为可汗，往往取决于部

落判定谁最合适。候选人是否适合很可能取决于他能否有效铲除或以其他方式压制竞争对手。一旦被接受，战时部落成员就必须服从他；而在和平时期，他则担任一种荣誉职位，干涉部落成员事务的行为不受欢迎。

这种极其有限的管理体系在草原上的游牧环境中发挥了足够积极的作用，但很难满足苏丹制特殊的要求，后者旨在统治波斯和伊拉克这片人口众多、城市化程度很高的土地。这种情况下，国家需要一支可以长久依靠的军事力量。于是，阿勒卜·阿儿思兰创建了一支常备军，其中大部分人是奴隶（马穆鲁克、古拉姆），这已经成为伊斯兰中部地区的常态。这支军队可能拥有 10000 人至 15000 人 。

这样的人数可能看起来不是很大，但必须注意，常备军不像征募，必须一直支付军饷。对中亚游牧民族而言，战争只是日常生活的一个方面，狩猎的技术与之相适应。草原游牧民族希望从战争中获取战利品，但不会期待军饷。即使在塞尔柱人建立了常备军后，单次战役如需大量军力，仍会征兵。

塞尔柱人不只是在军务中迅速意识到，环境中原本能充分满足他们的东西，此刻已无法满足身为一个定居大国统治者的他们。他们发现，如果没有现存波斯官僚机构的效力，将会一事无成。脱黑鲁勒别的政府由波斯人昆都里（al-Kundurī）担任维齐尔。脱黑鲁勒别于 1063 年（伊历 455 年）去世后，昆都里不幸支持了一个未能成功即位的候选人，他的权力也随之丧失。他的继任者——也许是波斯历史上整个这段时间里的大人物——是尼扎姆·穆勒克，他担任维齐尔直至阿勒卜·阿儿思兰之子灭里沙（Malikshāh）在位末期。尼扎姆·穆勒克任职期间，在波斯建立了行政框架（参见第四章）。此事具有深远的影响，数个世纪以来，波斯政府在本质上都遵循着塞尔柱帝国之前及其间建立的模式。

对历史学家而言幸运的是，他们可以从尼扎姆·穆勒克留下的论著《治国策》中了解他的政治思想。这本著作同另一本伊斯兰名作——更是波斯的——《王者之镜》（*Mirrors for Princes*）有很多相通之处。它包括对统治者有关政府应当如何运作的建言，并在伦理上强调统治者必须秉公执义、信仰正统，并以伊斯兰时代及前代波斯的诸多恰当的轶事佐证。这些轶事中有不少以良善正义之治为典范而为人们所铭记的英雄。伊斯兰时代特别突出的人物有伽色尼的马哈茂德，前代人物则有萨珊王朝霍斯劳一世·阿努希尔万。

这些轶事很好地充当了尼扎姆·穆勒克的例证，毕竟这就是它们的使命。困难的是，是否能够将这些轶事当作其所属朝代而非塞尔柱王朝时期的历史证据。例如，尼扎姆·穆勒克对马兹达克及其颠覆性异端思想的记载看似十分可信，因为包含了大量的细节描述，但实际上缺少萨珊王朝时期的史料。无论如何，虽然有些材料可能是准确的，但很难说清是哪些材料，也很难说清有多准确。可以说的是——这本身就有点有趣——《治国策》中最主要的是 11 世纪末波斯文化圈对过去的了解和认知。《治国策》中的轶事进一步强调的一点是，尼扎姆·穆勒克所描绘的统治之道和当时波斯的官僚机构多大程度上受到伊斯兰模式以及人们所认为的前伊斯兰时代波斯治国传统的影响。

33

　　阿勒卜·阿儿思兰在位时期，塞尔柱帝国控制下的领土并没有进一步扩大。最著名的军事事件发生在其在位末期，这是由古思部的无法无天造成的。他们中的一些人不愿臣服于塞尔柱帝国中央政府的权威，继续向西前行，超出了苏丹管辖的范围。最终他们抵达了拜占庭帝国东部边境安纳托利亚，并在那里以传统游牧民族的方式进行了突袭和掠夺。阿勒卜·阿儿思兰无法放任这种情况不受控制地继续下去，因此他向西进军，试图结束边境的袭扰。

　　结果却出乎苏丹意料。拜占庭皇帝罗曼努斯·第欧根尼（Romanus Diogenes）决定率军向东进入安纳托利亚。在阿勒卜·阿儿思兰看来，这一举动是对停战协定的破坏，因此他从叙利亚北上，以应对拜占庭的威胁。1071 年（伊历 463 年），两军在曼齐刻尔特（Manzikert）相遇。拜占庭人惨败，罗曼努斯·第欧根尼本人也被俘获。尽管拜占庭帝国以不同形式存活了近四个世纪，它再也没有能力组织这样一支大军来投入战争了。

　　这要归咎于这次战斗的后果。拜占庭丧失了对安纳托利亚东部和中部的掌控，古思部涌入边境并定居下来。他们占领的地区曾经是拜占庭帝国的主要收入来源地之一，也是帝国最重要的征兵场。11 世纪末，借第一次十字军东征之机，拜占庭人重新占领安纳托利亚西部及沿海地区。但中心地带却永远失去了。没过多久，塞尔柱人在安纳托利亚建立了罗姆苏丹国（Rūm），在不断的变迁兴衰后又出现了奥斯曼帝国。"土耳其"正是曼齐刻尔特战役的结果，尽管阿勒卜·阿儿思兰的本意只是击退拜占庭人，霸占一些他们的领土。

阿勒卜·阿儿思兰卒于 1072 年（伊历 465 年）。其子灭里沙主张继位，但并非没有争议。这次，灭里沙的劲敌是他的叔叔合兀惕（Qavord），按照家族统治的原则，他已是波斯东南部克尔曼的半独立统治者。他的理由是自己身为阿勒卜·阿儿思兰的兄弟，是家族中的长辈，因此应当优先于苏丹的儿子。他诉诸武力，但被击败并被处决。灭里沙的地位得到巩固，他在位时期，帝国实现了大一统，此后这一盛事再也没有重现。

灭里沙在位时期，塞尔柱帝国的疆域得到了扩大。他在叙利亚北部和中部留下了自己的足迹，他的兄弟秃秃失（Tutush）在那里建立了一个附属国（再次顺应了家族统治的观念）。尼扎姆·穆勒克在灭里沙在位期间继续担任官僚机构的首领。眼红的对手试图赶他下台，但他成功（尽管并不总是那么容易）打败了他们，而且他似乎自始至终一直受到灭里沙的信任。

尼扎姆·穆勒克之所以能够保住自己的地位，部分原因在于他将自己的儿子们安排在责任重大的职位上。中世纪波斯的行政机关不讲"团队精神"。通往权力顶峰的路往往是靠抹黑并导致在位的维齐尔垮台。只有保持统治者的支持，并在下级尽可能多地安排可靠的人，维齐尔才有希望保住自己的职位。然而，保持统治者好感的方式实际上是成为一个能干的管理者，这一想法并非天真，因为能干有利于稳定和高税收。尼扎姆·穆勒克似乎是个能干的人，从他的闪光点和那个时代对有权势者期望的标准来看，他可能足够诚实。

34

尼扎姆·穆勒克于 1092 年（伊历 485 年）被暗杀，他被伊斯玛仪尼扎尔派（Nizārī Ismāʿīlī）的成员杀害，该派系在欧洲也被称为"暗杀派"（Assassins）。两年前，也就是 1090 年（伊历 483 年），暗杀派才刚在波斯站稳了脚跟。因此，他们的历史属于后面的章节。尼扎姆·穆勒克是第一个，也是最有名的遇害者，但远非最后一个。就在他死后不久，灭里沙本人也死于同年。他的去世标志着塞尔柱帝国安稳的终结和逐渐衰落的开端。

塞尔柱人征服波斯的影响

重要的是要谨记塞尔柱人不是以野蛮的毁灭者身份来到波斯的，他们早已皈依了伊斯兰教，熟悉并在一定程度上支持伊斯兰文明和城市生活。他们的到来更像是部落迁徙，而非全然的入侵和征服。有人说，他们"靠运气"得到了一个庞大的帝国。[①] 没有理由怀疑他们的入侵造成了破坏和混乱，至少是暂时的，但这似乎是比较偶然的，可能还没有早先伽色尼军队造成的毁坏大。比起 13 世纪的蒙古征服者——正如我们将在后面的章节中看到——塞尔柱人在各个方面都很不一样。

这不可避免与迁移的人数有关。他们的人数似乎相当少。我们应该以数万人而非数十万人的数字来考虑。阿勒卜·阿儿思兰的常备军有 10000 人至 15000 人，这非同一般。同时代和后来的

35

---

① A. K. S. Lambton, "IRAN v. -History", *Encyclopaedia of Isalm*, 2nd edn. vol. 4, 25.

编年史家通常将这一时期的部落人口数记录为 700 人至 10000 人。考虑到所涉地区面积之大，这样的人数不太可能造成过多的破坏。

塞尔柱人征服带来的最重要的深远影响可能在于改变了波斯的人口平衡。这包括种族和经济两个方面。今天波斯人口中的很大一部分人母语是某种突厥语，也可能具有突厥血统。由此产生了这样一个问题：这些人的祖先是在塞尔柱帝国时期来到波斯的吗？

研究这个问题的学者得出了截然不同的结论，但可以确定的是，虽然塞尔柱帝国时期的确见证了波斯意义非凡的突厥化进程的开端，大部分突厥人是在后来的几个世纪里才来到波斯的。尽管如此，突厥人还是大规模地迁徙到如东北部的戈尔甘、木鹿，以及西北部的阿塞拜疆和上美索不达米亚等地，而在其他地方也建立了较小的定居点。诸如法尔斯、卢里斯坦（Luristān）、库尔德斯坦（Kurdistān）等地已存在相当数量的部落或半游牧民族人口，古思部似乎没有广泛地在这里定居下来。

正如我们所见，许多古思人对新的塞尔柱帝国政体颇有微词，他们继续向西前行，直至叙利亚和安纳托利亚。虽然这让中央政府在某种程度上松了口气，但困境并没有解决。整个塞尔柱王朝，古思部的人口不断增加，他们从中亚继续迁徙到帝国东部，特别是呼罗珊省。12 世纪时，他们给波斯末代大塞尔柱王朝苏丹桑贾儿（Sanjar）造成了极其严重的问题。

另一个非常重要的因素是新移民不仅仅是突厥人——他们还是游牧民族。显然，当时的人口平衡至少发生了有限的改变，这不仅是种族上的改变，也是从定居向游牧的转变。然而，这似乎并没有如同蒙古人征伐所造成的那样，必然导致耕地面积的减少。有充分的理由认为，在大多数情况下，游牧民族可能占据了过去从未开垦的土地。的确，我们甚至可以合理地认为，新来的游牧民族的定居对国家是有利的，他们为城镇提供肉和奶制品、羊毛和兽皮，在经济中扮演着重要的角色。

总之，对塞尔柱王朝前半个世纪的评价至少还算积极。按照地区的标准来看，塞尔柱人并不是破坏性的征服者。种族变化的规模并不过大。经济方面，塞尔柱人的统治总的来说可能对国家有利。治理国家方面，他们的成就——或者说他们利用了波斯人的成就——是创新而深远的。

第四章

塞尔柱帝国的政治制度
——草原和定居传统

帝国行政区划

塞尔柱帝国可以分为苏丹直接管辖的地区和间接管辖的地区。
对于具有中亚游牧背景的塞尔柱人而言，治理城市和农地并非完全
理所当然之事。显然，为了便于管理，直接管辖的地区往往集中在
都城附近。位于东部的内沙布尔是第一个都城。随着脱黑鲁勒别的
军队西进，位于现代德黑兰南部的剌夷取代了内沙布尔。之后伊斯
法罕成为主要的政治中心，即便 12 世纪桑贾儿在其漫长的统治期
内，将呼罗珊远东的木鹿设为了都城。

帝国大部分是间接管辖的地区。塞尔柱帝国早期，其中的许多
地区被交由地方家族管理。在脱黑鲁勒别到来之前，他们就统治着
这些地方。它们包含了里海地区的一些王朝，尽管这可能是不得已
而为之。里海各省自伊斯兰教兴起以后，就是波斯中央政府难以实
施有效管辖的地区。即便是像蒙古人这样无法容忍地方独立的民

族，直到伊利汗国（Ilkhanate）末期才征服了吉兰。这里的地形加上炎热、潮湿、密不透风的森林和人迹罕至的高耸山脉，任何入侵的军队都会望而生畏。其他间接管辖的地区包括伊拉克的阿拉伯人领地，以及一度由白益家族成员控制的土地，他们在波斯和伊拉克的统治因塞尔柱人的入侵而告终。

38

这就是灭里沙和尼扎姆·穆勒克去世前，塞尔柱帝国中央权力全盛期时的情形。此后，许多先前由地方家族统治的地区作为"伊克塔"（iqṭāʻs）——一种十分重要的制度，我们会在后面讨论——被赐给强势的突厥异密们①。这种转让制度在当时绝非创新，但1092 年（伊历 485 年）后，异密及其分封和再分封越来越不受制于中央政府的真正权威。

第三类间接管辖的地区是由部落占领并治理的土地，它们被允许相当大程度的内部自治。这种情形尤其发生在东北部的戈尔甘、西北部的阿塞拜疆、南部的胡齐斯坦，以及伊拉克。当塞尔柱帝国中央政府的控制减弱时，这些地区也成为政治分裂的源头。

中央行政管理

由塞尔柱人带到波斯的草原传统主要体现在两种行政机构，其一为宫廷，称作"达鲁噶"（Dargāh）。正如我们所见，虽然塞尔柱帝

---

① "异密"是阿拉伯国家的贵族头衔，此封号用于中东地区和北非的阿拉伯国家，突厥在历史上亦曾使用过这个封号。——译者注

国拥有多个固定的都城，但宫廷本身是流动的。或许可以认为，这一点说明了古老的游牧生活方式仍然具有影响力，即使在宫廷层面上也是如此。然而，应该指出的是，许多与塞尔柱人同时代的西欧君主——如英格兰的亨利二世（Henry Ⅱ）——也过着差不多的流动生活，但还没有人责难安茹王朝倒退成了游牧民族。

事实上，伟大的王室宫廷开销巨大，在欧洲的情形下，鉴于中世纪社会条件对交流的限制，维持宫廷的开销或多或少要由国王的财产均摊。同样重要的是，统治者若要维持对王国一定程度的实际掌控，并维持对更为强势的臣民的控制，就要亲自在其领地内的各个地方现身。在波斯，这似乎是宫廷流动的首要原因。

达鲁噶具有军事特征。归根结底，大元帅仍然是苏丹的首要身份。他可能通过成为阿拔斯王朝哈里发的"世俗臂膀"获得伊斯兰教意义上的合法性，但倘若他被新的入侵者推翻，这种合法性就毫无意义。塞尔柱人维持政权首先取决于保有他们凌驾于一切对手之上的军事霸主地位。他们是通过军事征服获得权力的，也可能会被对手以同样的方式终结其统治。

塞尔柱帝国不仅依靠巡回宫廷作为监督地方权贵权力的有效手段。达鲁噶的常驻人员不仅有军队权威——塞尔柱帝国的大异密——也有半自治统治者的家族成员，他们被体面地挟持为人质——不管怎样都是挟持——好让那些不在苏丹及其行政部门眼皮底下的地区规规矩矩。

达鲁噶还具有司法意义上的法庭职能。苏丹是安拉之下的最高法官，而达鲁噶则是上诉的终审法庭。臣民有权请苏丹听审，无论实践

39

中他能否行使该项权利。尼扎姆·穆勒克将此描述为伊斯兰和前伊斯兰时代的实践，尽管其中可能残存着草原习俗的元素。因为正如我们所见，部落期望可汗通过协商进行统治，而非波斯传统那般专断，除非是在战时。苏丹不依照沙里亚（sharīʿa）——卡迪（qāḍīs）在法庭上使用的伊斯兰教法——进行审判，而是依据乌尔夫（ʿurf）——习惯法。苏丹的法庭被称为"马扎里姆"（maẓālim，申冤法庭），而非沙里亚法庭（sharʿī）。

中央行政管理的另一半是"迪万"（Dīwān），由波斯官僚机构的成员组成。迪万中的一部分有时是固定的，常驻都城，而不跟随苏丹巡游全国。它最重要的功能是征税。

迪万的首领是维齐尔，他也是帝国税收的最高负责人。于是，他担任了一种可以形容为"首相和首席财政大臣"的职务。他陪同苏丹巡游是意料之中的，因此他通常与宫廷随行。不同时期，维齐尔一职所拥有的权力，依据当时情形，存在很大的不同，并且在相当大程度上取决于担任这一职位者个人的秉性及所施加的影响。尼扎姆·穆勒克在阿勒卜·阿儿思兰和灭里沙在位时期一直担任维齐尔，他极有权势，甚至拥有自己的私人军队。

不过，尼扎姆·穆勒克是个特例。随着中央征服的力量逐渐减弱，维齐尔的权力也衰落了。尼扎姆·穆勒克以后的维齐尔都不再具有像他那样的影响力，即便是在他去世后，他的家族成员继续担任高官多年。灭里沙同尼扎姆·穆勒克一退出历史舞台，维齐尔的权力就不断衰落，而突厥异密的权力则不断增强。

迪万主要由四个部门组成。"文书与花押部"（Dīwān al-inshā'

waʾl-Tughrā）为文秘署，由"掌印大臣"（tughrāʾī）领导。"危机与保障部"（Dīwān al-zamām waʾl-istīfāʾ）为财务部门，由"国家会计官"（mustawfī al-mamālik）领导，他是帝国的会计长，在他之下，每六个税区设有一位会计官，他们构成了该部的核心成员。"国家监察部"（Dīwān-i ishārf-i mamālik）为监察部门，由"国家监察官"（mushrif-i mamālik）领导，每区都设有监察官。"后勤部"（Dīwān-i ʿarḍ）为军事部门，由"检阅官"（ʿāriḍ）领导。塞尔柱帝国晚期，检阅官通常由突厥异密而非波斯官僚担任，意味着军方逐渐凌驾于政府之上。该部保管伊克塔的分拨记录以及军人登记册，尽管这并不意味着由该部领导军队。

　　以上是塞尔柱帝国中央政府的基本模式。这在很大程度上要归功于塞尔柱人从东方伊斯兰世界早期政权，如阿拔斯哈里发帝国、萨曼王朝、伽色尼王朝所继承的统治制度，尤其是后者，正如贝哈基的史书中所展示的伽色尼王朝的行政体系。在最初三位苏丹的领导下，这种模式以一种被证明非常持久的方式固定了下来。尽管经历了无数次战争、入侵、政府和王朝更替，这种行政体系在尼扎姆·穆勒克时代完全地制度化了，只是在细节和名称上不同，这种统治方式在波斯一直持续到了 19 世纪。除了中央行政机构以外，塞尔柱帝国政府最重要的单一制度是历史悠久的伊克塔。因此必须特别加以关注。

伊克塔

　　伊克塔制度的起源可以追溯到伊斯兰教的历史，在任何意义上它都不是由塞尔柱人从中亚草原带来的。但它作为一种统治工具，在白益王朝时期，尤其是塞尔柱王朝时期得到了重视，成为治国可用的最重要的行政策略。在广义上，它可以定义为土地或其收益的转让。不过，塞尔柱王朝的伊克塔有几种不同类型，并且在王朝灭亡后，这一制度仍在发展。

在理论上，以及塞尔柱王朝早期的实践中，所有的伊克塔都任凭苏丹赐予和撤销。在任何情况下，伊克塔都不被视为恩荫——这同样也是理论上的。但在中央政府权威衰落的时期，除非以武力相威胁或实际动武，否则一个拥有伊克塔的突厥异密［被称为 muqṭaʿ（穆克塔）］不会被推翻。

41

后来的塞尔柱王朝苏丹有时不得不采取孤注一掷的做法，以图控制强大的穆克塔。他们会将一名异密持有的伊克塔赐给另一名异密，新的受封者只有以武力驱逐前任，才能获得占有。更糟的是，两名异密可能会同时获赐同一伊克塔，胜出方能够占有伊克塔，而苏丹至少能幸运地摆脱两名权力过大的异密中的一人。

这一时期，税收、工资支付以及边缘行省的管理给中央政府造成了很大的问题。缺少资源和训练有素的人才，而交流也困难重重，变换不定。伊克塔成了应对这些管理问题名副其实的最有效手段，而只要政府强大，它的运用并不一定意味着政府权威的削弱。但这一制度存在风险，当中央政府权力衰落，滥用伊克塔制度可能会导致帝国的分崩离析。

塞尔柱王朝的伊克塔主要有四种类型：第一种是苏丹赐予个人的私人地产、抚恤金或津贴；第二种是赐予塞尔柱王室成员的生活费；第三种是赐予异密的土地或土地收益，作为工资或特定兵役的报酬（军用伊克塔）；第四种实际上相当于行省总督的任命（行政用伊克塔）。

其中，后两种类型肯定是最重要的。特别是行政用伊克塔，使得塞尔柱人有效解决了管理庞大帝国的问题，并满足了强势异密的愿望。担任这种总督职位的人可以自己管理其伊克塔，使得中央政府省去了从都城直接监管的麻烦。

穆克塔期待——也属意料之中——从任职中获利。即便不是全部的税收收入，他也会保留大部分用于地方开支和个人开销。如果他表现出过度独立，至少在塞尔柱王朝统治的前五十年，会被免职。到了 12 世纪，正如我们所见，这种事情说起来容易，做起来难。行政用伊克塔会变成半独立的世袭公国。花剌子模就是这种趋势的一个显著例子，该伊克塔最终在其塞尔柱王朝穆克塔后代的手中，变成了花剌子模王朝的帝国。

42

伊克塔制度经常被拿来同西欧的封建制度比较。这两种制度在同一时期发展到了顶峰，乍看之下好像的确有很大的相似性。军用伊克塔似乎提供了最接近的比照。这种伊克塔如同欧洲的封邑，常被用来换取为王室服兵役。它提供了一种手段，使统治者得以建立相当规模的军力，又无须负担维持这样一支庞大常备军的开销。

到目前为止，从功能上来看，这些相似之处的确真实存在。但伊克塔和封邑之间的区别可能更大，伊克塔本质上只是一种官僚体制的设计，它根本不是整个社会结构的基础。东方的伊斯兰世界是这样一个社会，统治者为了行政便利之故或是在统治衰落或陷入麻烦时期而采用伊克塔制度。但如果要称之为"封建社会"，则完全是另一码事了。

封建制度产生于中央政府力量薄弱时期的西欧，它似乎是出于保护的需要而发展起来的——纵使国王无法提供这种保护，地方权贵也许能够做到。由此在领主与封臣之间产生了相互的义务关系。封臣从其领主处得到土地和有力的庇佑；作为回报，他提供约定的军队（如骑士或重骑兵），以满足领主的军用需求。他宣誓效忠领主，他还可以期待——其他条件相同，支付适当费用后——自己的儿子会在适当的时候继承他的封邑。

然而，伊克塔制度几乎不是这样。它最初是由一个强大的政府使用，而非因为缺少这样一个政府而被创建。它不涉及保护或依赖的因素。正如我们所见，伊克塔的授予并不带有世袭的含义。苏丹和穆克塔之间没有相互的义务关系，也没有欧洲模式的宣誓效忠。伊克塔就是一种恩赐，全凭苏丹授予或撤销。它不是封建制度，大体而言，它是塞尔柱王朝政府处理行政和财政问题的有效手段。和封建制一样，伊克塔在某些情况下可能会导致王国分裂成更小的单元。但这不该使我们无视它的起源、目的和在国家中的功能。

伊克塔这种准确的特征在往后几个世纪里发生了很大变化。使用的术语也是如此。各种伊克塔的变体有时叫作"莎余儿合勒"（suyūrghāl），这是一个源自蒙古语的词，本意为"恩惠"或"奖赏"；使用最久的术语——一直到恺加王朝——是"提余勒"（tiyūl）。伊利汗国的合赞汗（Ghazan Khān）将他支付军队酬劳的方式称作伊克塔，但这同塞尔柱王朝时期的主流含义已然不同。尽管如此，无论术语或确切功能发生了怎样的变化，伊克塔和中央行政管理的结构一样，是塞尔柱人留给后世波斯政府和社会的永久遗产。

第五章

塞尔柱帝国晚期及其余波
——伊斯玛仪派、哈剌契丹和花剌子模王朝(1092—1220年)

塞尔柱苏丹国的衰落

44   大塞尔柱帝国的统一始终是——至少是潜在的——不稳定的，因为对苏丹的臣服很难同突厥人对政治主权的家庭集体性观念保持平衡。在前三位伟大的苏丹——脱黑鲁勒别、阿勒卜·阿儿思兰和灭里沙——长达半个世纪的统治期间，帝国的统一始终保持着稳定。但这种稳定并非没有挑战。阿勒卜·阿儿思兰和灭里沙都不得不同塞尔柱家族的其他成员争夺帝位。

这种稳定随着灭里沙的去世——或许还应算上他伟大的宰相尼扎姆·穆勒克的去世——而终结。塞尔柱帝国的统治以这种或那种形式持续了一个世纪，并在罗姆持续了很长时间。但辉煌的日子已经过去。1092年，灭里沙去世，继承权的斗争随之而来，并奠定了此后的模式。别儿哥雅鲁克［Berkyaruq，1094—1105年（伊历487—498年）在位］和马黑麻［Muḥammad，1105—1118年（伊历 498—511 年）在位〕在位期间，一定程度上恢复了中央的掌控，但这只是例外。

这幅暗淡的景象至少在帝国的西半部是真的。然而，多年来，本质上是波斯的东半部要更为幸运。因为 1097 年（伊历 490 年），年轻的塞尔柱帝国王子桑贾儿成了呼罗珊的总督，他在那里一直居住到 60 年后去世。1118 年（伊历 511 年），他成为公认的大塞尔柱王朝苏丹，但他偏安于自己直接管辖的领地。东部各省因此得享数十年的政治连续性，这一定是动荡的西部地区所羡慕的。

桑贾儿在位期间，塞尔柱帝国的都城位于木鹿，他的陵墓在那 45 里一直保存至今。他对都城的选择是 12 世纪上半叶塞尔柱帝国政治上当务之急的重要象征。十字军在叙利亚和巴勒斯坦建立了王国，它们最繁荣的时期，正是桑贾儿担任呼罗珊总督和后来成为大塞尔柱王朝苏丹的时候。欧洲人有时喜欢把十字军想象成是对伊斯兰世界的严重威胁。开罗和大马士革的穆斯林统治者或许会赞成这点。但就桑贾儿而言，真正的威胁来自东方。

因此他留在木鹿意义重大，这座城市位于遥远的东方，甚至根本不在 20 世纪的波斯境内——如今位于中亚苏维埃国家。虽然伊斯兰世界没有因叙利亚海岸几个小国的建立而受到严重威胁，但位于中亚的东部边境则是另外一回事。塞尔柱人是在古思部的领头下掌权的。在某些方面，一旦首领成为伊斯兰苏丹，古思部——正如我们在第三章所看到的那样——就陷入了尴尬的境地。但在整个塞尔柱王朝，他们源源不断地从中亚涌入。正是为了应对他们对国家构成的威胁，桑贾儿多年来投入了大量精力。

　　古思人无法被驱逐。必须控制他们，如若可能，还要让他们满意。桑贾儿通过专门任命的官员管理他们，这些官员被称为"沙黑纳"（shaḥna）。桑贾儿设法守住了这道防线，直到晚年。但在1153年（伊历548年），他本人被古思人俘获，并被囚禁了几年。桑贾儿最终被释放，但旋即于1157年（伊历552年）去世。他在东部没有能干的继承者。塞尔柱帝国崩溃了，权力陷入了真空，没过多久迎来了花剌子模王朝。

　　塞尔柱帝国西半部的命运比东半部要糟得多，即便西部仍是塞尔柱帝国的天下——至少是名义上的——一直到桑贾儿死后。1118年（伊历511年）至1194年（伊历590年），至少有过九位塞尔柱苏丹。最后一位苏丹脱斡里勒三世（Toghril Ⅲ）在同花剌子模王朝的战斗中阵亡。这九位苏丹在位期间，中央政府的统治基本上不再有效。

　　这造成了两个重要的结果。第一个结果是阿塔毕制（atabegate）的重要性日益增加。阿塔毕①（atabeg，突厥语"王子的父亲"）是一种官职，是被任命为管理某一城市或省的塞尔柱帝国王子的监护人和老师，并代为行使政治权力，直至王子成年。这种关系常常靠阿塔毕和王子母亲之间成婚加以巩固。在塞尔柱帝国权力强盛时，这种阿塔毕制是足够明智的安排，而当帝国衰落时，则易于被滥用。12世纪，每个在阿塔毕监护下的王子都面临着无法掌握实权的严重威胁。不久，阿塔毕们就建立了自己的王朝。其中最著名

46

---

　　① 毕，突厥语 beg 的音译，亦有"别乞""别""伯"等异译。——译者注

的由摩苏尔的阿塔毕赞吉（Zangī）［1127—1146 年（伊历 521—541 年）在位］建立的赞吉王朝，此人尤以 1144 年（伊历 539 年）从十字军手中征服埃德萨（Edessa）而为后世铭记，标志了穆斯林反击西方入侵者的开端。

塞尔柱帝国统治衰落的另一个结果是阿拔斯哈里发国作为一支政治势力再度崛起。虽然哈里发国作为伊斯兰社会特定组织所必需的机构一直坚守在巴格达——甚至很有可能是由白益王朝维持着——哈里发已经数个世纪未能真正亲政，即使在伊拉克也是如此。此时，这种情况发生了变化。1152 年（伊历 547 年），哈里发穆克塔菲（al-Muqtafī）将塞尔柱官员驱逐出了巴格达，标志着他要亲自执政，无论是名义上还是事实上。哈里发纳昔尔［al-Nāṣir，1180—1225 年（伊历 575—622 年）在位］在他漫长的统治期内成了伊拉克本地的"世俗"统治者，以及伊斯兰世界的重要政客。在他的领导下，阿拔斯哈里发国度过了最后一段有权有势的日子。但在他死后 30 年，国家就彻底被蒙古人摧毁了。

伊斯玛仪派

从阿拔斯哈里发国的角度来看，当塞尔柱人于 1055 年（伊历 447 年）抵达巴格达时，他们最大的优点不仅是已经成了穆斯林，而且是逊尼派穆斯林。在他们登场前，很有可能是什叶派在伊斯兰世界中得势。969 年（伊历 368 年），属于什叶派的竞争对手法蒂玛哈里发国建立于埃及，甚至伊拉克在白益人掌权期间也处在什叶派政府的管理之下。伽色尼的马哈茂德是狂热的逊尼派穆斯林，这是事实，但他的活动主要集中在"伊斯兰之所"的东部边缘及以外地区。

实际上，塞尔柱人常被认为发起了"逊尼派复兴运动"。11 世纪发生了这样的复兴运动似乎再明确不过了，但并不是说这一运动是直接由塞尔柱人有意识地发起的。事实是在他们来到巴格达前，复兴就已经开始了。尽管如此，公认的逊尼派政权的建立，以及由此给阿拔斯哈里发国带来的威望上的提升，无疑为复兴的延续和成功营造了有利的环境。一些最著名的逊尼派知识分子，特别是安萨里，都活跃在塞尔柱王朝统治时期。如果逊尼派的复兴旨在生存和传播，诸如尼扎姆·穆勒克鼓励建立经学院（madrasas，宗教学校）等发展无疑是重要的。

然而，虽然塞尔柱人沉重打击了什叶派的威胁，但并没有将其根除。法蒂玛哈里发仍然生活在开罗，直至 1171 年（伊历 567 年）为逊尼派穆斯林萨拉丁（Saladin）废黜。什叶派的势力逐渐衰落，但自 11 世末起该派内部出现了一种更为危险的类型。

1094 年（伊历 487 年），埃及的法蒂玛哈里发国发生了继位之争。在两位来自伊斯玛仪家族的候选人中，穆斯塔里（al-Mustaʿlī）打败了兄长尼扎尔（Nizār）。但尼扎尔的一众党羽拒绝接受这一政治上的既成事实，结果造成了永久的分裂。反对者中有哈桑·萨巴赫（Ḥasan-i Ṣabbāḥ），他曾担任法蒂玛哈里发国驻波斯的首席代表，也是伊斯玛仪派的传教士。

1090 年（伊历 483 年），他用诡计成功夺取了坐落在里海以南厄尔布尔士山脉中难以到达的阿拉穆特堡（Alamūt），此处距离加兹温（Qazwīn）不远。这里成了法蒂玛帝国在波斯的总部，1094年（伊历487年）后又变成了独立的伊斯玛仪派分支尼扎尔派的中枢。尼扎尔本人于1095年（伊历488年）去世。哈桑·萨巴赫宣称不再为他及其继任者担任代表。后来的阿拉穆特堡首领自称为尼扎尔的后裔，并因此自视为正统的伊斯玛仪派伊玛目一系，这与他们眼里的篡位者开罗的法蒂玛王朝形成了对立。

对阿拉穆特堡的占领预示着尼扎尔派将来的扩张模式。哈桑·萨巴赫及其追随者通常致力于占领偏远地区的城堡，因为在那里至少可以免受逊尼派的武力攻击。因此，他们在波斯除了拥有阿拉穆特和厄尔布尔士山脉中的其他城堡外，另一大中心位于波斯东部的库希斯坦（Qūhistān，"山中之地"）。从12世纪30年代起，他们以山区城堡为基础，又在叙利亚建立了分支。该分支的著名领袖拉希德丁·锡南［Rāshid al-Dīn Sinān，卒于1193年（伊历589年）］，被十字军称为"山中老人"（这一名称可能源自阿拉伯语的 Shaykh al-jabal）。

当时，伊斯玛仪尼扎尔派并不是一支强大的地方势力。但他们给逊尼派社会秩序带来的挑战与他们的人数和直接控制的地区完全不成正比。这在很大程度上归因于他们独特的作战方式。他们不谋求与敌人交战，而是派遣单个使者或一小队人，目的只是消灭对手。他们差不多是靠匕首完成这一任务的。

要设计出一套充分的防御手段来对付一个无意于屠戮对方普通士兵而只求杀死其领袖的对手并非易事，他们的信徒也不考虑 48

逃跑的可能性——事实上，这种伊斯玛仪派信徒很少逃跑，他们深信一旦被处决就能直接升入天堂。这种一根筋的狂热引起了一些传闻，特别是在欧洲，传闻说伊斯玛仪派信徒是在大麻的催动下干起黑暗的勾当。因此，他们以另一个称号"暗杀派"在欧洲多国留下了伊斯玛仪派传奇，尽管大部分学者怀疑他们吸食毒品的真实性。

在一个政治舞台上诸多事务都取决于国家领袖的时代，刺客们以靠匕首直接杀害最高层作为宣战的方式可谓非常有效。即便他们不积极投身于此，这种威胁也始终萦绕在逊尼派统治者的脑海中。这实际上是一种国家支持的恐怖主义，尽管往往没有滥杀无辜的特征。的确有人试图夺取阿拉穆特堡并消灭暗杀派，但都没有成功，直至尼扎尔派激起了一个连他们自己都不希望面对的敌人——蒙古人的对抗。

伊斯玛仪派的信仰是一个极大的主题，或许也具有难以理解的复杂性。有人认为，对伊斯兰教除了明显、公开的解读外，还有一种深奥的诠释——内学（bāṭin）——只有少数被遴选的入门者才能理解。鉴于我们许多有关尼扎尔派的资料来源都是敌对的逊尼派作家——根据定义他们不在入门者之列——所写，很难说清内学到底是什么。我们确实了解，伊斯玛仪派的历史轮回观同伊斯兰教正统（甚至犹太教和基督教）线性的历史观截然不同。他们认为，历史就是自阿丹（Adam）开始，安拉所派遣的伊玛目的不断轮回。首先有一位显明伊玛目，他的身份为大众所知，然后隐遁伊玛目到来了，接着来临了另一位显明伊玛目，如此周而复始。

伊斯玛仪派在阿拉穆特堡传授的教义经历了奇特的变迁。1164 年（伊历 559 年），当时的尼扎尔派伊玛目宣布格雅迈（qiyāma）——复活日——已经到来。实际上，这意味着真正的穆斯林——尼扎尔派——不再受伊斯兰教法的约束。例如，他们可以不遵守祈祷、饮食禁忌以及在莱麦丹月（Ramaḍān）守斋等穆斯林惯例。没有什么比这更能引起逊尼派与什叶派穆斯林的敌意和厌恶了。

然而，1210 年（伊历 607 年），尼扎尔派首领的态度发生了可以想象的大转折，宣布从今以后该派实际上将变成逊尼派。毫不意 49 外，这种明显为了在宗教上得到认同的做法受到了质疑。许多逊尼派穆斯林会记起什叶派视若珍宝的"塔基亚"（taqiyya）原则，即当公开承认自己身份可能招致危险时，可以策略性地隐瞒自己的宗教观。对尼扎尔派宣称自己皈依逊尼派的普遍怀疑不过是一个被证实为塔基亚原则的例子。

正如我们会在后面的章节中看到，13 世纪 50 年代，当蒙古人旭烈兀（Hülegü）展开伟大的远征时，首要任务就是镇压波斯的伊斯玛仪派。虽然蒙古人对作为波斯一方势力和社会威胁的尼扎尔派造成了致命的打击（旭烈兀的这项功绩受到了穆斯林史家们的称赞，他们几乎没有其他理由感谢他），但并没有彻底消灭他们。他们作为一个教派继续存在着，直至 19 世纪他们的领袖——阿拉穆特伊玛目的直系后裔——因同波斯恺加王朝的统治者发生冲突而逃往印度。这一支当前的继承者阿迦汗（Aga Khan）仍是该派受人尊敬的领袖。叙利亚的分支比其在波斯的父母辈存在得久，最终在 13

世纪 70 年代沦陷于马穆鲁克王朝苏丹拜伯尔斯（Baybars）之手。他和在波斯的旭烈兀一样，卓有成效地消灭了尼扎尔派的势力，但出于个人目的，他留下了一些暗杀派成员为其效力。

哈剌契丹与花剌子模王朝

要了解桑贾儿死后伊斯兰世界东部的历史，就必须再往东看，并追溯到若干年前。1125 年，辽王朝被女真（Jürchen）建立的金王朝推翻。契丹亲王耶律大石（Yeh-lü Ta-shih）拒不向新统治者臣服，并率领部下前往中亚。在那里，他以"菊儿汗"（Gūr-khān）的名号建立了帝国，这个帝国史称哈剌契丹（Qara-Khitai），或可译作"黑契丹"（Black Cathay，欧洲语言中的 Cathay 正来源于"契丹"一词）。中国史称"西辽"（Western Liao）。

这个强大的新国家很可能给桑贾儿增添了麻烦，受到了这一地区古思部的排斥，因为后者以不愿受制于任何形式的中央政府而臭名昭著。因此，哈剌契丹的到来进一步促使他们西迁，给桑贾儿带来了问题。但哈剌契丹政权对桑贾儿的影响可能比这还要直接。河中地区长期以来一直都是"伊斯兰之所"不可分割的一部分，也被纳入了哈剌契丹的版图。同大塞尔柱王朝苏丹的冲突不可避免，于 1141 年（伊历 536 年）在撒马尔罕附近的卡特万草原（Qaṭwān）爆发。

桑贾儿战败，而人们常声称这场战役是祭司王约翰（Prester John）传说的起源，他是遥远亚洲的伟大的基督教祭司和国王，被认为要赶赴圣地营救十字军。这种误解是可以理解的。毕竟，桑贾儿是那个时代最伟大的穆斯林君主，而哈剌契丹的统治者则是他的敌人。诚然，他实际上并不是基督徒，但对12世纪基督教王国的人来说，很难想象一个反对伊斯兰教的强大君主不是基督徒。所以理论上，这种相遇不大可能是祭司王约翰传说的真相，尽管相信的人认为"无风不起浪"，但当涉及传说的历史解释时，这种理由只是一种可疑的方法论工具。

正如我们所见，桑贾儿在卡特万草原之役后继续在位了十六年。但河中地区落入了哈剌契丹的手中。他们一直占领着这一地区，直至13世纪初被花剌子模王朝取代。哈剌契丹的统治者在宗教问题上比较宽容，他们是一个分散的政体，在这个政体中，包括河中地区在内的大片地区都能在本地统治者治下（河中地区的统治者是穆斯林），享有相当程度的自治。

就行政管理而言，哈剌契丹帝国混合了中原与中亚元素。作为中国的一个小王朝，汉语保留了官方地位，所有的钱币都刻有汉字。但他们也使用波斯语和回鹘语。哈剌契丹的军队也结合了中原的军事理论（如使用步兵和攻城装备）和草原的作战传统（因为契丹人和比他们更强大的接替者蒙古人一样起源于草原骑兵）。随着时间的推移，哈剌契丹的军队逐渐变成一支以传统游牧民族的方式精准组织起来的草原骑射手队伍，后为成吉思汗（Chingiz Khān）所继承。

那些被迫臣服于哈剌契丹菊儿汗的人中有花剌子模沙。花剌子模是一片非常肥沃的土地，乌浒河从那里注入咸海。因此，花剌子 51

模紧邻着哈剌契丹帝国。最后，花剌子模的统治者——他们采用古代的头衔自称为花剌子模沙——成了塞尔柱人在波斯的主要接替者，并最终摆脱了哈剌契丹的控制。

花剌子模王朝绝非古老的王室。他们不过是 11 世纪末灭里沙任命统治花剌子模的突厥异密的后代。他们后来的命运生动地展现了——正如我们在第四章中讲到的——中央政府的控制松懈时，伊克塔制度是如何被滥用的。

阿即思（Atsiz）在位时期，花剌子模一跃成为一支超越行省的势力。阿即思是和桑贾儿同时代的人，卒于 1156 年（伊历 551 年）。伊利·阿儿思兰 [Il Arslan，卒于 1172 年（伊历 568 年）] 在位时期，他们继续发展，并在帖乞失（Tekesh）在位时达到盛期。他们的领土范围在帖乞失的继位者阿拉乌丁·摩诃末二世（'Alā' al-Dīn Muḥammad Ⅱ）时期扩张到最大，但只持续了很短的时间。阿拉乌丁·摩诃末二世在位末期，他在一定意义上控制了波斯中部和东部的大部分地区。他于 1210 年（伊历 606 年）占领了河中地区，又在 1215 年（伊历 612 年）从统治阿富汗中部山区的古尔王朝（Ghurid）苏丹手中夺取了现在阿富汗的大部分地区。古尔的军队被迫撤退到印度北部地区，一些将领在那里着手建立了一个长久的新国家——德里苏丹国。

但正如即将发生的事所展现的那样，看一眼花剌子模沙领地的版图会使人对其地位的真正实力产生一种相当虚幻的印象。他庞大的帝国因为个人和结构的弱点而四分五裂。当 1219 年（伊历 616 年）至 1223 年（伊历 620 年）成吉思汗西征的巨大考验到来时，花剌子模帝国的缺陷暴露了。事实证明，在蒙古人漫长的征服生涯里，花剌子模王朝也许是最不可怕的敌人。

问题之一无疑是帝国的规模。阿拉乌丁·摩诃末二世在位的最后几年里，其领土范围扩张到了最大。在统治者不得不面对蒙古人的挑战前，根本没有足够的时间将帝国整合成一个协调的整体。如果花剌子模沙有几年时间喘息，他有可能一扫这些威胁。这是有可能的，但也许发生的机会很小。因为他近期所获得的那么大一部分领地及各地完全不同的性质，远非他所面临的唯一和最严重的困境。

即便是阿拉乌丁·摩诃末二世作为国家元首所行使的权力本身也是脆弱的。他同自己的母亲秃儿罕可敦①（Terken Khatun）关系非常紧张。帖乞失死后，秃儿罕可敦本属意另一子即位。很明显，她在花剌子模的实权比她儿子的还大。比这更严重的可能是花剌子模军队的忠诚度。秃儿罕可敦可能是从草原迁徙到花剌子模的乌古思人钦察部（Qipchap）或康里部（Qangli）的公主。花剌子模军队的大部分也是由钦察部和高车部雇佣兵组成的。我们无法知晓，如果母子之间爆发了武装冲突，军队到底是效忠儿子还是母亲。

雪上加霜的是，花剌子模军队中也有波斯元素，他们同突厥人之间的关系特别紧张。在这种情况下，花剌子模沙若是不得不应对军事危机，就会陷入无法脱身的困境。因为倘若他集中力量来保卫

① "可敦"（亦有"可贺敦""哈敦""哈屯"等异译）为蒙古等游牧民族对最高统治者正妻的称呼，相当于皇后或王后。——译者注

帝国免受入侵者的侵犯，就会面临军队先将他废黜的潜在风险。

　　阿拉乌丁·摩诃末二世同伊斯兰宗教阶层的关系也没有好转。他的帝国扩张恰逢纳昔尔在位后期，后者是阿拔斯王朝晚期最强大，也是最野心勃勃的哈里发。事态甚至恶化到花剌子模和巴格达军队之间爆发公开武装冲突的程度。在同国内逊尼派宗教权威保持友好关系方面，花剌子模沙也没有多成功。他谋杀了一位广受欢迎的著名谢赫（shaykh），从而让局势变得更加危险。这是一件严重的事，对于一位逊尼派统治者而言，如果没有获得哈里发和他自己宗教阶层的默许，其合法性很难得到认可。阿拉乌丁·摩诃末二世试图通过亲近什叶派来解决这个问题，大概是想通过这种方式找到一种替代的宗教支持基础，或是靠施压迫使逊尼派权威同其和平共处，但并没有取得多大的成果。

　　因此，这位花剌子模沙没法依靠家族、军队和帝国宗教神职的支持。最后，广大被忽视的百姓持什么态度？从普通人的观点看，花剌子模王朝的政权无疑会被视作压迫者。因此，百姓残存的忠诚毫无疑问也褪去了。这种感情一点也不剩。阿拉乌丁·摩诃末二世的臣民中很少有人对帝国的逝去感到遗憾，而百姓也无从知晓，当蒙古人摧毁这个帝国并将波斯纳入自己国家时，这片土地会迎来一个什么样的主人。

第六章

蒙古人来袭

13 世纪，波斯成为有史以来土地延伸最为广阔的帝国——蒙
古帝国——的一部分，并持续了一百多年。帝国建立过程中所造成
的破坏和屠戮是巨大的，其规模在亚洲历史上前所未有。波斯自身
不得不忍受蒙古人屡屡进犯，以及成吉思汗于 1219 年后几年里及
其孙子旭烈兀于 13 世纪 50 年代率领的两次大规模征伐。从旭烈兀
时代至 14 世纪 30 年代，波斯成了蒙古伊利汗国的主体，在这个王
国前四十年里，统治者甚至都不是穆斯林。蒙古帝国的统治虽是一
段可怕的经历，但并非每个方面都是负面的，至少对于那些努力生
存下去的波斯人而言是这样。

"有什么事件，"蒙古帝国时期最伟大的波斯史学家剌失德丁问
道，"比成吉思汗统治的开端——这应该被视为一个新时代——更
重要？"[1] 这是自 7 世纪阿拉伯人入侵以后，波斯遭遇的最大剧变。
波斯早先由来自中亚的草原游牧民族塞尔柱人统治，他们在应对蒙

---

[1] Rashīd al-Dīn, *Histoire des Mongols de la Prese*, ed. and trans. E. Quatremère, Paris 1836, 60-2.

古人的进攻上几乎未做任何准备。正如我们所见，这是因为塞尔柱人的人口相对较少，很少肆意破坏，并且他们已经是穆斯林，无须向他们劝说伊斯兰文明的价值。但蒙古人完全不是这样。

54 追溯蒙古民族时，我们无法轻易地越过契丹人的辽王朝的统治时期（10—12 世纪）。这两个民族之间似乎存在某种关系，而唯一被部分理解的契丹语似乎是蒙古语的一种形态。契丹人驻扎在蒙古高原中部鄂尔浑河畔的绿洲，而在他们防线的后方，一支可辨的蒙古民族在蒙古草原东部崛起。契丹政权在 12 世纪金人攻打前就已瓦解，他们失去了对蒙古草原的控制。那些试图填补真空的人中就有蒙古人，他们的领袖包括成吉思汗的祖先。

蒙古人的生活方式同中亚和东亚草原上的其他部落没有什么区别。实际上，他们在进入"伊斯兰之所"前，和乌古思部的生活方式有许多共同之处。蒙古人是游牧民族，他们的牲畜主要是羊和马，尽管他们也使用骆驼和牛。他们在广袤的草原地带季节性地迁徙，从蒙古高原延伸到匈牙利平原。

他们并非不知南方的定居民族。实际上，他们的生活必需品，诸如铸造武器所需的金属，以及奢侈品都依赖汉人等中原地区的民众。汉人取走一些游牧产品作为交换（虽然官方视此为上贡），并作为保持部落安宁的一种手段。后者并非总是易事。游牧民族对待中原的基本态度是掠夺性的，每个部落可汗的野心就是能够进犯并占领北方的富饶土地。因此，控制部落对于政权的统治者来说是一件非常重要的事情。金王朝所采用的传统方法并不包含对草原的直接统治。汉人会警惕权力危险的集中，并用赏赐和敕封支持其他一些游牧民族首领，以削弱过于强大的可汗。如果依靠自己的民族变得太强大，汉人就会重复这个过程。这项制度卓有成效，但明显未能阻止成吉思汗的崛起。

蒙古人绝不是 12 世纪末最强大、最重要的草原部落。草原上散落着一众部落，有些操突厥语，有些操蒙古语。虽然部落普遍声称其成员拥有共同的血缘关系，甚至源于同一个祖先，但他们的组织要开放得多。实际上，部落是可以联合的。有两种与血缘无必然关系的制度形式。某人可以成为他人的"安答"（anda，盟誓的兄弟）——一种平等或接近平等的关系——或放弃对自己氏族、部落的忠诚，成为他人的"那可儿"（nöker，伴当或亲兵）。一个年轻的部落领袖，比起财富或社会地位，拥有更大的个人魅力或军事能力，就能通过上述方式获得拥护，并建立起自己的势力。

在蒙古人来到波斯后的很长一段时间里，他们坚守着草原民族的传统宗教——萨满教（Shamanism）。在这个相当模糊的信仰复合体中，有一位至高无上的神——腾格里（Tengri）——被认为是长生天。因此，诸如山峰等可以直接通向腾格里的高地被视为是神圣的地方。但更具有实际意义的是较低的层级——灵界。萨满是人类和这个神秘世界之间必要的中介，他在出神的状态下与之交流。他还扮演驱魔人和先知的角色，靠查验烧焦的羊肩胛骨上的裂缝来预测未来。

但萨满教既不是一种高度组织化的宗教，也不是一种排他性的信仰。它对蒙古人的影响相当轻微，蒙古人以对宗教包容——甚至是冷漠——而闻名于世。后来他们在各个亚洲王国中都接纳了当地的主流宗教——伊斯兰教或佛教——这也许并不奇怪。甚至是景教——基督教的异端形态——在草原人民中也拥有大批信众。然而，接纳世界几大宗教并不必然意味着萨满教的痕迹都消失了。

当蒙古人最初征服"伊斯兰之所"的部分地区时，他们是新奇的。塞尔柱人和公元 5 世纪入侵西罗马帝国的日耳曼蛮族有些共同之处。和大部分日耳曼人一样，塞尔柱人已经改信了当地宗教的某种形态。他们尊重伊斯兰社会，同意它的许多观点，只求融入其中。蒙古人却并非如此，他们认为自己和自己的生活方式优越于在波斯遇到的所有低贱的城镇居民和农民。数十年来，蒙古人认为过定居生活的新臣民只是为了被他们剥削而存在。这种态度决定了蒙古人征伐及随后统治的性质。直到合赞汗统治波斯时期［1295—1304 年（伊历 694—703 年）］，甚至更早以前忽必烈（Qubilai）统治中原时期，才出现了较为开明的方式。

成吉思汗的生平

56 一般认为，蒙古帝国的缔造者成吉思汗生于 1167 年，也就是蒙古人所使用的十二生肖纪年中的猪儿年。他出身于贵族，父亲也速该（Yesügei）虽然级别不是最高，也算是一位颇有声望的部落首领。成吉思汗还在孩提时代时，也速该就被蒙古人的宿敌塔塔尔人（Tatars）谋害。按照我们所见的蒙古史料记载，年少的成吉思汗过着艰苦的生活，在克服万难后建立了自己的统治。他显然——而且没有理由怀疑——既是个有军事才干的年轻人，也有着领袖的品格。后来，其他年轻人依附于他，成了他的那可儿。他还获得了草原上的大可汗之一、克烈部（Kerait）的脱斡里勒①（Toghril）的支持，后者曾是也速该的安答。

有关成吉思汗生平的基础蒙古史料《蒙古秘史》（*The Secret History of the Mongols*）试图给人一种印象，即尽管面临着一些可汗的敌意和背叛，成吉思汗还是掌握了大权。然而，很明显，成吉思汗善于利用联盟。1206 年之前，他逐步通过军事和外交手段，在蒙古草原的各部中取得了至高无上的地位。一些部落被消灭殆尽，大多数部落仅仅失去了领袖，士兵们被训练成有用的骑兵，再被编入蒙古军队。

这支强大的军队正是蒙古征服和统治世界的重要工具。按照草原习俗，军队采用十进制组织。基本单位有"千户"（波斯语为 hazāra）和"万户"（tümen），后者至少理论上有 10000 人。在成吉思汗掌权之初就效忠于他的各部以自己的士兵组成了军事单元，而战败的各部当然提供了大部分可用的劳动力，他们被分入新的万户中。因此，成吉思汗在一定程度上避免了其他部落的反叛风险。诚然，蒙古军队可被视为一种人为部落结构的产物。在这种结构中，士兵忠于军事指挥官，并通过军事指挥官忠于成吉思汗本人，而非忠于他出生的部族。

蒙古军队至少在初期是一支全部由骑兵组成的部队，主要武器为复合弓，是在木制框架上包以层层角和筋制成。虽然这支军队在

---

① 《元史》作"汪罕"。——译者注

57 战场上几乎战无不胜，但在定居地区作战时也有其局限性，因为城市无法轻易被骑兵攻陷。所以，蒙古人后来从中原地区和伊斯兰地区招募了攻城工兵。按照我们手头波斯史料的记载，蒙古军队规模庞大。这里很可能有所夸大，蒙古人空前的机动性可能给旁观者造成了军队人数比实际作战时要多得多的印象。后勤方面的考虑也不容忽视。所有的蒙古骑兵都带着几匹马，可能多达五匹，甚至更多。因此，如果波斯编年史家术兹札尼（Jūzjānī）对 1219 年（伊历 616 年）蒙古人以 80 万大军攻打花剌子模王朝的描述是正确的话，我们不禁要问，他们在进军呼罗珊的路上是如何喂养大约 400 万匹马的。

另外，很明显，相比所有与之打过交道的定居模式国家，蒙古人能够调动更多的劳动力来作战。在理论上，甚至是在实践中，所有的成年男性都可以参军。蒙古人在学会走路之前就学会了骑马，战斗被视为不过是草原游牧民族日常生活的另一种形式。每年一次的围猎，即"捏儿格"（nerge），是一种旨在为冬季获取储备肉的围猎行动，其组织规模庞大，所使用的技术几乎不需要适应性训练便可运用在战场上。

1206 年，"忽里勒台"（quriltai）的举行标志着部落强行统一的进程，这是一种显贵们的集会。忽里勒台"选举"铁木真（成吉思汗）为最高统治者。20 世纪的人可能对这种选举相当熟悉，它只有一名候选人，或许使用"拥立"一词形容这一过程更为准确。忽里勒台为新政体的管理奠定了基础，而成吉思汗最忠心的部下都获得了应有的奖赏。其中一个著名的例子是成吉思汗的义弟、塔塔儿部失吉忽秃忽（Shigi-Qutuqu）被任命为帝国的大断事官（yarghuchi，札鲁忽赤）。这通常被视为是成吉思汗制定法典《大札撒》（*Great Yāsā*）的时机。不成文法和习惯无疑具有重要性，而实际上，似乎没有理由认为成文的蒙古法典制定于 1206 年及之后。

1206 年忽里勒台召开之际，据说成吉思汗的禁军已经多达一万人。帝国的第一代官吏就是从这支禁军中选拔出来的。然而，随着时间的推移，成吉思汗越来越依赖经验丰富的非蒙古官吏为帝国的运作提供必要的人事制度和机构制度，尤其是回鹘人和契丹人。后来，蒙古政权在被征服的定居地区，如波斯倾向于遵循当地已有的模式。

58

至于在伊斯兰教大旗下统一的阿拉伯人，要维持新征服部落统一的希望渺茫，除非能及时为他们的军队找到合适有利的军事任务。于是，蒙古政权开始扩张。小王朝西夏首先被征讨。接着，他们多次劫掠中原，1215 年，他们占领了金的都城，即现在的北京。但金直至 1234 年才最终被打败，此时成吉思汗去世已有多年。而更为庞大、富庶的大宋帝国——虽然在军事上可能较弱——在南方一直坚持到 1279 年，最终还是被成吉思汗之孙忽必烈扫灭。

征讨中原无疑是蒙古人政治上最重要的目标。但成吉思汗与金的战事仍胶着时，他已将目光投向了西方。蒙古人的宿敌，乃蛮部（Naiman）的屈出律（Küchlüg）被击败后，投奔了哈剌契丹。他在那里受到了体面的接待，但这并没有阻止他篡权。屈出律是景教徒出身，但后来自称改信佛教，却用惊骇的非佛教方式压制那些不认同其新信仰的臣民。1218 年，成吉思汗派遣了一支较小的军队，由他的老那可儿哲别（Jebei）率领，进入哈剌契丹的领地。得益于附属哈剌契丹的回鹘人首领的投降，蒙古人对那里的情况了如指掌。哲别宣布禁止宗教上的迫害，百姓们立刻起来反对屈出律。这个中亚大国因此并入了蒙古帝国的版图，而这似乎是其百姓所乐见的，它在蒙古历史上是独一无二的事件。

蒙古人首次攻打波斯

　　随着对哈剌契丹帝国的征服，成吉思汗的领土直逼花剌子模沙阿老丁·摩诃末的国家。尚不清楚这一阶段蒙古人是否打算攻打他们，但无疑迟早会发生冲突。成吉思汗曾表示希望同花剌子模沙和平共处，但他也在同一封信中称阿老丁·摩诃末为儿子，这种优越感无疑是一种挑衅。但这位花剌子模沙却挑起了战争。花剌子模边境城镇讹答剌①（Utrār）的总督俘获了一队来自蒙古的商旅，并处死了所有人，借口是他们从事间谍活动。一名被派去抗议的蒙古使节也被处死。在蒙古人眼里，使节是神圣的，这一举动无疑是向他们宣战。

　　我们已经提到（第五章），花剌子模沙并未做好同这个强大的对手交战的准备，他的行为实在令人费解。实际上，他根本不想在战场上直面蒙古人。相反，也许是担心自己的军队和蒙古人一样危

----

　　①　其址位于今哈萨克斯坦奇姆肯特市阿雷思河和锡尔河交汇处。——译者注

险，他将他们划分成帝国各大城市的驻军。1219 年（伊历 616年），蒙古人发起了部署周密、三管齐下的攻击，攻入了河中地区。花剌子模沙早就逃跑了，一直逃到里海的一座岛上避难，最后死在当地。

河中地区发生了大屠杀和破坏，但和随后几年降临到波斯东部呼罗珊的命运相比，这还算温和。成吉思汗派幼子拖雷（Tolui）指挥征服呼罗珊的行动。这次行动是蓄意且残酷的。每当招降一座城市时，他们都会警告任何抵抗将会导致屠城。许多情况下，他们确实这么做了，除了有用的工匠得以幸免于难，被拉往蒙古。已知巴尔赫、赫拉特、内沙布尔等呼罗珊的大城市都被夷为平地。根据当时和后来的编年史家的记载，数百万人被杀害。蒙古人言出必行的消息很快就传播开来，因为他们通常信守诺言，不会消灭按他们要求投降的城市的百姓。

拖雷的统治一直持续到 1223 年（伊历 620 年）。人们只能推测蒙古人为何选择如此暴力的方式行事。毫无疑问，他们认为自己是在惩罚花剌子模沙的恶行，但很难说罪罚是否相当。也许更重要的是，他们永久地消除了波斯任何可与成吉思汗抗衡的可能的权力中心。最后很可能的是，在蒙古人以草原为导向的思维里，摧毁城市和农业几乎无关紧要。

1223 年（伊历 620 年），成吉思汗从"伊斯兰之所"回到了蒙古草原。他的最后一次军事行动针对的是西夏，因为西夏的统治者未能按要求为他的西征提供兵力。1227 年，约 60 岁的成吉思汗在历史上空前绝后的征服生涯中去世。但他并非只是一个武力征服

60

者。他在组织和帝国结构方面也多有思考。他留给后继者的不仅仅是成堆的战利品和尸体。他为帝国奠定了制度基础，使这个帝国能够且的确在其创始人死后继续存在下去，并不断扩张。

波斯并不在这个阶段蒙古人优先征服的名单上。阿老丁·摩诃末的儿子和继承人、花剌子模沙札阑丁（Jalāl al-Dīn）领导了针对蒙古人的反抗，起初在蒙古人主力军缺席的情况下，表现得十分出色。成吉思汗撤军后的三十年里，波斯的部分地区由蒙古人总督统治，尤其是该国北方草原般的草场。蒙古人发起了一些重大战役，特别是拜住（Baiju）攻入安纳托利亚，最终导致了 1243 年（伊历 641 年）克塞山战役（Battle of Köse Dagh）后塞尔柱罗姆苏丹国的臣服。但蒙古人并没有继续尝试将波斯完全纳入帝国。13 世纪 50 年代旭烈兀的行动开创了一个新的局面。

旭烈兀与伊利汗国的建立

蒙古人和突厥人一样，将政治主权视为家族财产而非个人财产。因此，成吉思汗死后，他的正妻所生的儿子们都继承了自己应得的份额。三子窝阔台（Ögodei）如成吉思汗所愿，被拥立为大汗。而其他方面都遵循了草原的先例。四子拖雷继承了在蒙古的家乡。长子术赤（Jochi）继承了最偏远的牧场，这片地区后来变成了位于俄罗斯和东欧的金帐汗国（Golden Horde）。由于术赤先于其父去世，他的份额落到了其子拔都（Batu）身上。成吉思汗的次子察合台（Chaghatai）和三子窝阔台共享了中亚地区。

这种安排只考虑了草原地区。成吉思汗似乎没有分配他在波斯和中原等地打下的土地。但无论如何，他对帝国的分割并没有持续多久。窝阔台死于 1241 年，他的去世引发了一场政治危机，其中包括阻止了拔都大举征伐欧洲的步伐（1237—1242 年）。窝阔台之子贵由（Güyük）直到 1246 年才被承认为大汗。这遭到了拔都的反对，只不过 1248 年贵由的去世避免了两人之间爆发公开冲突。拔都同当时已去世的拖雷的诸子达成了联盟。1251 年，发生了一场针对窝阔台和察合台家族的政变。在拔都的拥护下（他以本国的实质独立为代价提供帮助），拖雷的长子蒙哥（Möngke）成了大汗。

蒙哥有三个兄弟——忽必烈、阿里不哥（Arigh-böke）和旭烈兀。忽必烈奉命征服南宋，而阿里不哥留在了草原。旭烈兀被派往西方，主要对付两个敌人——暗杀派和阿拔斯哈里发国。

我们至少可以明确叙述这么多。蒙古人在征服生涯之初似乎不太可能会认为自己拥有征服世界的天命。但当他们发现自己实际上正建立一个世界帝国时，他们肯定会持有这种观念。在这种语境下，阿拉穆特和巴格达成了权力与忠诚中心的替代，因此不能任由它们继续存在下去。除了消灭这两个敌人外，旭烈兀此次任务真正的性质不得而知。特别是产生了一个疑问，蒙哥是否打算——正如实际所发生的——让旭烈兀为自己和后代在波斯建立一个王国？

有资料表明，伊利汗国的建立确实不合规范。蒙哥的初衷是让旭烈兀在完成中东的任务后返回蒙古草原。但正如事情的最终发展，这种考虑不再现实。因为 1259 年旭烈兀尚在叙利亚作战时，蒙哥就死了，忽必烈和阿里不哥之间就继承大汗之位爆发了内战，

61

直至 1264 年忽必烈获胜。在这种情况下，这两个竞争者都不太可能希望旭烈兀这种有潜在价值的盟友放弃征服大业。

1253 年（伊历 651 年），旭烈兀率军从中亚出发，向波斯缓慢行进，并在 1256 年（伊历 654 年）率先攻打了暗杀派位于库希斯坦和厄尔布尔士山区的城堡。暗杀派进行了持久的抵抗，但他们的领袖很快就投降了。他没闲着，命令城堡内的将领向蒙古人投降，但后来仍将他们处死。伊斯玛仪派在波斯的势力迅速终结了。

1258 年（伊历 656 年），巴格达遭到围困，哈里发在一个据称奸诈的什叶派维齐尔的影响下拒不投降。旭烈兀占领并洗劫了巴格达，杀死了大部分人口。据后来的波斯历史学家韩都剌·穆斯塔菲·可疾云尼（Ḥamd Allāh Mustawfī Qazwīnī）的记载，死亡人数高达 80 万。旭烈兀本人在 1262 年一封致法国国王路易九世（Louis IX）的信中则称这一数字超过 20 万。哈里发被处死，而阿拔斯哈里发国也灭亡了，但其家族成员被开罗的马穆鲁克王朝统治者拥为名义上的哈里发，又存活了 250 年。

接着，叙利亚遭到入侵，萨拉丁的后代、阿尤布王朝（Ayyubid）统治者纳昔尔·优素福（al-Nāṣir Yūsuf）被罢黜。蒙古人占领了阿勒颇和大马士革，并深入巴勒斯坦。正是在这个时候，旭烈兀听说了蒙哥的死讯。无论是出于这个原因，还是（正如他在写给路易九世的信中所称）因为在叙利亚缺乏饲料和牧场，总之，旭烈兀率领他大部分的军队撤回了波斯西北部，只留下了一支由将军怯的不花（Kit-buqa）指挥的小部队。

1250 年（伊历 648 年），埃及阿尤布王朝被自己的奴隶兵推翻，后者建立了马穆鲁克苏丹国。1260 年（伊历 658 年）在位的苏丹忽都斯（Quṭuz）决心抵抗蒙古人的进攻。在确信沿海十字军国家保持中立的情况下，他进军巴勒斯坦，在阿音扎鲁特（ʿAyn Jālūt）与怯的不花相遇，并击败了对方。同年晚些时候的进一步胜利，表明马穆鲁克王朝的政权生存了下来，而叙利亚也成为苏丹帝国的一部分，而非蒙古的一个省。

与此同时，旭烈兀不得不同金帐汗国可汗、拔都的兄弟别儿哥（Berke）对抗。事实上，对别儿哥在高加索地区发动战争的担忧很可能是旭烈兀撤出叙利亚的原因之一。别儿哥已经成了穆斯林，可以合理地认为他对阿拔斯王朝末代哈里发的命运没有那么大兴趣。但两个汗国之间的长期敌对，源于有关高加索和阿塞拜疆地区肥沃的牧场应该由金帐汗国还是伊利汗国统治的争论。这一地区的战争爆发于 1261 年（伊历 659 年）或是 1262 年（伊历 660 年），此后断断续续地持续着。别儿哥同马穆鲁克王朝结盟来应对伊利汗国，马穆鲁克王朝出于对金帐汗国是马穆鲁克新兵的首要招募地区的实际考虑巩固了这一联盟。于是，一群蒙古人联合非蒙古人对抗另一群蒙古人，这不可避免地导致了 1260 年（伊历 658 年）后蒙古人在西亚实质上停下了扩张的脚步。

尽管如此，旭烈兀的功绩仍不容忽视。波斯和伊拉克，联通安纳托利亚的大部分地区被明确置于蒙古人的控制之下。旭烈兀将他的都城设在阿塞拜疆的马拉盖（Marāgha），并建立了伊利汗国，由旭烈兀和他的后代统治了七十年之久。

第七章

早期的蒙古统治者
—— 异教徒统治下的波斯（1265—1295 年）

波斯和伊拉克的征服者、伊利汗国的建立者旭烈兀于 1265 年
（伊历 663 年）去世——五年前，马穆鲁克人将蒙古军队赶出了叙
利亚，为蒙古帝国在中东的扩张画上了句号。旭烈兀是第一个，也
是最后一个以蒙古传统习俗下葬的伊利汗，他的葬礼用活人殉葬。
旭烈兀的遗体被葬在乌鲁米耶湖（Lake Urmiyya）中的一个岛上，
那里离曾经的都城、波斯西北部阿塞拜疆省的马拉盖城不远。

伊利汗国的对外关系

旭烈兀之子阿八哈（Abaqa）向在中国的大汗忽必烈请求并获得
了认可，顺利地继承了汗位。在异教伊利汗国统治下的三十年里，它
同忽必烈的关系十分密切。尽管大汗对实际提名新的伊利汗从来没有
什么疑问，他对继任安排的认证仍被认为是必要的，且不仅仅是一种
形式。伊利汗们倾向于在得到忽必烈的批准后才登基为汗。

伊利汗国内部的选举过程并不总是和平的。似乎有两项（若非

三项）互相冲突的继承原则。其一为起源于草原传统的原则，即汗位应当传给年长的汗室成员，很可能是已故统治者的弟弟。另一项更具有波斯伊斯兰社会特征的做法是将汗位传给儿子。而盖过这两项原则的是伊利汗能否通过自己的行动证明自己是适合的继承人——就像在游牧民族社会中一样，无能往往会导致事实上的资格丧失或废位。有这么一个奇怪的情况，在整个伊利汗国时期——除了 1295 年拜都（Baidu）在位短短数月——汗位是在"儿子—兄弟—儿子—兄弟"的模式中承袭的（参见系谱表 2）。

　　旭烈兀王朝重视自己作为大汗属国的地位，忽必烈在波斯派驻了一名常驻的蒙古使节。作为最终一统华夏的大汗以及旭烈兀的兄长，忽必烈的威望是巨大的，而元和波斯之间的联系一直很牢固，直到他于 1294 年去世。维持这种联系有其充足的实际理由，13 世纪 60 年代的危机以后，蒙古帝国再也未能统一。在蒙古的天下，伊利汗国需要一个强大的盟友。

　　对埃及和叙利亚马穆鲁克人的敌意一直是伊利汗国外交政策的基本特征。13 世纪 80 年代曾有过一次短暂而失败的和解尝试。这种敌意导致了蒙古人对叙利亚的一系列行动。1260 年（伊历 658年）失败后，伊利汗人是否真的希望或想要将叙利亚纳入自己的帝国是存疑的。实际上，尽管他们的一些突袭取得了成功，但在其他时候，马穆鲁克人显然更占上风。正如 1260 年旭烈兀明显意识到，叙利亚现有的可用牧场很可能无法满足蒙古军队长期占据的需求。不过，对叙利亚的突袭让马穆鲁克人忙得不可开交，这样的远征以及掠夺来的财物，对伊利汗们而言也许是必要的防备。倘若他们想

64

在蒙古领土停止扩张的时期避免陷入结党和内战的危险，就要让自己的军队做些有利可图的事情。

毫无疑问，如果埃及是波斯唯一需要面对的外部敌人，那么伊利汗们就能更加有效地应对马穆鲁克人的威胁。但情况远非如此。北方的金帐汗国是更强大，也是更近的对手。13 世纪 60 年代，由别儿哥和马穆鲁克苏丹拜伯尔斯主导的金帐汗国同马穆鲁克王朝共同对抗伊利汗国的联盟持续了很久。这还不是全部。这位伊利汗不仅要面对东部边境察合台汗的袭击，还要面对来自海都（Qaidu）的不共戴天之仇。海都是被取代的窝阔台家族的一员，后成为中亚最强大的统治者，直至 1303 年去世前，始终是伊利汗国以及元的严重威胁。

正是在这些令人忧心的情况下，伊利汗们开始考虑同他们曾经
65　鄙视的欧洲列强结成反马穆鲁克王朝联盟的可能。从 13 世纪 60 年代早期开始，使节往来频繁。1260 年（伊历 658 年）旭烈兀攻入叙利亚之际，除了安提阿和的黎波里，其他十字军国家的统治者都认为蒙古人比马穆鲁克人更危险。从对蒙古人以往活动和行为的经验来看，这种观点有其合理性，但现下局势已变。马穆鲁克王朝的国力蒸蒸日上，重新征服基督徒国家显然是他们的目标之一。现下不那么强大的波斯蒙古人明显成了潜在的盟友。

因此，双方本着诚意组成了联盟，并在叙利亚进行了联合征战。双方的认知是，作为对基督徒援助的回报，蒙古人会帮助他们收复耶路撒冷。实际上，这些努力是徒劳的。距离的问题以及同步的困难是无法克服的。十字军的都城阿卡（Acre）于 1291 年（伊

历 690 年）落入马穆鲁克人手中。除了 1300 年（伊历 699 年）的短暂时期外，叙利亚一直处在马穆鲁克人，而非蒙古人的势力范围内。

伊利汗国的宗教政策

与基督教王国结盟的尝试并未因 1295 年（伊历 694 年）伊利汗国蒙古人改信伊斯兰教而中断。这是伊利汗们竭力避免引起基督教势力注意的结果。特别是教皇，一直希望全体蒙古人，尤其是在波斯的蒙古人皈依基督教，而一些误报似乎表明这的确有可能发生。他们认为蒙古人在攻打叙利亚期间，对基督徒表露出明显的好感，但实际上蒙古人只不过是按照他们传统的一视同仁的方式行事。众所周知，景教基督徒在伊利汗国具有一定影响力，有时作为蒙古使节被派往欧洲。

这方面最有名的例子是列班扫马（Rabban Ṣaumā），他在 13 世纪 80 年代作为伊利汗阿鲁浑（Arghun）的使节前往欧洲，如果他那非凡的游记可信的话，他给聚集在罗马的枢机们留下了深刻的印象，并使他们确信许多蒙古人都成了基督徒。他与弟子马忽思（Mark）从远东出发，后者后来成为景教在亚洲的牧首，称雅八剌哈三世（Yaballāhā Ⅲ），其座堂位于伊利汗国境内。雅八剌哈三世具有相当大的影响力，特别是在阿鲁浑的宫廷内，这位可汗让自己的儿子［后来的穆斯林伊利汗完者都（Öljeitü）］领受了洗礼，并以同列班扫马商谈的教皇之名号为其取名"尼各老"（Nicholas）。

66　　　然而，无论是阿鲁浑还是其他伊利汗（短命的拜都可能是例外），实际上都没有成为基督徒。伊斯兰教最终取得了胜利，但这花了数十年时间，与此同时，佛教也曾短暂获得过官方的支持。据说，旭烈兀倾向于佛教，但他葬礼的情形也许表明他并非笃信。然而，他的继任者在位期间，佛教受到了更多的重视，尤其是阿鲁浑。与元朝一样，这种信仰的首选形态是藏传佛教，其秘术为蒙古人所青睐，具有重要的地位。这种佛教很容易同蒙古人祖先的萨满教融合，因此没有理由认为宫廷的佛教会取代萨满教。

　　　波斯蒙古佛教的实物证据非常少，因为 1295 年（伊历 694 年）后，佛教建筑都被捣毁或改为伊斯兰教的用途，剩下的都是难以拆毁的东西。在马拉盖城外，旭烈兀听从什叶派大学者纳速剌丁·徒思①（Naṣīr al-Dīn Ṭūsī）的建议，为其营建了一座天文台。天文台坐落在山巅，山下是一片洞窟，事实证明，这片洞窟极有可能是一组佛教建筑群。马拉盖周边还有其他显而易见的佛教遗迹，因为这里曾是伊利汗国的第一座都城，人们最有可能在这里发现这些遗迹。

　　　尽管萨满教仍然存在，景教和其他基督教派（如叙利亚雅各派）仍受青睐，佛教也被涉及，但伊利汗国的蒙古人最终选择了本土宗教——伊斯兰教。第三代伊利汗帖古迭儿（Tegüder）取了穆斯林用名"阿合马"②（Aḥmad），并宣布皈依伊斯兰教。但他于

---

①　又译作"纳西尔丁·图西"。——译者注
②　即艾哈迈德。——译者注

1284 年（伊历 683 年）被废黜并处死后，再也没有这方面的信息。直到十一年后，合赞（Ghazan）迈出了决定性的一步，并带领他的蒙古臣民皈依了伊斯兰教。

伊利汗国的行政管理

虽然最初伊利汗没有大力支持其波斯臣民的宗教，这并没有妨碍蒙古人在政府、行政和财政事务上借鉴波斯人的专业知识。这一时期波斯官僚机构重新确立了其在国家日常管理（军事事务除外）中的主导地位。唯一的例外发生在阿鲁浑在位之初，一个名叫不花（Buqa）的蒙古异密在废黜帖古迭儿·阿合马并以阿鲁浑取代一事上发挥了重要的作用，并担任了数年维齐尔。

但这是极不寻常的情况。总体而言，人们似乎觉得，行政管理的具体细节最好还是留在那些了解这一制度的人手中，而蒙古人是从先前的政权那里继承了这一制度。这必然是指波斯人，但不一定总是波斯穆斯林——不花的继任者是犹太人撒都倒剌（Saʿd al-Dawla）。

13 世纪 80 年代中期前，占主导地位的人物是志费尼兄弟（Juwaynī）。史学家阿塔蔑力克（ʿAṭāʾ Malik）在旭烈兀征伐波斯期间依附了他，最终在担任巴格达与伊拉克总督期间，于 1283 年（伊历 682 年）在任上去世。他的去世正好令他免予被处决。他的弟弟赡思丁（Shams al-Dīn）以"撒希卜迪万"（ṣāḥib-dīwān）为头衔，担任了宰相一职，直到 1284 年（伊历 683 年）倒台并被处死。那时，

67

志费尼家族的成员几乎不间断地在政府内任要职达八十年之久，轮流为花剌子模人和蒙古人效力。

宰相一职向来充满风险，担任者完全取决于君主的好恶。有时他可设法留在这一职位，以应对对手的阴谋；但他可能仍要面对如何度过统治者更迭的困境，此类事情常常发生，因为伊利汗往往早年就酗酒而死。维齐尔一职能够积累大量个人财富，这本身就可能增加其脆弱性——将其罢免并剥夺财产很容易成为解决政府临时财政危机的简便手段。在整个伊利汗国时期，只有一位宰相得以善终，但这一数据似乎并没能让志在该位者退缩。

蒙古帝国的波斯臣僚的基本职能直截了当——为了蒙古统治阶层的利益，尽可能多地从波斯纳税人那里榨取利益。除了洗劫巴格达外，旭烈兀的征伐并没有造成成吉思汗那样的破坏。据信，旭烈兀很清楚他和自己的部下会留下来，所以摧毁自己潜在的财产毫无意义。但这并不意味着随后伊利汗王朝在波斯的统治有些许仁慈之处。旭烈兀去世后的三十年里，都是激烈而压迫的短期剥削。蒙古人对波斯维齐尔的接受程度，首先以得到的收益来衡量。

总之，以上是同时代最重要的权威、波斯历史学家剌失德丁刻意留给我们的印象。剌失德丁是合赞的宰相，他在 1295 年（伊历694 年）任职后即实行改革，旨在纠正以往统治的弊端。因此，剌失德丁对这些统治的描述不能被视为客观。尽管如此，他的叙述基本上听起来很真实。尤其是波斯农民在伊利汗的统治下不得不忍受一段严酷的时间。

这种压迫的主要手段是税收制度——如果可以称之为制度的

话。前蒙古时代古老的税种诸如"哈拉吉"（kharāj），继续在征收，但针对非穆斯林的税种"吉兹亚"（jizya）在异教徒统治时期暂时中止了。但除了这些熟悉的税种外，蒙古人还实施了一系列自己的苛税。这些税种类繁多，但其中三项似乎最为重要。

最令人深恶痛绝的是"忽卜绰儿"（qūbchūr）和"哈阑"（qalān）。忽卜绰儿是从蒙古等游牧民的畜群中百者取一，但从13 世纪 50 年代起，开始向定居地区的臣民征收同名的税。这一税种可能参照了中亚回鹘人开创的先例，采取人头税的形式，其范围由人口统计决定。哈阑的确切性质仍模糊不清。这个用语很可能涵盖了一系列带有特定蒙古特征的特别苛税。第三项叫作"探合"（tamghā），是针对商业交易的税收。尽管蒙古人可能在掌握农业要点方面困难重重，但他们始终明白贸易的重要性和赢利能力。

剌失德丁告诉我们——尽管我们不必逐字逐句相信——情况演变为，忽卜绰儿一年被征收 30 次甚至更多。他写道，结果是大量农民离开了自己的土地。这不可避免地影响到农业部门的征税能力，最终导致了政府亏空。剥削是如此之深，以致杀鸡取卵、竭泽而渔。合赞在剌失德丁的大力协助下，试图从困境中找出解决之道。

伊利汗们的统治

上述就是从旭烈兀死后至合赞即位这段时间的一般特征了。现在我们必须更仔细地看看个别统治时期的事件。

　　阿八哈［1265—1282 年（伊历 663—680 年）在位］对叙利亚境内马穆鲁克人的阵地发动了自其父出征以来最激烈的一次进攻，但并不成功。1281 年（伊历 680 年），伊利汗国的军队在霍姆斯（Ḥimṣ）被击败。阿八哈没能活多久。第二年他就去世了——从剌失德丁对阿八哈死亡的描述来看，他显然死于震颤性谵妄。深夜，阿八哈在帐篷里喝了一杯酒，叽里咕噜地说着一只不存在的黑鸟，这也许是蒙古人喝醉酒后看到的幻象，之后就断了气。

69　　阿八哈将伊利汗国的都城从马拉盖迁至同样坐落在阿塞拜疆省的大不里士。此后大不里士一直作为汗国的都城，直至完者都［1304—1316 年（伊历 703—716 年）在位］又往东南迁都至苏丹尼耶（Sulṭāniyya）。大不里士因坐落在一条东西贸易主干道上，迅速发展成一座大都市。

　　尽管伊利汗人意识到拥有都城在行政和商业上的便利，但他们并没有放弃传统的方式。不同于习惯居住在城市中的塞尔柱人，伊利汗们住在城外。他们没有放弃住在帐篷中的偏好，但汗室的帐篷无疑是巨大的，且配备了一切可以想到的奢侈品。从游牧民族的角度来看，阿塞拜疆是他们在波斯最喜欢的省份，因为那里坐拥境内最好的牧场。因此，伊利汗国的都城必然坐落在那里，但这样就靠近了敌对的金帐汗国的领地，可能存在危险。

　　阿八哈的死引发了嗣位纠纷。大多数有影响力的异密认为他的弟弟帖古迭儿［1282—1284 年（伊历 681—683 年）在位］应该即位为汗，而非阿八哈之子阿鲁浑。他们很快就会为自己的决定后悔。帖古迭儿的倒台不太可能是因为他改信伊斯兰教并取名"阿合马"。宗教信仰对蒙古人而言并不是最重要的，如果帖古迭儿只是以个人身份希望成为一名穆斯林，那么任何人都不会反对。金帐汗国的别儿哥正是这么做了，才没有危及他的地位，而他的直系继承者们都认为没必要效仿他接受伊斯兰教。

　　然而，帖古迭儿的改信产生了令人无法接受的后果。他希望同自己的新教友——埃及的马穆鲁克王朝——和解，并派两名使节前往开罗，试图实现此事。但他对内对外都未成功。喀拉温（Qalāwūn）苏丹对蒙古人的提议无动于衷，实际上深表怀疑，并拒绝同帖古迭儿有任何关系；而伊利汗国的蒙古人对这一永久结束同埃及长期战争状态的提议感到震惊，因为他们非常喜爱这种状态。伊利汗国在中东大国中占据一席之地的时机尚未成熟。

　　此外，帖古迭儿也不是一个能干的统治者，而当他在阿八哈死后击败反对派时，却表现出很不明智的慈悲。于是，反对派及其傀儡阿鲁浑仍然活着。他们起来反抗这位伊利汗，而后者敷衍应对的部下则如鸟兽散。帖古迭儿战败被俘。阿鲁浑没有重蹈自己叔父的覆辙——帖古迭儿被立刻处决。

　　阿鲁浑于 1284 年（伊历 683 年）至 1291 年（伊历 690 年）在位。伊利汗国立刻就恢复了比较正常的反马穆鲁克王朝政策。甚至可以认为，阿鲁浑虽明显是位虔诚的佛教徒且支持基督徒，却比一般的伊利汗还要积极反对伊斯兰教。

阿鲁浑在位初期，政府很大程度上掌握在蒙古维齐尔不花手中。这种让蒙古人担任波斯官僚机构首脑的奇怪实验并不成功，这也许并不令人惊讶。不花不但失去了伊利汗的支持，还被指控为谋反。他被迫下台，并于 1289 年初（伊历 687 年末）被处死，这使得政府需要一个坚强而能干的人。

犹太人撒都倒剌满足了这种需求，他不失时机地采取手段改革政府管理。早先，他通过大幅提升巴格达的税收，证明了自己的效率，获得了伊利汗的赞许——据剌失德丁描述，他的方法包括动用答跖和酷刑。撒都倒剌无疑是位干净利落、讲求效率的财政大臣。尽管我们的资料都对他作了负面评价，但不得不承认他成功地进行了行政改革，使财政收支平衡。

然而，宫廷内的人喜忧参半。撒都倒剌的改革导致蒙古权贵的收入减少，他也面临着来自穆斯林和基督徒的愤懑，因为他们反对听从犹太人的命令。撒都倒剌表现得非常傲慢，这很不明智，也许忘记了自己的地位与伊利汗的支持是紧密相关的，即便拥有可汗的支持，他的地位仍然同可汗的在位息息相关。他树立了太多敌人。1291 年（伊历 690 年），仇敌趁阿鲁浑病入膏肓，逮捕并处死了这位自瞻思丁·志费尼以后最有才干的宰相。撒都倒剌死后，大不里士和巴格达发生了反犹太人大屠杀。

阿鲁浑并非死于酒精中毒，而是死于自己对伪科学的好奇心——他服用了某位印度瑜伽士号称的长生不老药。不幸的是，这种药竟然有毒。他的弟弟海合都 ［Geikhatu，1291—1295 年（伊历 690—694 年）在位］继承了汗位，他是一个和蔼可亲但又放荡不羁的人，像帖古迭儿·阿合马一样，他因失去了蒙古权贵对其治理能力的信任而丢失了汗位和性命。

海合都在位时期，伊利汗国的财政状况跌到了最低点，即便按照他前任在位时期的标准来看也是如此。到了 1294 年（伊历 693 年），宫廷的奢靡以及政府的低效和腐败，再加上一场毁灭性的牛瘟，已令国库亏空。海合都的宰相撒都只罕（Ṣadr al-Dīn Zanjānī）提出了一个具有吸引力的补救之法。他建议效仿大元的模式，将纸币引进波斯。

这种方法要求禁止使用金属货币，违者处以最严厉的刑罚，所有生意都要使用纸币进行。纸币靠硬币来换取。这样，所有的贵金属都会落入政府手中，按照这种相当粗糙的变异版货币主义理论，政府的经济问题会很快迎刃而解。

这一制度在元朝运行得很好，即便如此，14 世纪 60 年代蒙古人统治末期，对纸币的过度依赖依然造成了经济问题，并引发了灾难性的通货膨胀。在波斯发行的纸币非常接近元朝的模式，并以汉语术语命名为"钞"（ch'ao）。钞的形状为长方形，在边缘印有汉字；然而，也许作为一种照顾当地情绪的姿态（相当无用），钞两面还印有穆斯林的信仰告白。

无论发行纸币在元朝的情况如何，这个主意对波斯人而言因过于陌生而无法接受。所有的商业贸易都停止了，政府不得不停止发行钞。阿鲁浑之子当时还是呼罗珊总督的合赞就拒绝采用这种纸币。

或许令人惊讶的是，虽然这项失败的权宜之计同撒都只罕紧密

71

相关，他却幸免于难。直到 1298 年（伊历 697 年），他才因涉嫌贪污被合赞处死。不过，海合都本人很快就倒台了。他曾粗暴侮辱他的堂兄拜都，且和帖古迭儿一样对其他敌人采取了失策的宽大态度。1295 年（伊历 694 年），以拜都为首的一派人推翻了海合都的统治，并处死了他。

　　拜都本人是个略显神秘的人物。剌失德丁似乎把拜都短暂的在位期视为海合都和他主子合赞之间的过渡期，因为他在《史集》（*Jāmiʿ al-tawārīkh*）中完全省去了这一时期。后来，合赞于 1295 年（伊历 694 年）打败并处死了拜都。有关过分的仁慈就是危险的教训实在是太多了。合赞在位初期，处决了一众旭烈兀家族的成员。这当然使王朝保持了一段时间的稳定。合赞和他两位继承人安稳地坐在汗位上直至 1335 年（伊历 736 年）。他们终于能够认真采取措施，在一个更安全、高效、公平的基础上建立伊利汗国的统治了。

第八章

开化的蛮族？

——合赞及其继任者（1295—1335 年）

皈依伊斯兰教

海合都和拜都在位期间，还在呼罗珊的宗王合赞就已经受到了
纳兀鲁斯（Nawrūz）的影响，此人是一名激进的蒙古异密，其家族
在呼罗珊拥有相当大的权势。纳兀鲁斯的父亲是阿儿浑·阿合
（Arghun Aqa），出自斡亦剌部（Oirat），是蒙古统治波斯早期最重
要的行政长官。纳兀鲁斯早年就改信了伊斯兰教，并竭力向合赞鼓
吹这么做的好处。

纳兀鲁斯成功了。合赞在攻打拜都之初就宣布皈依伊斯兰教。
于是，1295 年（伊历 694 年），他以穆斯林的身份即位为伊利汗。
他的异密们集体效仿了他，而波斯的蒙古人也全体响应，至少在名
义上是如此。合赞下令，如果佛教徒不愿成为穆斯林，就必须离开
伊利汗国，而其寺院也要被拆除，不过后来他稍微放宽松了一些。
基督徒和犹太人失去了在异教徒和佛教徒伊利汗的宽容下所享有的

平等。他们的地位回到了从前，即受保护的二等公民。后来，又再次对他们开始征收特有的人头税"吉兹亚"。

人们常常探讨合赞成为穆斯林的动机，但从未有定论。是否真如剌失德丁所料，他是一个虔诚的皈依者？他是否真的相信值得用"清真言"（shahāda，穆斯林的宣信词）换取大不里士？我们永远也无法知晓实情。可以确信的是，合赞的其他许多行为旨在改善蒙古人同其波斯臣民之间的疏离。蒙古人皈依波斯的主流信仰正有助于此。蒙古人是异教徒这一事实却并非他们和波斯人之间唯一的区别，但这很可能会被看作最明显、最不可接受的不同。

对于大部分蒙古人而言，改信伊斯兰教是一桩相当表面的工作，至少起初是这样。正如盎格鲁-撒克逊王国改信基督教一样，国王的决定最为重要。如果他在掌控王国方面足够强大的话，可以认为他的臣民会同国王保持信仰上的一致。随着时间的推移，对新宗教的接受终会名副其实。

但这不是一蹴而就的。完者都在位时期，根据当时的史学家哈山尼（Qāshānī）的说法，蒙古大元帅忽都鲁沙（Qutlugh-shāh）对伊斯兰教逊尼派两大教法学派——"哈乃斐派"（Ḥanafīs）与"沙斐仪派"（Shāfiʿīs）——在宫廷内引起的争执失去耐心，表示蒙古人应当放弃伊斯兰教，并回到成吉思汗时代优秀的老路上。事实上，据哈山尼记载，完者都的确回到了老路上，但时间很短。哈山尼所载的忽都鲁沙的言论清楚地表明，他对穆斯林信仰的真正教义有着非常奇怪的理解。此事发生在伊斯兰教成为国教数年之后，而忽都鲁沙是伊利汗国最显赫的蒙古人之一。我们不清楚他本人是否是当时的典型人物，但此事至少该让我们停下来思考一下。

　　和其他草原出身的民族一样，作为穆斯林的蒙古人表现出对伊斯兰教神秘主义派别"苏菲派"的偏爱。苏菲派导师诸如谢赫萨菲·丁·阿尔达比利（Shaykh Ṣafī al-Dīn Ardabīlī）作为苏菲派萨法维教团的创始人和萨法维王朝的祖先［卒于 1334 年（伊历 735 年）］，一直受到伊利汗的尊敬和支持。对此，通常的解释可能有一定的道理。对于曾经接触到的最主要的宗教人士是萨满的游牧民族而言，一个魅力超凡、也许能创造奇迹的宗教人物最能吸引他们。

　　合赞改信伊斯兰教，绝不意味着他和帖古迭儿·阿合马一样试图改善同马穆鲁克王朝的关系。他也没有放弃尝试同欧洲基督教列强组成反马穆鲁克王朝联盟。在叙利亚的战争行动在很大程度上仍照惯例继续进行，并取得了大大小小的胜利。但合赞曾经取得了一次大捷，尽管很短暂。1300 年（伊历 699 年），他攻入了叙利亚，并将所有马穆鲁克人的军队赶回了埃及。有那么一刻，蒙古人在叙利亚掌控的土地超出了四十年前旭烈兀征伐时的巅峰。

　　这则消息及相关的误报在欧洲引起了轰动。教皇卜尼法斯八世（Boniface Ⅷ）宣布 1300 年为大赦年，人们情绪高涨地期待惊人的事件发生。传说甚至变成了蒙古人攻下了耶路撒冷，并将其还给了基督徒。

　　这种兴奋很快戛然而止。伊利汗国的军队——也许面临着常见的放牧困难，为军队中很大一部分马匹饿死而苦恼——很快就撤出了叙利亚。合赞无论如何也要回去应对中亚察合台汗国的攻打。但这位伊利汗对他在埃及的穆斯林同胞的敌意在其在位期间始终不变。他可能出于国内政治上的便利而改信伊斯兰教，但可以肯定的是，他不会让自己的皈依决定其外交政策的方针。

合赞的改革

尽管合赞在叙利亚取得了短暂的胜利，他在外交事务上的成就并没远远多于前任伊利汗们。他把注意力集中在国内事务上，这方面的成就，或至少是他的良好意愿是了不起的。

为了弥补蒙古人在波斯统治七十年所造成的损失，合赞决定进行全面的行政改革。按照其维齐尔、历史学家剌失德丁的说法，合赞的动机带有双重性。

合赞首先关注的是蒙古人对被征服的定居地区短视的传统态度。剥削是如此无情和放肆，以致弄巧成拙。如果对农民征税令他们失去生计，他们会一无所有，而税收也会完全枯竭。这就是对朴素常识的呼吁，也许一些聪明的蒙古人能领会。

其次，他进一步指出，波斯人实际上也是人，蒙古人在殴打、折磨臣民的妻儿时最好牢记这点。这里可以看到伊斯兰教对新皈依者的人道主义影响。但我们不清楚蒙古异密们是否被这种说理打动，也许对他们而言，这种心软的说辞是危险的。我们也不确信合赞是否真的发表过这样的演说。这或许更有可能是剌失德丁为他写的话，但也反映出这位维齐尔和他主子的政治哲学如出一辙。

剌失德丁在他的《史集》中收录了许多合赞改革敕令

（yarlīghs，札里黑）的原文。在这方面，他的《史集》几乎弥补了　75
这一波斯历史时期没有留存的档案。这种困境绝非少见，奥斯曼帝
国以前的整个伊斯兰史都是如此。伊斯兰世界的历史学家不得已只
能依赖编年史的证据。但至少，这位编年史家选择将大量重要的文
献证据一字不漏地全部复制下来是件了不起的事情。

　　合赞选择进行改革的主要领域如下。规范税率、缴税的方式和
频次。所有的村庄财产都要完全登记，以便进行征税评估。重新组
织驿道系统"站"（Yām），并采取措施限制"乙里只"（īlchīs）
胡作非为，他们作为驿使曾滥用"站"的设施。尝试改善农村和道
路的安全状况。禁止发行用以支付土地税的汇兑券（barāt，拜拉
特）。明晰土地所有权的争议，超过三十年的主张不予受理。政府
向愿意耕种大面积荒地的人提供税收优惠。规范伊斯兰法官"哈
的"（Qāḍīs）的活动和报酬。改革货币制度，统一度量衡。军饷问
题也得以解决。

　　最后这件事很棘手。现下伊利汗国不再向外扩张，无法依靠掠
夺来供给，士兵的军饷需要得到保障，才能维持他们的忠诚和效
率。合赞尝试了各种方法，但并没有取得多大成功。于是他采取了
一种久经考验的办法，即塞尔柱帝国时期的伊克塔制度。他将离夏
季和冬季牧场最近的农田分配给军队各支队。士兵们住在这些土地
上，以土地的出产代替军饷。刺失德丁称这项措施在蒙古人中很受
欢迎，因为他们中的大多数人现下急于从事农活。这种说法的可信
度有多高很难辨别。我们也无法确定伊克塔的分配实际执行到什么
程度，因为该项特殊的敕令是在 1304 年（伊历 703 年）合赞早逝

前不久发布的。

　　但我们可以确信的是，合赞及其政府对存在的滥用和违法问题很清楚。我们也能看到合赞试图纠正这些问题的详细打算。不过，我们没有把握说合赞确定的改革得到了实际实施。考虑到 13 世纪政府可能的效率，仅仅因为法律颁布就假设所有人必定会遵守执行是极其草率的。在许多方面，合赞不是蒙古时代第一个尝试纠正这些弊端的人。统治者不得不经常重复立法这一事实或许证明了其成功的有限。

　　如果按照表面意思就对剌失德丁的见证信以为真，那我们的确可以认为合赞的改革"札里黑"彻底解决了国家所有的问题。但不能忘记的是，剌失德丁是伊利汗的宰相。所以他高度参与了改革方案的规划和实施，尽管这意味着他的相关证据非常充分，但也说明他绝不是一个公正的见证人。

　　这一时期还有其他史学家讨论过改革，如瓦萨甫（Waṣṣāf）和韩都剌·穆斯塔菲·可疾云尼，但都不如剌失德丁那般详细，他们也没有留下"札里黑"的原文。他们认同这些"札里黑"的重要性，但都没有表现出宰相那样的热忱。他们对改革的成功与否没那么有把握。韩都剌是一名"穆斯塔菲"（Mustawfī），即伊利汗国财政管理部门的会计官，他可能获得了一手资料，坚信改革使国家的收入从合赞即位时的 1700 万第纳尔（dīnārs）增长到其去世时的2100 万第纳尔。20% 到 25% 的增量似乎是一种足够保守的说法，并非一定不可信。

　　合赞的管理，加上他对政府的强势控制，至少确保了暂时改善条件，并在其弟弟和侄子在位期间得以在一定程度上继续实施。剌失德丁留任，延续着他和自己主子的事业。完者都在位期间，他仍旧担任宰相，但他的地位已不如合赞时期那般稳固。他被迫同其他官吏分享权力，最终和他共享权力的对手塔术丁·阿里沙（Tāj al-Dīn ʿAlī Shāh）将他处死，阿里沙自己实现善终（但某位后来的编年史家认为，阿里沙实际死于毒杀）。

话说回来，我们可以大胆猜测合赞的努力使伊利汗国变成了一个更加高效，也许更加人道的王国。但我们没有足够的证据相信这些改革彻底改变了蒙古人统治的性质。如果合赞在位超过九年的话，或许能取得更多成就。尽管如此，他为改正蒙古人征服占领波斯后所造成的混乱，开创了极为持久的探索，应当受到赞许。

最后的伊利汗

合赞没有留下子嗣，因此由其弟完者都［1304—1316 年（伊历 703—716 年）在位］继位。伊利汗国最后三十年的历史比前五十年难记录，因为这一时期保存下来的主要资料很少。关于完者都的统治，哈山尼给我们留下了相当详尽的编年纪实，至于其子不赛因（Abū Saʿīd），很大程度上我们只能求助于多年后的史书。这对我们试图猜想蒙古人的王国在波斯的衰落以及解释其覆灭的事实极为不利。

完者都至少取得了两项重大成就。第一，他给蒙古人统治的领

土增加了最后一部分——他的军队征服了里海沿岸的吉兰省。里海
各省得益于其茂密的林地和厄尔布尔士山脉的屏障，能够常常抵抗
波斯中央政府的控制。20 世纪初以及伊斯兰时代早期也差不多是
这样。即便是像蒙古人这样极为强大的征服者，也花费了那么长的
时间才征服了吉兰，这无疑具有重要的意义。

　　第二，完者都给波斯留下印象最为深刻的证据，就是他在苏丹
尼耶的陵墓。这显示了蒙古人既善于营建，也善于破坏。即使按今
天的标准来看，完者都的信仰之路也是复杂的。他在伊斯兰教逊尼
派和什叶派间徘徊多年之前，已经历过信仰基督教和佛教的阶段，
更不用说萨满教在他身上的残留。据说，在他倾向什叶派期间，他
计划将什叶派早年的殉道者阿里（ʿAlī）与侯赛因（Ḥusayn）的遗
体从位于伊拉克的圣殿中带走，并打算将苏丹尼耶建成新的朝圣中
心。无论出于何故，这个计划都没能得到实现。陵寝成了他自己的
坟墓。这里成了他新都的核心特色，并且至今仍是苏丹尼耶唯一幸
存的重要建筑。它拥有巨大的双层穹顶，一些专家认为这可能影响
了百年后布鲁内莱斯基（Brunelleschi）为佛罗伦萨主教座堂设计的
大穹顶。完者都的陵墓是一座宏大的纪念碑，也是波斯最好的建筑
之一。

　　完者都死时，继承人不赛因年仅 11 岁。起初，他父亲的两位
维齐尔剌失德丁和塔术丁·阿里沙都留任了下来，但前者很快在 70
岁时倒台并被处死。不赛因在位前十年，主导政坛的人物是一位名
叫出班（Chopan）的蒙古异密领袖。由于缺少强大的伊利汗，这一
时期见证了派系斗争的开始，最终在不赛因死后彻底摧毁了伊利汗

国。两大主要的蒙古人派系分别是出班自己的派系，称为"出班 78
部"（Chopanids），以及哈散·札剌亦儿（Ḥasan Jalayir）的拥护者
"札剌亦儿部"（Jalayrids）。这位伊利汗忍受着被监护，直至 1327
年（伊历 727 年）打倒并处死了出班，开始亲自执政。

不赛因在位的余下时间里，似乎以相当大的能力治理着伊利汗
国直至 1335 年（伊历 736 年）。他任命刺失德丁之子结牙特丁
（Ghiyāth al-Dīn）为维齐尔，以大力辅佐自己。14 世纪后期的作者
喜欢把不赛因的时代描绘成黄金年代，但不可否认的是，这可能反
映了他们对后伊利汗国时代乱世的经历，同时也是对这位末代伊利
汗品格的清醒评判，无论其真实性如何。

在不赛因亲政之前，伊利汗国的外交模式就发生了明显的变
化。1322 年（伊历 722 年），他们同马穆鲁克王朝言和了。和解是
持久的，看似没完没了的在叙利亚的战争结束了。

但不赛因一死，便无人可拯救国家。在位初期的党派斗争无疑
是不祥的迹象，显示了中央控制一旦放松则可能导致的后果，但在
位期间，几乎没有迹象表明伊利汗国正处在衰落的状态中。尽管如
此，很难说伊利汗国能在不赛因死后存活下来。因此，可以合理地
认为，伊利汗国的覆灭是真正意义上的未衰先亡。何故？

关键的原因很简单——不赛因无嗣。这并不意味着蒙古汗室已
经绝后，而是旭烈兀的直系后代没有了。结牙特丁试图将阿儿巴
（Arpa Ke'ün）推上汗位来填补权力真空，阿儿巴是成吉思汗而非
旭烈兀的后裔。此举没有得到广泛支持，伊利汗和宰相仅仅在位数
月后便倒台了。之后，许多冒充成吉思汗后代的人——其中许多人

是旭烈兀家族的成员——自告奋勇，或是被互斗的党派充作傀儡。
他们都没能掌握整个伊利汗国的遗产。最终，其中最有名的派系
"札剌亦儿部"在伊拉克和阿塞拜疆建立了强大的政权，并一直存
续到了 15 世纪。

　　似乎没有理由认为，如果不赛因留下了一个能被蒙古异密们普
遍接受的嗣君，伊利汗国一定不会在 14 世纪 30 年代瓦解。在公认
的伊利汗出缺的情况下，谁有力量，谁就能夺取波斯的权力。这种
局面是对已经形成的党派的公开诱惑。伊利汗国注定要因王朝的失
败而毁灭。这是一个很有趣的例子，证明了在某些情形下，身居高
位的个人在历史上的重要性。

79　蒙古人对波斯的影响

　　只有非常坚定的历史修正主义者才能给出支持蒙古人统治波斯
的理由——尽管的确有人这么尝试过。同时代的人绝不会怀疑结论
为何。同样终其一生服务于蒙古人的史学家志费尼常常被指责奉承
蒙古人。但他也写道："每座城镇、每座农庄都经历过数次洗劫和
屠杀，多年以来一直忍受着这种混乱，以至于即便复活日到来前人
口一直增长，也不会到先前的十分之一。"[①] 这段话写于伊利汗国
建国之初。到了末期，另一位蒙古帝国政府官员韩都剌・穆斯塔

---

① Juwaynī, *Ta'rīkh-i Jahān Gushā*, ed. M. M. Qazwīnī, vol. 1, Leiden and London 1912, 75: trans. J. A. Boyle, *The History of the World Conqueror*, vol. 1, Manchester 1958, 96–7.

菲·可疾云尼总结道："毫无疑问，这个蒙古国家兴起时所发生的破坏与大屠杀，使其即使没有其他灾难发生，也不会在未来千年内得到修复。世界再也回不到那次事件之前的状态了。"①

最初的破坏无疑是巨大的。我们不必和编年史家一样相信，蒙古人在呼罗珊的每一座大城市都屠杀了上百万人。事实上，任何看过相关遗址规模——如赫拉特的城区——的人都不会相信他们的描述。尽管如此，应该严肃地将这些数字视为编年史家内心状况的证据，而不是作为统计数据。显然，这些屠杀的规模远远超出了他们以往的经验。我们的这些权威无论是将自己的历史编入蒙古帝国史，还是编入敌对邻国的历史，无论自己是与发生的事件同一时代的人，还是后来之人，他们之中都没有不同的声音。

低估这种意见上的一致性绝非小事。唯一能辩称的是这些行为是断断续续的。成吉思汗和拖雷攻打的地区，尤其是呼罗珊，受害最深。但其他地区，诸如波斯南方的大部分地区，从来没有遭受过蒙古人的大规模袭击。同样，正如我们所见，出于合理的实际原因，旭烈兀的征伐并不像他祖父对花剌子模沙的惩罚性远征那样具有破坏性。

征伐的影响不只限于屠杀和城市的破坏。也许对波斯更深远的影响是农业也受到了影响。这方面的确有一些人为的破坏，但更重要的可能是农民逃离自己的土地。结果是大片大片的土地完全荒

---

① Ḥamd Allāh Mustawfī Qazwīnī, *Nuzhat al-qulūb*, ed. G. Le Strange, Leiden and London 1915, 27.

弃，而合赞鼓励重新耕种正说明了这点。波斯的问题在于被荒废的
土地可能不易恢复耕种。在没有大河或充足水源的情况下，农业非
常依赖地下水利系统坎儿井。由于坎儿井的持续运转需要不断的熟
练维护——正如本书第一章中所言——所以根本不必蓄意破坏，只
要长期无人看管即可让大量坎儿井毁坏，因为农民都逃跑了。而蒙
古人统治的特点不大像是会鼓励他们回归。长期荒废的土地容易沙
漠化。

伊拉克的情况同样如此，传统认为是蒙古人毁坏了当地古老的
灌溉系统。这种系统不是以坎儿井为基础，而是从底格里斯河和幼
发拉底河引入水源。旭烈兀不太可能故意破坏伊拉克的农业潜力，
但这里的情形也一样，由于缺乏对灌溉渠道适当的维护，也能在不
经意间造成严重的破坏。然而，应该说，在蒙古人征服时期，伊拉
克的繁荣富饶无论如何都在衰退，与阿拔斯王朝早期辉煌日子里的
状态相去甚远。不管旭烈兀征伐造成的直接结果如何，伊拉克在伊
利汗国的统治下肯定不会繁荣。它变成了一个无人问津的边境
省份。

即便征伐结束，波斯的苦难也没有终结。合赞登基前的伊利汗
政府为了独占利益，力求直接剥削波斯的财富。蒙古人的统治还造
成游牧部落人口的大量增长。许多曾经的农地变成了牧场。从农业
的视角来看，可以认为塞尔柱人作为游牧民族所占据的土地，绝大
多数是边缘的，但蒙古人不是这样。可以说，塞尔柱帝国时期，游
牧民族涌入波斯对经济总体上是有利的。而蒙古帝国时代所发生的
更大规模的游牧民族迁徙，则不适用这样的论点。

蒙古人最终采取了重建措施，而这正发生在合赞汗在位时期。无论我们如何评价合赞改革的成效，他至少在试图弥补祖先对波斯造成的伤害。也许同样重要的是态度的变化，这在一定程度上是明显的。伊利汗国晚期，蒙古人与其波斯臣民之间的认同度的确比过去高得多。正如剌失德丁在描述合赞向军队分配伊克塔时所称，蒙古人逐渐青睐农业，这是其态度转变的重要线索。还有一些偶然的证据——如在法尔斯——一些蒙古人和波斯人互相通婚。蒙古人对伊斯兰教的皈依消除了他们和自己臣民之间最大的区别，这无疑极大地促进了蒙古人融入波斯社会。有趣的是，尽管伊利汗国崩溃了，但蒙古人从未被逐出波斯。最终他们只是从视野中消失了。不可否认，不管怎样他们的人数可能都不多——蒙古军队中的大部分士兵最终好像都成功顺利地融入了波斯的穆斯林百姓中。

81

　　合赞的改革措施并不是每一项都改善了波斯臣民的命运。它的影响之一是将农民束缚在土地上，但这可能只是对以前的习惯加以正式规范化。甚至在蒙古人成为穆斯林以后，人们注意到越来越多的财产充作了"瓦克夫"（waqf），据说是不可转让的宗教捐赠。当然，一个公开的伊斯兰政府比其不信教的前任政府不大可能没收瓦克夫。但也有人认为，这种发展可能表明，对土地持有的保障是不稳定的，而且即便是在伊利汗国政府改信了伊斯兰教后，人们依然对其公正性缺乏信心。

　　也许有人会提出其他有利于蒙古人的观点。波斯一度成为庞大的亚洲帝国的一部分，这一事实意味着知识的视野得到了拓宽。伊利汗国的一些史学家——如志费尼、瓦萨甫，尤其是剌失德丁——

比他们的前人，甚至是后蒙古时代的继承者们的眼界还要宽广。政治上、宗教上以及文化上的隔阂部分和暂时减少了。波斯成了联结欧洲和中国的重要纽带，而中国山水画中的主题对波斯 14 世纪美术——波斯细密画第一个伟大的时代——产生了非常有利的影响。

　　但归根结底，我们有充分的理由怀疑，细密画的发展能给那些尽力躲避蒙古税吏的波斯农民留下多深刻的印象。对波斯而言，蒙古人统治的时期是一场规模空前的灾难。不过对七个世纪后的历史学家而言，这却是一场令人关注的灾难。

第九章

帖木儿的帝国

后蒙古时代的权力真空

随着不赛因于 1335 年（伊历 736 年）去世，伊利汗国的崩溃
导致了一连串为争夺波斯中央政府控制权的派系斗争，这些斗争没
有决定性的胜利者。政治上正统性的观念要求，如果没有旭烈兀的
直系后代，就应由成吉思汗家族的成员继承汗位。于是，一系列成
吉思汗家族的成员在这片土地的各个地方被短暂地拥立为汗，他们
中的大多数人——除了脱合帖木儿（Togha Temür），1353 年（伊历
754 年）以前他一直统治着西呼罗珊——都是争斗派系的傀儡或半
傀儡。

在这种情形下，全国不同地区的地方王朝都有可能主张独立。
札剌亦儿部成功地消灭了首要的竞争对手出班部。但即便如此，它
的势力还不足以阻止那些在偏远省份已有影响力的家族走自己
的路。

　　各地伊利汗国的继承者中，最重要的可能是穆札法尔部①
（Muzaffarids）。其家族领袖穆巴里兹丁（Mubāriz al-Dīn）控制波斯
中部的亚兹德城，并于 14 世纪 50 年代取代了另一个地方家族——
因贾部（Injuids），后者自 14 世纪初便统治着南方的法尔斯省。穆
巴里兹丁定都于法尔斯省设拉子；他已经将自己的势力进一步向东
拓展到了克尔曼。伊斯法罕也落入了穆札法尔部手中，而当他们的
军队两次短暂地夺取了伊利汗国旧都大不里士时，似乎预示着穆札
83　法尔家族将在波斯重新建立一个真正的中央政府。但他们无法在西
北方永久抵挡住札剌亦儿王朝的攻击。札剌亦儿王朝定都巴格达，
他们一直是一支强大的地方势力，但他们伟大的统治者舒贾沙
（Shāh Shujā）于 1384 年（伊历 786 年）死后便沦为帖木儿
（Tamerlane/Temür）的牺牲品。

　　在东北方的呼罗珊，另一支地方家族——赫拉特的卡尔特部
（Karts of Harāt）——在伊利汗国的统治结束后幸存了下来，而他
们的影响力竟然毫发无损。13 世纪中期以来，他们至少作为半自
治的蒙古人代表统治着赫拉特，有时在伊利汗国的政治中扮演着重
要而略有野心的角色。他们也没能在帖木儿的猛攻下幸免，最终，
1383 年（伊历 785 年），他们的势力遭到了帖木儿的镇压。

　　比较幸运的一个王朝——如果可以这样称呼的话——位于卡尔
特家族西南方的萨卜泽瓦尔（Sabzawār）。这就是萨尔巴达尔王朝
（Sarbadars，意为"绞刑架上的头颅"），从 1336 年（伊历 736 年）

---

　　①　又称为"穆札法尔王朝"。——译者注

至 1381 年（伊历 783 年），他们是一个独立的政权，此后随着势力的削弱，他们成了帖木儿帝国的附庸。萨尔巴达尔政权是一个革命性的什叶派政体，没有实际的王朝更迭。对此有各种各样的诠释。马克思主义史学家如 I. P. 彼得鲁舍夫斯基（I. P. Petrushevsky）将其视为大众社会抗议运动的结果，本质上是一次反"封建"压迫的农民起义。相比之下，J. M. 史密斯（J. M. Smith）倾向将萨尔巴达尔政权的建立解释为这一地区上层阶级对他们厌恶的税收的反抗。无论真相如何，不可否认的是，下层阶级在某种意义上是正在发生的事情中的革命性因素。

不过，萨尔巴达尔的领袖不大可能是原始列宁主义者（proto-Lenins），萨尔巴达尔现象非同寻常，它是一个有趣的例子，说明了当中央政治控制松懈后，波斯会发生什么。在这方面，或许值得指出的是，伊利汗国崩溃后的几十年里，黑死病在中东和欧洲爆发。没有太多证据能证明黑死病对波斯的影响；但有足够的理由认为，这种病的致死性是导致这一时期普遍的政治动荡的因素之一。

帖木儿的崛起

伊利汗国的地方性继承者中没有一个注定会给波斯带来统一。某种程度上的统一确实达到了，但它来自旭烈兀王国的旧边界之外，来自伊利汗国东部邻国，也是其传统上的敌人。它就是中亚的察合台汗国，成吉思汗分给次子察合台及其后代的蒙古帝国的一部分。

84　　　　14 世纪中叶，察合台汗国已经分裂为两个部分，彼此在很大程度上都是独立的实体，由汗室的不同分支管理或统治。东部的蒙兀儿斯坦（Mughulistān）有意识地保留了许多原始的蒙古气质。它的社会仍以游牧模式为主，尽管伊斯兰教得到了一定的发展，但大部分百姓仍旧是异教徒。西部的河中地区则很不一样。毕竟，这里不同于蒙兀儿斯坦，是古老的伊斯兰文明中心。虽然统治阶级是察合台人，但大部分人口是定居的农民和市民。河中地区拥有两座伟大的伊斯兰教城市——撒马尔罕和布哈拉，两座城市的百姓，无论是定居者还是游牧民，都是穆斯林。

　　　在蒙兀儿斯坦，察合台汗仍旧是统治者，但他们已经失去了对河中地区所有事务的有效控制。真正的权力现在掌握在各个异密手中，他们是具有影响力的察合台部落权贵。有时，单独一位异密就能成为主宰，如合札罕（Qazaghan）在 1358 年（伊历 759 年）去世前的十几年里，一直是河中地区具有主要政治影响力的人物。但即便这样的异密也算不上是河中地区的统治者，他只是在同侪中首屈一指。同 1335 年（伊历 736 年）后的伊利汗国一样，政治上的正统性（即便不是实权）一直属于察合台汗。因此，像合札罕这样的异密，通常还是察合台家族中的一员，只是名义上的可汗。

　　　帖木儿——西方文学中的帖木儿兰（跛子帖木儿）——出生在河中地区的沙赫里萨布兹（Shahr-i Sabz）附近，传统上认为他可能生于末代伊利汗不赛因去世的那年。他是巴鲁剌思部（Barlas）的一员，这是一支拥有蒙古血统、操突厥语并改信伊斯兰教的部落。尽管帖木儿位于撒马尔罕陵墓的墓志铭里称他为成吉思汗子孙，但他并不是，而他一生中也从未这么声称过。在他生平后期，他娶了成吉思汗家族的两位公主，并因此获得了"古儿坚"（güregen，女婿）的称号。综观帖木儿的一生，缺少皇室的威望迫使他和许多人一样，不得不承认察合台君主为名义上的统治者，但当听命于他的马哈茂德算端①（Sulṭān Maḥmūd）约于1402年（伊历805年）去世时——三年后帖木儿也去世了——他并没有费心任命继承人。到一定时候，帖木儿的血统本身就赋予了正统性，而他的继任者们最终摆脱了他们是成吉思汗后裔的虚构传说。

14世纪中期河中地区的权力之路在某些方面与成吉思汗时代的蒙古类似；而对帖木儿早年生涯的描述——同样可能存疑——又同年轻时期的成吉思汗有着惊人的相似之处。在政治上具有重要性的阶层是察合台游牧民。不同于12世纪的蒙古人，他们并非不了解城市生活，也并非不知道城市生活给自己带来的潜在经济利益——他们在城市中设立总督，在战争中使用固若金汤的堡垒，向定居的居民征收赋税。而定居的民族在政治上却微不足道。

一个野心勃勃的河中地区游牧民必须先成为自己部落的首领。为了实现这个目标，他必须把信得过他愿意追随他的人组成一支强大的队伍，正如成吉思汗的权力建立在其那可儿的基础之上。待拥有自己的部下和所属部落的支持后，他得以同其他部落建立联盟。随着他成为这片土地上的一方势力，源于蒙古人征服和统治时期的较小部落和军事集团（他们中的许多随着时间的推移成了人为组建

①　"算端"即苏丹。——译者注

的部落）会被吸引到他的帐下。在草原民族中，一事成功，事事顺利。

帖木儿作为征服者和统治者的伟业也许可以部分归因于河中地区人民一直以来对他的支持，他们认为帖木儿是对抗游牧民族最强大的保卫者，尤其是蒙兀儿斯坦以及北方金帐汗国的游牧民族。蒙兀儿斯坦的察合台汗绝不承认旧汗国的分裂已成定局，常常干涉河中地区事务。事实上，帖木儿并没有在适当的时候充分利用这点。他于 1361 年（伊历 762 年）夺取了巴鲁剌思部的领导权，这主要归功于蒙兀儿人的临时支持。不过，他也拥有了自己的亲兵，最初他或许和强盗头领没什么两样，后来他适时地同其他首领建立了联盟，这种联盟通常通过和亲来巩固。

合札罕之孙忽辛（Ḥusayn）是帖木儿最重要的盟友，也是他后来的对手。他在帖木儿的生平中扮演的角色类似于札木合（Jamuqa），根据《蒙古秘史》所述，札木合曾是成吉思汗的安答，后来也成了他的敌人。和成吉思汗在蒙古的崛起一样，帖木儿的政权也经历了明显的变迁，但到 1370 年（伊历 771—772 年）时，他已经实际上成为河中地区无可争议的统治者。

帖木儿的征服

像其他许多部落的统一者一样，帖木儿如今不得不面对这样一个问题——如何处理他那些具有军事才干但可能难以驾驭的部下。他的解决之道就是那种惯用的方法——通过发动一系列面向疆域之外的征战，让他们心甘情愿、有利可图地为其卖命——这样就可以使自己的霸权免受任何威胁。不同寻常的是，1370 年（伊历 771—772 年）后，帖木儿几乎整个余生（约 35 年）都在河中地区以外度过。 86

成吉思汗在组建自己的亲军时，不得不靠在他新的军事编队中拆分部落最大限度重塑蒙古的部落结构。帖木儿在组建他的征战大军时也采取了类似的行动，但没那么彻底。旧部落和集团的确幸存了下来，但他们原来的领袖逐渐被淘汰。相反，军事上的领导权被授给帖木儿的亲信和家人——至少在一定程度上可以依靠这两个群体培养出忠诚可靠的将领。无疑，即便是这支新的精锐队伍里的成员也可能会有自己的政治野心。帖木儿通过让他们不断地打仗，远离河中地区，远离他们传统的政治活动范围，降低了这种风险。

来自河中地区的察合台游牧民军队在一定时期定居在了新征服的省份。帖木儿的儿子及孙子被任命为总督，但即使是他们也不受信任（有正当理由）——异密被派往监视他们，他们的职位频繁更换，以使他们无法形成强大的地方割据势力。由于察合台军队不再驻扎在河中地区，他们不得不采取其他措施保卫家乡。为了解决这一困境，帖木儿在当地将他从征服地区——特别是安纳托利亚、阿塞拜疆和伊拉克——迁来的部落改建成一支新的游牧民族。这样，他既保护了自己的家园，又减少了潜在有用的敌对部队的数量——他们可为其他地区被打败的统治者所用。

帖木儿的军队似乎在很多方面都沿袭了传统的草原模式。这支军队主要由骑兵构成，但也有一些步兵，且相当重视攻城工兵。正如我们所见，这支部队吸收了从被征服地区招募的分队。和蒙古军队一样，它依靠强大的机动性和草原骑射手的技能，这些骑射手通过大规模的围猎等活动进行训练。它以十户制组成，以千户和万户为单位，理论上分别由一千人和一万人组成。此外，和成吉思汗一样，帖木儿的军队依靠他令人胆战心惊的名字来恐吓敌人迅速投降。他们采用了同样的原则，任何应他们要求投降的城市的百姓都会被赦免，而反抗的城市则可能面临血腥屠杀。两大征服者在这方面的主要区别在于，帖木儿沉溺于对残酷行径的极端细化，这与成吉思汗对效率的理解截然不同。

87　　在这种情况下，要对帖木儿军队的规模进行准确的估计仍然不太可能。我们可以有把握地说，这支军队非常庞大。他能够且的确利用了整个河中地区的成年男性，以及被征服地区征召来的部队。帖木儿自己对军队的规模做了估计，也许这值得认真看待。当帖木儿于 1391 年（伊历 793 年）同金帐汗国的脱脱迷失（Tokhtamish）交战时，他的军队据称有 20 万人。即便考虑到出动这支大军的后勤问题，这个数字可能也并非不合情理。

按照时间顺序叙述帖木儿的战役可能会非常混乱，故而此处不做赘述。导致这种混乱的部分原因在于，正如我们所见，帖木儿将大把时间花在作战上——而且，与成吉思汗不同，他不愿意让其他将军指挥重大战役，以免他们建立自己的势力。他几乎总是亲自率军。但另一个因素是无法明确辨别各次征战的顺序。帖木儿在某种意义上是一位效率不高的征服者，他往往不得不反复征服同一片领土。

如果正如人们所说，帖木儿的首要任务是控制自己的军队精英，那么他先要关心的就是让他们有足够多的仗可打，并允许适当的掠夺。这样便可使他们一直忙于奔波，合理地满足他们的需求，并使他们远离河中地区。对被征服各省的破坏以及由此造成的税后损失，则是次要的考虑因素。当然，他们根本不会考虑被征服的臣民们的福祉。

帖木儿似乎对暂时占领，甚至不断破坏的地区没什么兴趣。伊利汗国的故地是他的主要活动区域，尽管他不断蓄意破坏那里，但似乎有意让波斯和伊拉克成为自己帝国永久的一部分。他设置了守军，任命了总督，罢黜或重新确认了地方统治者。

帖木儿生平中最令人困惑的一点是，尽管他本人是具有蒙古血统的游牧民，却似乎一直致力于建立一个以定居土地为主的帝国（尽管这个帝国肯定包含了盛行游牧生活的地区）。虽然他也确实没有尝试永久吞并定居的地区——那些他曾攻打的位于蒙古帝国边界之外的地方，诸如印度。但那些试图将帖木儿的行为解释为企图亲自重建蒙古帝国的理论无法说明为何他对占领蒙兀儿斯坦和金帐汗国的草原明显缺乏兴趣。他在这些汗国中作战，并在那里大败对手，但他在惩罚了这些游牧民族后就走了。 **88**

这当然不是成吉思汗建立帝国的方式。事实上，从某种意义上而言，情况恰恰相反，因为成吉思汗是从草原上安全的据点出发攻打那些定居的地区，而帖木儿却极大地依靠作为据点的河中地区广大定居地的稳定性，从而攻打北方和东方草原上的部落。帖木儿或许瞧不起农民和市民，可能会用前所未见的野蛮方式对待他们，但他不是外来者，不同于成吉思汗是从外部袭击伊斯兰世界。无论怎样，这不是为帖木儿的行为开脱，更不是为其争辩，而是对他做出这种行为的部分解释。

　　除了造成的屠杀和破坏在规模上与成吉思汗于 1219—1223 年（伊历 616—620 年）征服呼罗珊时的所作所为相比有过之而无不及外，帖木儿在前伊利汗国的战斗造成了诸多后果。他镇压了当地最强大的王朝，诸如穆札法尔王朝和卡尔特王朝，也许从而终结了作为波斯统治者的伊利汗的最终继承者来自定居地区的可能性。就该地区的游牧民族势力而言，帖木儿的活动影响不大。他大大削弱了札剌亦儿王朝，但后者幸存了下来，且在帖木儿死后几年内仍然是一方不可小觑的势力。14 世纪中期在安纳托利亚东部两个新兴的土库曼游牧民联盟——黑羊王朝（Qara‐Qoyunlu）和白羊王朝（Aq‐Qoyunlu）——也大难不死，东山再起（参见第十一章）。帖木儿的继承人意识到帖木儿对土库曼人的胜利只是暂时的。

　　当然，显而易见的是定居的敌人在战场上无论多强大，都有可能被彻底击败，但游牧部落联盟并非如此。这种联盟具有流动的特点，可以随形势的发展解散或改革。游牧民首领总是能和部下逃跑，因为他们的财富是可以转移的牲畜，而非不可移动的农田，之后他又带着自己军事力量的精华，基本完好无损地卷土重来。但城市及其农业腹地的统治者不得不在原地战斗、阵亡。如果他逃跑了，就成了一个无能的逃犯。如果帖木儿想要彻底结束帝国政权在波斯西部受到的游牧民族的威胁，他就需要以诱人的条件将游牧民族的劳动力完全并入自己的军事机器中，就像成吉思汗在征服草原部落后所做的那样。不过，帖木儿和他的部下似乎对在征战中得到平等的伙伴没什么兴趣。

　　除了无数次攻入前伊利汗国的土地，以及向东阻止蒙兀儿人对河中地区的掠夺外，帖木儿的远征几乎朝着每一个可以想到的方向进行。帖木儿对金帐汗国给河中地区造成威胁的中立态度，同成吉思汗后人脱脱迷失王子的生平息息相关。帖木儿曾收养脱脱迷失为义子，根本目的是让金帐汗国陷入内斗，以免他们联合东察合台汗国军队向南虎视眈眈。脱脱迷失成为金帐汗国的可汗后，便不再对其养父忠心耿耿，而帖木儿对他发起的战斗无疑有效地避免了该地区面临的严重威胁。

　　1398 年（伊历 801 年），帖木儿以凭空捏造的理由攻打并征服了印度北部。他对德里苏丹国的进攻是一场大规模的掠夺性远征，这种对印度的做法与中亚穆斯林的做法并无不同。德里被洗劫一空，它的传奇财富被运至撒马尔罕，苏丹国虽然没有被摧毁，但也被极大削弱了——15 世纪发生在其领土上的政治混乱，大部分责任要归咎于帖木儿。

　　仍是马穆鲁克苏丹国一部分的叙利亚，也遭到了攻击，并被暂时征服。帖木儿并未试图将该省并入自己的帝国，他也没有继续攻打马穆鲁克在埃及的中心地带。不过，这次远征确实留下了值得纪念的惊人事件。帖木儿在大马士革遇到了北非史学家、哲学家和原始社会学家伊本·赫勒敦（Ibn Khaldūn）。对后人来说幸运的是，伊本·赫勒敦记录了他们的会面和谈话，成为我们有关帖木儿一生最令人着迷的资料。尤为重要的是，伊本·赫勒敦除了是中世纪最聪明博学的穆斯林之一外，他对帖木儿的记录还能摆脱阿尊事贵的方式，而这是许多波斯文献的特征。他对帖木儿印象深刻，但还没到偶像崇拜的地步。

帖木儿还与奥斯曼帝国之间发生了一场影响更为深远的短期战争。这场战争在 1402 年（伊历 804 年）安卡拉一役中达到巅峰。帖木儿在这次战役中打败并俘获了巴耶塞特苏丹（Sulṭān Bayezid）。

90 他以一贯的方式，没有将安纳托利亚并入自己的帝国。相反，他将权力返还给了那些在奥斯曼帝国扩张中被取代的地方统治者。奥斯曼帝国在远离帖木儿的巴尔干地区幸存下来，在接下来的几十年里，巴耶塞特的继承者们得以逐渐恢复他们在安纳托利亚的地位。但这花费了大量时间，而帖木儿的干预所产生的结果，无疑连他自己都意料不到。如果巴耶塞特没有遭到帖木儿的攻打，拜占庭帝国领土的残余部分连同君士坦丁堡几乎肯定会落在他的手里。帖木儿实际上给了君士坦丁堡半个世纪的喘息。这座城市一直在基督徒手中，直到 1453 年（伊历 857 年）被穆罕默德二世苏丹（Sulṭān Meḥmed II）攻占。

帖木儿在位后期，明王朝没有与之发生冲突，后者于 1368 年打败了元朝的蒙古人。帖木儿决心东征，企图以河中地区为基地攻打明朝，这看起来很自大，但如果帖木儿实际是在效仿成吉思汗的事业，他可能会觉得自己必须进攻这片一直以来是东亚草原游牧民族首要目标的土地。帖木儿是想要征服、占领，还是突袭、洗劫，我们永远不得而知。远征大军从河中地区出发，但当他们于 1405 年（伊历 807 年）抵达药杀河畔的讹答剌时，帖木儿去世了，东征也放弃了，而他的帝国也因家族成员急于争夺帝位陷入了混乱。

帖木儿的军事征服生涯就这样落幕了，这位常胜之家或许是无与伦比的。帖木儿迎战了所有的来犯者，无一例外地击败了他们。毋庸置疑，他能和世界历史上最伟大的将领相提并论，他在战斗中所表现出的野蛮程度直到 20 世纪都无人能及。他是最后一位伟大的游牧民征服者，他训练有素的草原骑射手大军使其在战场上几乎立于不败之地。在接下来的两个世纪里，由于火药和武器的发展最终淘汰了骑射手，军事力量的对比必然向定居大国倾斜。

帖木儿帝国的特点

成吉思汗和帖木儿一样都是伟大的军事征服者，亲自指挥了大规模的屠杀和破坏。但他也是国家的缔造者。他为自己的帝国奠定制度基础，并为身后的汗位继承做了充分的安排。他的帝国在其缔造者退场后，仍持续扩张了五十年。相比之下，帖木儿的帝国是纯粹个人的创造物，作为一个整体，无法在他死后存续。

帖木儿最为关心的是他自己的霸权。他的国家完全取决于他身居顶层。他没有给子孙留下足够的权力与威望，致使他们为继位展开了长期的内战。他甚至拒绝建立备选的权力中心。他的成就在军事上效果显著，但在制度上缺乏建设性。他的政府体系是为了确保他个人的权力，而非在他之外发挥作用。

就像早期的波斯东部征服者一样，帖木儿在帝国的管理中广泛运用了古老的波斯官僚机构。但这些机构并没有像伊利汗国时期那样发挥作用——帖木儿没有剌失德丁那样的人才。波斯官吏的确管理了政府特别是财政的大部分基本工作，但他们中没有设立首脑。察合台异密履行了许多波斯人原本期望自己掌控的职能。民事和军事领域之间没有明显的区别。在一个本质上为长期军事行动而存在的国家里，这种情况或许无法避免。

各种官职的职能似乎也没有明确的定义，就像在其他时期一样，如"达鲁花赤"（darūghas）——城市的督官——也可能担任军事统帅。拥有官职头衔并不一定意味着帖木儿会安排相应的工作。这种体系——如果能称之为体系的话——其设计目的似乎只是确保每个人手中的权力受到限制。那些在军队中承担大量职责的人在各省的行政中并没有获得实质性的权力，而官员始终处在调动的状态中，以防地方割据。

帖木儿本人虽是文盲，但他似乎自认为是一个有教养的人。他鼓励用波斯语编写史书，特别是为了庆祝自己的功绩。他喜欢象棋，并致力于在都城撒马尔罕营造建筑杰作，尽管他本人很少待在那儿。诚然，为了撒马尔罕的荣耀，他掠夺了世界，并以伊斯兰世界伟大城市的名字——其中许多被帖木儿洗劫过——为撒马尔罕城外的地区命名。他建造的伟大的比比哈内姆清真寺（Bībī Khānum）规模宏大，其巨大的穹顶毁坏于他在世时的一场地震。此外，甚至有迹象表明，帖木儿在位期间，文化蓬勃发展，这也成为他后代统治期间最显著的特征。

我们或许会觉得帖木儿是穆斯林，是伊斯兰文明的产物，这一事实使他的一生比起异教徒成吉思汗更该受到谴责。也许他的借口更少。他对苏菲派谢赫怀有极大的，甚至是迷信般的崇敬。这些人有时是唯一能在反抗他的情形下存活下来的人。其中的赛夷巴剌哈（Sayyid Baraka）与帖木儿非常亲近，以至于他们最后被并排葬在这位征服者位于撒马尔罕的宏伟的古尔埃米尔陵（Gūr-i Mīr）中。帖木儿自己的宗教信仰很难辨别，他自称尊敬阿里和什叶派伊玛目，还以宗教为由攻击逊尼派。但在其他时候，他又以逊尼派为由攻击什叶派。总而言之，他仍然是波斯和中亚历史上最复杂、最令人费解也是最没有吸引力的人之一。

第十章

15 世纪的波斯
——帖木儿王朝

倘若帖木儿既是一位具有建设性的帝国缔造者，又是一个具有破坏性的征服者，那么就有可能以一种连贯一致的方式书写 15 世纪的波斯历史。但他并不是，所以也没有这种可能。他的继承者们——帖木儿王朝的君主（Timurids，Tīmūr 是突厥名 Temür 的波斯语形式）获得了帖木儿部分领地的控制权，包括波斯东部省份。但无论他们多么努力，都无法继续帖木儿的西征大业。对于波斯的西半部而言，15 世纪是土库曼王朝的时代，即黑羊王朝和白羊王朝。因此，波斯——如果我们一味追求简化的话——分为两个部分，一个是帖木儿的波斯，另一个是土库曼人的波斯。如果历史学家要回避由此产生的混乱，而当时的人无法避免这些混乱，那么这两个部分必须一定程度上分开考虑。

沙哈鲁：东方的稳定

正如我们所见，帖木儿似乎没有认真考虑过自己死后的事，也

没有给后代留下合理即位所需的声望和资源。他只有一个儿子活了
下来——幼子沙哈鲁（Shāh Rukh）。根据一则著名的传说，沙哈鲁
出生时，帖木儿正在下象棋——英语单词 chess（象棋）正是源自
shāh，且正好王车易位——rukh 是波斯语的"车"。不管沙哈鲁出
生时的场景多么有画面感，他并不受父亲宠爱，也不是嗣君的人　94
选。帖木儿实际上一直在变更嗣位的指定人选。在他临终时，他在
众多孙子中指定了皮儿摩诃末（Pīr Muḥammad）为嗣君。其他王
孙认为没有理由接受此事，内战随之而来。

　　皮儿摩诃末很快被他的堂弟哈里勒苏丹（Khalīl Sulṭān）抛在
一边，主要的争斗发生在他和沙哈鲁之间，后者于 1405 年（伊历
807 年）被任命为呼罗珊总督。沙哈鲁在几年内消灭了哈里勒苏
丹，但花了很长时间才建立起无可争辩的霸主地位。1406 年至
1407 年（伊历 809 年），他从哈烈的据点出发，占领了里海边的马
赞达兰（Māzandarān）；1409 年（伊历 811 年）占领了河中地区连
同帖木儿的都城撒马尔罕；1414 年（回历 817 年）占领了波斯南
方的法尔斯；1416 年（伊历 819 年）拿下了再往东的克尔曼；而
从 1420 年（伊历 823 年）起，他已控制了西北方的阿塞拜疆省。
他证明了自己是一个精明的政治家，也是一名称职的士兵，但无论
是他还是其他帖木儿的继承人，在才干方面都无法同王朝创立者相
提并论。

　　沙哈鲁将帖木儿帝国的都城从撒马尔罕迁至今天阿富汗西部的
赫拉特，这是他所青睐的据点。在那里，他和正妻高哈尔绍德
（Gawhar Shād）成为慷慨热情的艺术赞助人，尤其是在建筑方面。

他们在赫拉特建造了许多宏伟的建筑，其中有几座以不同程度的、相当讨喜的失修状态，至少一直保存到 20 世纪 70 年代。保存较好的是坐落在波斯东部马什哈德的什叶派伊玛目礼萨（Riḍā）圣陵内的高哈尔绍德清真寺。帖木儿帝国时期特别擅长马赛克瓷砖，其中最好的一些能在马什哈德的高哈尔绍德清真寺内看到。沙哈鲁之子拜宋豁儿（Bāysunqur）于 1433 年（伊历 837 年）先于其父去世，他也是一位著名的艺术赞助人，而他本人也是公认的波斯书法艺术大师。

　　假使沙哈鲁不想效仿其父军事上的功绩，他似乎也的确想超越其父在文化上的成就，并修复帖木儿不断征战的一生所造成的破坏。沙哈鲁视自己为伊斯兰教君主，而非成吉思汗传统中的中亚可汗。据说他拒不遵守《大札撒》——归于成吉思汗的异教蒙古法律或习惯——而是宣布忠于伊斯兰教法"沙里阿"。

　　就当时的政治环境而言，沙哈鲁是个和平的统治者，在最终成功继承了帖木儿之位后，给自己的领土带来了令人欣喜的三十年稳定。他在波斯西部取得了一些有限的成功。1420—1434 年（伊历823—838 年），他发动了三次战役。他无法消灭黑羊王朝，但至少遏制了他们。1434 年后，黑羊王朝在大不里士的统治者相当于独立的帖木儿帝国总督，而沙哈鲁同黑羊王朝的首要竞争对手白羊王朝建立了长期联盟，进一步遏制了土库曼人。沙哈鲁并没有保住帖木儿帝国的完整，但他以某种方式保住了比他的任何继任者都要多的东西。

　　随着帝国迁都至赫拉特，撒马尔罕留给了嗣君——沙哈鲁之子兀鲁伯（Ulugh Beg）。这一时期的河中地区实际上是一个独立的帖木儿公国，沙哈鲁很少干预。他和自己的儿子在态度上大相径庭，不同于其父，兀鲁伯支持蒙古人的旧传统。他在撒马尔罕拥立了一位成吉思汗家族的傀儡可汗——而在赫拉特是无法容忍这种对待主权的守旧态度的。在他的治理下，撒马尔罕也成了文化活动的中心。兀鲁伯本人对科学有着浓厚的兴趣，他与四位学者合作制作了一份天文表，沿用了很长一段时间——其拉丁文版至迟于 17 世纪在英格兰出版。他在撒马尔罕建立了一座天文台，其令人印象深刻的遗存仍能看到。兀鲁伯和其父一样，也是建筑的赞助人，在撒马尔罕和布哈拉都有他下令建造的经学院。

沙哈鲁的继承人

沙哈鲁于 1447 年（伊历 850 年）去世，正如帖木儿本人去世时那样，帖木儿帝国陷入了政治混乱。兀鲁伯作为沙哈鲁唯一存活的儿子，自认为是其父的继承人，但他不得不在其短暂的统治期内为继位权而战，并且只掌握了沙哈鲁帝国的部分地区。兀鲁伯无法控制波斯中部和南部，甚至对呼罗珊的掌控也是多变的。不管怎样，他的儿子奥都剌迪甫（'Abd al-Laṭīf）反抗他，兀鲁伯的统治很快就不光彩地结束了。兀鲁伯被迫投降，并在他儿子的授意下以一个捏造的合法借口被处死。奥都剌迪甫的弟弟、兀鲁伯的爱子奥都剌即思（'Abd al-'Azīz）也被处死。即使是在 15 世纪的帖木儿帝国，弑父弑弟也被认为是过分之举，而当奥都剌迪甫本人于次年被杀时，很少有人震惊或不满。

现下王位短暂地传到了沙哈鲁的另一个孙子手里，之后就远离了帖木儿家族一脉。1451 年（伊历 855 年），帖木儿之子米兰沙（Mīrānshāh）的孙子卜撒因（Abū Saʿīd）夺位。他是在阿不海儿（Abūʾl-Khayr）率领下来自北方的乌兹别克人（Özbegs）的帮助下成功的。正是同一群乌兹别克人在这个世纪末将帖木儿王朝逐出了河中地区（参见第十二章），乌兹别克苏维埃社会主义共和国的存在见证了这次征战的持久性。

卜撒因花了数年时间才占领了沙哈鲁的旧都赫拉特，直到1459 年（伊历 863 年）他才稳稳地掌控了这座城市，尽管两年前他杀害了沙哈鲁年迈而高贵的遗孀高哈尔绍德。1458 年（伊历862 年），在帖木儿帝国陷入低谷时，这座都城被黑羊王朝最伟大的统治者只罕沙（Jahān Shāh）暂时占领了。即使是在全盛期，卜撒因治下的帝国仍再次缩水。他只控制了河中地区与呼罗珊，以及——在他统治末期——北方的马赞达兰和南方的锡斯坦，即便如此也远非不受挑战。河中地区政治影响力最大的是撒马尔罕的一位苏菲派谢赫——纳克什班迪教团（Naqshbandī）的火者阿合剌儿（Khwāja Aḥrār）。

1467 年（伊历 872 年），只罕沙在与白羊王朝统治者兀孙哈散（Uzun Ḥasan）的战斗中身亡，卜撒因在白羊王朝的政权完全建立之前，受到了恢复帖木儿帝国势力的致命诱惑。卜撒因在火者阿合剌儿催促下发起的战争成了一场灾难性的失败。1469 年（伊历 873年），卜撒因被兀孙哈散打败并俘虏，后者将他交给高哈尔绍德的孙子报仇雪恨。卜撒因设法维持某种地位长达十八年，这必然是通过不断的战争达到的。结果，他给自己控制的地区带来了有限的稳定性，并且像沙哈鲁一样，他偏好并赞助了文化活动。或许他算不上一个真正显要的统治者，但鉴于他所处时代的困境，他也不是一个无足轻重的人物。

　　卜撒因死后，帝位再次转移到帖木儿家族的另一个支系。任何帖木儿系的王子，只要表现出野心以及政治和军事上的能力，都有希望获得追随。这里，我们或许应该看到中亚人旧观念的残余，即政治主权应被视为整个统治家族的财产，而非其中任何一个成员的个人财产。

　　这一次，帖木儿之子乌马儿谢赫（‘Umar Shaykh）的孙子忽辛拜哈剌（Ḥusayn Bāyqarā）成为统治者。至少在文化领域，他可能是后期帖木儿系君主中最著名者。他在赫拉特的统治始于 1470 年（伊历 875 年），直至 1506 年（伊历 911 年）去世。他无法统辖波斯西部，那里的白羊王朝正处在鼎盛期，因此只能小心翼翼地同兀孙哈散保持友好关系。他也没能控制河中地区原初的中心地带，那里有一众帖木儿系王子正互相竞争——撒马尔罕的宝座被卜撒因家族所占，但行使实权的是火者阿合剌儿，直至其于 1490 年（伊历 895 年）去世。将近 15 世纪末，乌兹别克人对河中地区的征服拉开了序幕。

　　忽辛拜哈剌早年是一名能干的士兵——这点仍是拥有帝位的先决条件——但他生命中的最后二十年里半身不遂。作为一名艺术赞助人，他的涉猎很广。著名的艾里希尔·纳瓦依（Mir ‘Alī Shīr

Navā'ī）被授予高官之职，他不仅是一个在政治上具有重要性的人物，还因使用突厥语进行文学创作而受到赞扬。波斯最后一位伟大的古典诗人贾米（Jāmī）活跃于忽辛拜哈剌在位时期，他的墓就在赫拉特城外。忽辛拜哈剌鼓励史学家与细密画师创作。最伟大的细密画大师毕扎德（Bihzād）曾在赫拉特工作，帖木儿帝国陷落后去了萨法维王朝都城大不里士。这样，帖木儿帝国呼罗珊的艺术传统得以为萨法维王朝传承，并继续蓬勃发展，特别是在萨法维王朝前两位沙在位期间。

1506 年（伊历 911 年），忽辛拜哈剌的去世标志着帖木儿帝国的统治在伊斯兰世界东部的实际终结。好几年里都没有继承者，直到 1510 年（伊历 916 年）萨法维王朝第一任沙伊斯玛仪一世（Ismāʿīl I）将乌兹别克人赶出了呼罗珊，并将波斯东部的边界拓展至乌浒河。帖木儿家族在波斯和阿富汗的大部分土地都落入了萨法维王朝的手中。

帖木儿帝国的成就

总体上，帖木儿系的君主拥有的波斯，理应比任何人合理期望的波斯更好。他们的王朝因帖木儿骇人听闻的生平而开了一个糟糕的头，尽管他们的内斗两败俱伤，但他们中的许多人为自己祖先所造成的破坏做了很多弥补。西方作家有时认为，"帖木儿王朝文艺复兴"（Timurid Renaissance）这个说法是合理的。也许值得指出的是，政治分裂似乎并不是文化成就的阻碍，就像同一时期的意大利一样。

　　绘画、书法、建筑、诗歌以及史书编撰全都繁荣发展。帖木儿王朝对修史的支持同伊利汗王朝很相似，即便他们的成果无法同剌失德丁的《史集》相提并论。帖木儿开创了对其本人军事生涯进行修史的风尚，由尼咱木丁·沙米（Niẓām al-Dīn Shāmi）编撰了《武功纪》（Ẓafar-nāma）。其他著名的史学家则继续在他继承者的宫廷中修史。其中成就最大者是哈菲兹·阿卜鲁（Ḥāfiẓ Abrū），曾于沙哈鲁宫内任职，他有意识地延续了百年前剌失德丁中断的事业。其他重要的史学家有歇里甫丁·阿里·雅兹迪（Sharaf al-Dīn ʿAlī Yazdī）、奥都剌匝克·撒马尔罕迪（ʿAbd al-Razzāq Samarqandī）和忽辛拜哈剌宫中的迷儿晃的（Mīrkhwānd）及其孙晃迭迷儿（Khwāndamīr），后者像毕扎德一样，继续于萨法维王朝统治者在位期间效力，最后离开去了印度。

　　统治者让家族每一成员拥有一席之地这一政治传统，意味着无论谁设法成为帖木儿帝国当下的最高统治者，其他王子仍旧担任一城或一省的督官。因此帝国中存在大量宫廷，文化上互惠互利。这种权力分配所依靠的主要制度设计叫作"莎余儿合勒"（suyūrghāl），是古老的伊克塔制度的发展。

　　正如我们所见，"莎余儿合勒"这个词起源于蒙古语，在成吉思汗时代，意为"恩惠"或"赏赐"。然而，在帖木儿帝国时代，它意味着将一座城市、一块土地，甚至一个省赐给某位王子、有权势的异密或者其他有影响力的人。至少在理论上，它附带义务，持有者需按照要求提供一定数量的军队。莎余儿合勒的持有者所拥有

98

的权力十分广泛，也许比塞尔柱帝国时代的伊克塔持有者还要多。这种恩赐被视为是世袭的。因此，如此多的王子在权力空白的时期争夺王位——他们拥有坚实的地方权力基础。然而，同样的，在政治权力分散的时期，要维持一个强大的中央政府也很困难。

在这种情形下，帖木儿系的君主设法尽可能长久地保留帖木儿的遗产，长达一个世纪，这着实令人惊讶。这可能部分归因于如下事实——作为统治者的他们无论拥有怎样的缺陷——许多帖木儿系君主都是非常称职的军事领袖。但如果他们被迫面对真正强大的敌人，这一点可能就没多大帮助了。这方面，帖木儿的事业使他得以幸免。东部一直没有什么敌人，直到乌兹别克人开始向河中地区渗透。札剌亦儿王朝与土库曼人联盟虽然没有被帖木儿摧毁，但其继承人的实力被帖木儿大大削弱了。札剌亦儿王朝很快就被消灭了，但土库曼人群体依然很危险，如果黑羊王朝同白羊王朝没有互相争斗的话，他们可能会更危险。此外，15 世纪后期，帝国西部还面临着奥斯曼帝国势力的威胁。只罕沙于 1458 年（伊历 862 年）占领赫拉特，生动地说明了土库曼人军队的威胁有多大。而 16 世纪初伊斯玛仪沙的战斗也表明，呼罗珊并不会永远处于以阿塞拜疆为据点的统治者的势力范围之外。

99　　　　帖木儿帝国的故事有一段引人注目的后续。乌兹别克人将王子巴布尔（Bābur）赶出了河中地区，他本人是帖木儿的后代，而他的母亲则是成吉思汗的后人。尽管他有着这种前景黯淡的血统，但如果他著名的察合台语自传《巴布尔纪》（*Bābur-nāma*）可信的话，他应该是一位很有魅力的人物。

巴布尔不情不愿地撤出了河中地区，但他和自己的继任者都没有轻易放弃收复撒马尔罕的梦想。在他生平早期，他曾三次占领过撒马尔罕（参见第十二章）。他迁至了喀布尔（他的葬身之地），又从那里继续攻打印度北部，并于 1526 年（伊历 932 年）在帕尼帕特（Pānīpat）大败德里苏丹国。此后，他成了莫卧儿帝国（Mughal Empire）的创始人，而帖木儿与成吉思汗的后人统治着印度，直至 1857 年印度民族大起义被镇压后，德里的末代帖木儿系君主被废黜为止。

第十一章

15 世纪的波斯
——土库曼人诸王朝与萨法维王朝的崛起

　　在旧伊利汗国西部，以城市为据点的地方王朝未能取代蒙古人的统治，而帖木儿的统治也非常短暂。实际继承伊利汗国的是三个部落群——起初最重要的是拥有蒙古血统的札剌亦儿王朝，后来是两个土库曼人群体——黑羊王朝与白羊王朝。正是后两者——他们是两个游牧或至少半游牧的土库曼人联盟——起于微末，自 1405 年（伊历807 年）帖木儿去世至 1501（伊历 907 年）年首任萨法维王朝沙即位期间，主宰了波斯西部、伊拉克和安纳托利亚东部的政治历史。他们在互争互斗中并行发展，先后达到了势力的巅峰，而这在很大程度上是以牺牲对方为代价的。黑羊王朝是一支比白羊王朝还要短命的势力，但他们取得霸主地位更早。他们的历史正如那些失败者一样，记录得不如成功的对手那样完好。我们先来讨论该王朝。

黑羊王朝联盟

　　黑羊王朝的起源是一个无法看懂的谜团。据文献记载，其统治家族被称为"巴哈鲁部"（Baharlu）或"巴剌尼部"（Barani），但似乎难以确定这一家族或氏族在蒙古人来袭前就出现了，还是属于被成吉思汗与旭烈兀驱往西方的那批人。尽管如此，1335年（伊历736年）不赛因死后，伊利汗国分崩离析期间，黑羊王朝第一次以能够辨认的重要集团形象进入了视野。

　　起初，他们是伊拉克和阿塞拜疆的领头羊札剌亦儿王朝的被保护者，特定的宗主是札剌亦儿王朝统治者谢赫兀畏思［Shaykh Uways，1356—1376年（伊历757—767年）在位］。他们自己的领地中心位于安纳托利亚的凡湖（Lake Van）附近，今天是土耳其的一部分。当时，他们的领袖是一个名叫"拜剌木火者"［Bayrām Khwāja，卒于1380年（伊历782年）］的人。他的继承人哈剌马黑麻（Qara Muḥammad）与札剌亦儿王朝保持着亲密的关系，但更多是作为盟友，而非附属的势力。他巩固了黑羊王朝的地位，却于1389年（伊历791年）遇害。

　　其子哈剌余速甫（Qara Yūsuf）不得不应对帖木儿对黑羊王朝势力的威胁。不同于其对手白羊王朝，他选择与帖木儿为敌，但屡战屡败，被迫两度逃亡。第一次前往奥斯曼人处避难，第二次则逃往了叙利亚的马穆鲁克人处。就这样，他活下来继续战斗。正如我们所见，这是游牧部落首领一贯的选择（在哈剌余速甫的事例中，他并没有带部下一同流亡，因此必须先恢复对他们的控制），而对于定居生活的统治者而言，除了为他所在的王国而战外，很难有其他选择。因此，帖木儿没能通过战斗消灭黑羊王朝。他只有靠成吉思汗那个时代所采用的两项权宜之计才能做到这点——要么杀得片甲不留，要么把战败方的所有劳动力纳入自己的军队。但帖木儿哪项都没尝试。

马穆鲁克人对这位不速之客采取了相当不友好的态度，他们此前的活动包括袭击黑羊王朝的领地。因此，马穆鲁克人将哈剌余速甫与从帖木儿手中逃出的札剌亦儿王朝统治者阿合马（Aḥmad）一同囚禁了起来。在狱中，两人就未来恢复掌权后各自的势力范围达成协议——伊拉克归札剌亦儿王朝，而阿塞拜疆归黑羊王朝。1404年（伊历 806 年），他们被释放并返回了故乡。此时，那里已被帖木儿赐给了自己的孙子阿八乩乞儿（Abā Bakr）。但帖木儿的铁腕一松，哈剌余速甫就在 1408 年（伊历 810 年）消灭了阿八乩乞儿的势力。哈剌余速甫同札剌亦儿阿合马之间的协议并不持久。1408年，哈剌余速甫打败了阿合马，并处死了他。这标志着札剌亦儿王朝的结束。

此时，哈剌余速甫占领了安纳托利亚的大片区域、阿塞拜疆、美索不达米亚和伊拉克。1419 年（伊历 822 年），他甚至入侵了波斯西部，激怒了沙哈鲁同他交战。然而，翌年，哈剌余速甫就去世了。此时，黑羊王朝出现了一定程度的分裂，但哈剌余速甫奠定了良好的基础。从 15 世纪 40 年代起，此时的黑羊王朝在只罕沙的统治下，其势力达到了顶峰。

102 矛盾的是，虽然帖木儿帝国与白羊王朝之间有共同抵抗黑羊王朝的常规联盟，但只罕沙的掌权却要归功于沙哈鲁。沙哈鲁任命只罕沙为阿塞拜疆省总督，试图解决波斯西部动荡的局势。在此基础上，只罕沙接替了哈剌余速甫的地位，抛弃了同帖木儿帝国的联盟，自 1447 年（伊历 850 年）沙哈鲁去世后的二十年里，建立起了一个几乎可称为帝国的国家。它包含了安纳托利亚东部的大部分地区、波斯西北部、西部和中部以及伊拉克，其都城位于大不里士。

尽管只罕沙是一个波斯名字（意为"世界之王"），他似乎视自己的国家与伊利汗国一脉相承，而札剌亦儿王朝是两者间的纽带，黑羊王朝还在很大程度上效仿了札剌亦儿王朝的官方文书的形式。只罕沙不仅使用了"苏丹"这一特定的伊斯兰称号，还使用了"可汗"（khaqan）这一显而易见的蒙古称号。看起来，即使是伊利汗国解体已有一个多世纪，在某些人眼中，政治上的正统性依然同蒙古的统治密不可分。

只罕沙之前的黑羊王朝领袖并不以文化成就而闻名，但只罕沙本人在这方面一定程度上效仿了帖木儿系君主的活动。他资助学者和诗人，甚至还自己写诗，从事建筑工作。大不里士仍有只罕沙蓝色清真寺（Blue Mosque）坚实的遗存，其瓷砖或许不逊于帖木儿帝国作坊中最好的成果。

关于只罕沙的宗教信仰一直存在诸多争议。他经常被描述成一个什叶派穆斯林，处处反对逊尼派白羊王朝。现在看来，这似乎是对形势的误读。诚然，在只罕沙的领地内，他偏袒什叶派，他发行的钱币上有时还刻有什叶派铭文。但在这个宗教变动相当大的时期，对阿里乃至后来什叶派伊玛目崇敬的表达，似乎并没有被认为同正统逊尼派不相容。考虑到当时是 15 世纪，我们必须避免将其解读成 16 世纪以后才更多见的僵化的宗教忠诚。

　　只罕沙在位后期，另一支土库曼人联盟的首领——白羊王朝的兀孙哈散——正如我们所见，不断在稳固自己的地位。只罕沙最终决定要遏制兀孙哈散，并于 1467 年（伊历 872 年）向其发起进攻。然而，他似乎没有重视敌人。当只罕沙仅带了一小支部队安营扎寨时，他被打得措手不及，最终战败被杀。在很短的时间内，很明显，黑羊王朝的实力或许是虚幻的，完全取决于其卓越的领袖个人。黑羊王朝的势力随着只罕沙一同逝去。至少从目前看来，未来属于白羊王朝。

103

白羊王朝联盟

　　白羊王朝的统治家族被称为"伯颜都儿部"（Bayandur）。他们的起源同黑羊王朝的领袖一样，笼罩在神秘的面纱中。和黑羊王朝一样，他们可能在蒙古人来袭后迁往了安纳托利亚东部。14 世纪时，他们已经出现在了亚美尼亚和迪亚巴克尔（Diyārbakr），而他们的中心在阿米德城（Āmid），位于黑羊王朝故土的西边。白羊王朝早期的首领之一秃儿阿里（Ṭur ʿAlī）曾在伊利汗国合赞汗手下担任异密。以上就是白羊王朝的开端。他们的发展没有黑羊王朝那么快，也许他们缺乏像札剌亦儿王朝这样的保护者。

　　不久之后，白羊王朝联盟内部的弱点也暴露出来。它无法轻而易举地发展出一套确保即位顺利的机制。连年的内战导致首领不断更替。可以想象，这些战争都体现了草原法则，即最适合领导的部落首领是通过淘汰其他候选人胜出的。这样的战争爆发于 1389 年（伊历791 年），直至 1403 年（伊历 805 年）哈剌斡秃蛮（Qara ʿUthmān）获得胜利。在这种情况下，白羊王朝的崛起并非一帆风顺也就不足为怪了。

哈剌斡秃蛮的长期统治［1403—1435 年（伊历 805—839 年）在位］见证了大规模的扩张。不同于其对手黑羊王朝，白羊王朝决定臣服于帖木儿。他们领受了帖木儿帝国的恩赐，哈剌斡秃蛮在位大部分时间里，白羊王朝都和沙哈鲁联合对抗黑羊王朝与埃及的马穆鲁克王朝。白羊王朝的都城位于阿米德，一直到兀孙哈散在位时期。不过，他们也得到了其他重要城镇，特别是马尔丁（Mārdīn）和埃尔祖鲁姆（Erzerum）。拥有这些城镇令白羊王朝得以控制重要的贸易路线。因此，哈剌斡秃蛮在位期间见证了联盟财富的实质增长，尽管并不起眼。

不过，黑羊王朝无疑是两个集团中更强大的一方，1435 年（伊历 839 年）他们打败并处死了哈剌斡秃蛮更强调了这一事实。哈剌斡秃蛮死后，白羊王朝发生了二十年的内战，不下 11 名竞争者争夺王朝的宝座。这个衰弱的时期恰逢只罕沙治下黑羊王朝势力的顶峰。 104

然而，自 1452 年（伊历 856 年）起，形势逐渐发生了变化。是年，兀孙哈散夺取了阿米德，此后，他的崛起虽然较慢，却很稳健。1457 年（伊历 861 年）在底格里斯河畔的一次大战中，他击败了最大的对手只罕杰儿（Jahāngīr），后者得到了黑羊王朝的支持。兀孙哈散无疑是当时白羊王朝的领袖人物。

他的首要任务是重建哈剌斡秃蛮支离破碎的公国。这花费了十年时间，并以 1467 年（伊历 872 年）决定性地战胜只罕沙告终。接下来的两年里，他扩大了自己的势力，以至于惊动了帖木儿帝国的统治者卜撒因。卜撒因发兵攻打兀孙哈散，却在 1469 年（伊历 873 年）兵败被杀。当时，兀孙哈散势不可当，占据了伊拉克和整个波斯，向东远至法尔斯和克尔曼。呼罗珊和河中地区仍然处在帖木儿帝国的控制下，兀孙哈散并未像只罕沙在 1458 年（伊历 862 年）所做的那样，试图朝那个方向过度扩张。

还有一个潜在的敌人——奥斯曼帝国。最终兀孙哈散在这里遇到了对手。奥斯曼人在 1473 年（伊历 878 年）的巴什肯特（Bashkent）一役中击败了他。不管对还是错，这场胜利的决定性因素常常被归于奥斯曼炮兵的实力。这场战役限制了白羊王朝的扩张，但并未导致兀孙哈散的倒台，也没有造成重要领土的损失。奥斯曼人对他们的胜利毫无兴趣。然而，这一事件的确造成了兀孙哈散威望的下降。在位晚期，他不得不应付一些内部的叛乱。兀孙哈散卒于 1478 年（伊历 882 年）。

大不里士成为兀孙哈散的都城。1472 年（伊历 876 年），它见证了威尼斯使臣的到来。为了组织一场欧洲—白羊王朝钳形攻势以对抗奥斯曼帝国，他们进行了密集的磋商。这有点让人想起伊利汗国时期组建基督徒—蒙古人联盟来对抗马穆鲁克人的尝试。彼时，双方的商谈显然相当严肃，但实际效果并不大。威尼斯人似乎对兀孙哈散宫廷的辉煌印象深刻，而且后来似乎也没有意识到他在巴什肯特的失利有多严重。

此后开启了衰落期。白羊帝国就像只罕沙的帝国一样，过度依赖顶层人物。兀孙哈散去世后，不得已的内战随之而来，至 1481年（伊历 886 年）雅琥（Ya'qūb）取得了胜利。他在位直至 1490年（伊历 896 年）。在位期间，各派继续为权力而斗，白羊王朝退回到一种孤立主义的状态。它再也没有进一步的领土扩张，但内部相当繁荣，反映在大不里士宫廷生活的富裕以及对艺术的赞助。

雅琥在位末期出现了麻烦。他的大臣卡迪伊萨（Qāḍī 'Īsā）推行了一系列行政改革，这些改革被解读为对人口中具有影响力的游牧部落的攻击。它们的目的是要消除旧的蒙古帝国《大札撒》的所有痕迹，全面恢复"沙里亚"。改革招致了强烈的不满和反对。雅琥则在第二年神秘地死去。

内战不可避免地发生了。鲁思塔木（Rustam）于 1494 年（伊历 899 年）确立了自己的统治地位，但他几乎无法控制帝国外围的省份。他于 1497 年（伊历 902 年）倒台被杀。接下来的十年里，帝国各处同时出现了王位争夺者。1500 年（伊历 906 年）曾尝试将帝国一分为三，但为时已晚，无法挽救白羊王朝的统治。年轻的苏菲派萨法维教团领袖伊斯玛仪（Ismā'īl）于 1499 年（伊历 905年）出现在人们的视野中，而白羊王朝不敌这个曾是他们附庸的组织的攻击。伊斯玛仪于 1501 年（伊历 907 年）在沙鲁尔（Sharūr）打败了白羊王朝的阿勒完（Alwand），同一年又占领了大不里士——伊斯玛仪的即位与萨法维王朝的开端通常都可以追溯到这一事件，1508 年（伊历 914 年）又拿下了巴格达。白羊王朝最后名义上的君主木刺的（Murad）于 1514 年（伊历 920 年）被杀。

如果白羊王朝的军队是传统的草原模式——与击败他们的奥斯曼帝国军队不同，那么官僚机构也是同样传统的定居生活的波斯人的模式。很难将国家中的草原与定居元素成功整合——对卡迪伊萨改革的抵制便是证明——这也是白羊王朝未能建立持久的政体的部分原因。当然，他们的确失败了，而萨法维王朝虽然极为耀眼地成功了，却在很多方面被视为白羊王朝联盟的后继者。

萨法维王朝的崛起

106　　苏菲派萨法维教团崛起成为波斯的统治王朝给历史学家们提出了一个悬而未决的问题：逊尼派宗教神秘主义者的教团如何在两个世纪后变成了一个好战的什叶派"世俗"王朝？这一进程的各个阶段至今尚未明确。

　　谢赫萨菲丁〔Shaykh Ṣafī al-Dīn，1252—1334 年（伊历 650—735 年）〕——该教团以他的名字命名——很可能具有库尔德人的血统。他的祖先似乎自 11 世纪起就住在阿塞拜疆。萨菲丁追随里海西南角城市塔利什（Tālish）的逊尼派穆斯林的苏菲派长老谢赫扎西德·吉拉尼（Shaykh Zāhid Gīlānī）。扎西德于 1301 年（伊历 700 年）去世后，萨菲丁成了该组织的领袖，并移居大不里士与里海之间的阿尔达比勒（Ardabīl）。他在那里度过了余生。今天，他的圣祠仍是该城的中心建筑。

　　萨菲丁是伊利汗国晚期的人物，在蒙古人改信伊斯兰教后的一段时间内，他在伊利汗的家乡省是一位重要的宗教领袖。他似乎深受一些蒙古人的尊敬，他们和许多从草原萨满教皈依伊斯兰教的人一样，明显偏爱各种流行的苏菲主义，而不是乌莱玛所教导的更为"正统"的伊斯兰教。

萨菲丁的传记充分展现了他的影响力，由该教团的成员伊本·巴扎兹（Ibn Bazzāz）在其去世后撰写。这本《纯洁的典范》（*Ṣafwat al-ṣafā'*）记录了谢赫萨菲丁丰富的轶事与奇事。无论这些故事的真实性如何，它们不仅展现了该教团的创立者是如何被其追随者看待的，也包含了对这一时期社会历史的洞察，而这在王朝编年史中并不多见。

无论乌莱玛如何怀疑作为一名苏菲的萨菲丁，没有理由认为他属于什叶派，他也未自称过是阿里王朝（'Alid）的后裔。权威的《纯洁的典范》的确已经清楚表明他实际上属于逊尼派。他的什叶派后人们在掌握波斯的大权后，这一点成了他们最大的麻烦。因此，16 世纪的修订版《纯洁的典范》对谢赫萨菲丁宣扬的观点予以更合适的呈现。幸运的是，并非所有原版手稿都被销毁。

萨法维教团的早期领袖都很长寿，自谢赫萨菲丁于 1334 年（伊历 735 年）去世至 1447 年间（伊历 851 年），一共只有三位长老。他们巩固了教团在阿塞拜疆的地位，而教团所拥有的土地也变得非常多。大量幸存至今、令人怀疑的文件保存在位于阿尔达比勒、由谢赫萨菲丁之子萨德尔丁（Ṣadr al-Dīn）所建的圣祠中，提供了一些有关这一过程罕见的档案证据。16 世纪的教团财产登记册《不动产盘点》（*Ṣarīḥal-milk*）对此进行了补充。从这些资料可以看出，15 世纪中期时，萨法维教团谢赫们已经变得非常富有。

107

直至 1447 年（伊历 851 年）该教团的第四代长老易卜拉欣（Ibrāhīm）去世前，它一直是一个非常成功且或多或少传统的逊尼派苏菲组织，并以一种并不特别世俗的方式逐步获得了门徒与财产。几乎没有迹象表明该教团的领袖在政治上明确涉足土库曼人乱成一团的事务。之后，这种情况开始改变。

从官方的萨法维教团史来看，易卜拉欣的继承人是他的儿子祝奈德（Junayd），但实际上，在祝奈德的一生中，教团在阿尔达比勒真正的领导人是与他针锋相对的叔叔贾法尔（Ja'far）。贾法尔已经得到了黑羊王朝的支持。祝奈德被逐出阿尔达比勒，不得不继续他的旅行。正是这一流浪的时期——最近的研究表明是从 1447 年（伊历 851 年）持续至 1459 年（伊历 863 年）——对萨法维教团从一支和平且基本"远离政治"的苏菲组织转变为一场激进的（尽管还不一定是什叶派的）政治运动至关重要。

祝奈德漫长的流亡岁月从安纳托利亚东部开始，但主要是在叙利亚北部。在那里，他从当地土库曼人部落中招募了相当数量的忠实信徒。这些土库曼人似乎只忠诚于祝奈德本人。现在，我们开始看到萨法维教团语境下极端宗教信仰的萌芽，这种信仰不仅把第一位伊玛目阿里，还把祝奈德本人视为神性的分有者。

我们很容易将此称为什叶派，但需牢记几点说明。第一，正如我们在黑羊王朝只罕沙的例子中所见，15 世纪时对阿里及什叶派伊玛目的尊崇并未被视为同正统逊尼派信仰不容。第二，祝奈德的追随者赋予他神性一事，受人尊敬的十二伊玛目派人士对此的厌恶程度不亚于逊尼派人士。第三，追查什叶派信仰的证据始终是一项

白益王朝时期阿杜德·道拉发行的银币，上面刻有"万沙之沙"。

ورا اسلام آوانک کنند واز یبان دسوم امارت و ملکی ، مراد از تعم دار در مذلک و ملک

و ز سلاطین روم است و لب انسان د زمذاحم اسال با مافذ و بخ ت

قرر یشد و نام طغل بک بر سود منشور ها   السلطان ابو طالب طغرل بک محمد بزرک نال

ق افاد و نفا یث در شهر ری برم طر یش نوذ کخانه او بوذ در سنه خن

ل نود طغل بک نخواب دیذ که اورا لکمان مدد و ربنذند کجه متولی یکت

塞尔柱王朝的阿勒卜·阿儿思兰苏丹。

افته الأيام وكان جملة أسباب سلطنته مهيأة وكان مؤثراً بالناس

الدولة وهو أكل ثمرتها وكان قلادة عقد الدولة وربيع سنيان الملك

يار السلطان ملكشاه بن الب ارسلان سلطانا جبارا قد ساعده
السماوك، موفقا بالتوفيق الرحماني كان شغل أبيده اهامام وشغله حفظه

塞尔柱王朝灭里沙加冕。

ریما نرسیده بروید ودوبسر ویکریم اورده اندوری انب ترکان خاتون ولی انار ابن وسلطان محمد دربجی وسلطنی درکلستد شهری وبدمقن ابر

الوزیر — الحاجب

نظام الملک الحسینی — ابو حاسب قاج — تمت وزارت نظام الملک دربایام سلطان الب
ارسلان محمد وسلطان ملکشاه ی ویمعاد سا لبود وقتلش روزشنبه عاشر رمضان سنه خمس وثمانین واربعمایه وحاجب کی بروز کارکو رخان نیاتب
شدعلان دخوارزم مولا بایام قدیم دیا بروو حاجب کی بودی

جهانپادشاه سلطان اعظم زین الدنیا والدین ابوالمظفر برکیارق بن ملکشاه

سلطان رکیارق بن ملکشاه ماانتهاش نوجربی غرب نقی بقد باردنبخشاد بود ورکار اوسیار رخواد ثو وقایم وا انقلاب صادر
شبنا الملکبود یا بودنرمنزی بماسوده هماداول کدهمون دریشرملکشاه اردی عقی بحاتحدادت واسعیزده سالبود دردنکتیب یاخذدان
بدناوا ولی عهدخیش کرده بود وفتین فوی نمام شتی الدو باشومبود خداد نبود سر یاست اواعزارشده واودیت البواقبت بدردفداداباصفهان بود وترکان
خاتون ازسلطان سری داشت محمونام شتی الدو بای شومبود خداد بود خلیفه دردخواست تامحمودبرا راسلطنت دعدویام و
خطبه فیام بدومادخلیفه اجابت فی کددت بسرعنصوری زعونم اس شهشایی استر دازملک تکان ببای رخاربرفایس خنج کرد وبسری وادان
خلیفه جعفتام که ساد رش محلملک خاتون بودزدمحشتکدمدربازاشکر اصفهان بایوددا درود وابتاتوند دائه دارالخلافه وحری با ابدنه
الممویسرکنوادفتومینعم خواهدداشت دش انزوقف ملک مکدربازاشکر اصفهان اعلامکه مملکت خاتون ابت نانت دارالخلافه است واد ابیر
واور الغابات شامنده متبی انین نوینتف کومستمرد وعل بی دادشته نبست وکیتخ حاصل بدت نه خاتون بودتا تکان نه نتجدمنداماد احجعفرزا
ایش خلیفه فنسادد فنقا ملیغه التقار ایجابت بدودش کردهه مورد خطبه نودرمنترد وقیت نوبست وترکان نوبت بودیادی جال ابیرکربوقار را
برکه بتا یعتبر ازبعدداباصفهان بودردبرکیابقایق رکیاغداوددجاغدان الملک ابن جال اکای وفتدد اوراحتدد اصفهان حمایت کردد نه
ودریث او ابیرنزود نذی جا نه بسانی وام مثل ملک کمتکین جانداره الملک ابوداردان ابایک ابوداری بدد وربختت نشاندند وابواب
برتحهده ناج دصح ابرالمتراو با ایخت ۵

وقب ستتهزار ونابگاربیددی ربایدرخبن انره امده دندترکان خاتون ارندندتیا سراصفهان امده وشترین سرحمار شن تکان وسلطان برکیاق
اانهراه نشکلبدراصفهان امدند نزول کرد تکان خانی برداخت ودعم اوی کدهم واسراومقتیا انزاربو دیع یزد اذرتعاح الملک ابرالغنام
وبعد الملک فی میام و نتریک نود ومشکربودنداواراایم اکلی وسرم دربان انقاندهتکان اندکده نا قراردادتکان اندکده نا نصدهه رقبانقار دنرخاز خزان
برکاق رقادعد ابیرشاه برشا اندندیادتر برخینه دناطروت نار راضی شنتهجن دان لبکن ارددبرکیا رق روی جهانبدانه نادتترکان خاتون

正在研读《古兰经》的蒙古王子。

ولد لو خان أوابنديده دانسته مبارلي وطالع سعد بربخته
كان دولت واعيان حضرت وملوك وحكام اطراف جمع كشه نا؟
واننه

旭烈兀和他的妻子。

帖木儿王朝艺术家创作的春园饮酒图。

科拉·蒂姆肯·伯内特（Cora Timken Burnett）1956年遗赠，大都
会艺术博物馆，藏品编号57.51.24。

萨法维朝臣俘虏格鲁吉亚贵族、妇女和儿童。

约瑟夫·普利策（Joseph Pulitzer）1952 年遗赠，大都会艺术博物馆，藏品编号 52.20.12。

冒进的事，因为塔基亚原则这一战术掩饰允许甚至强迫身陷险境的什叶派信徒隐瞒其真实的信仰。只要什叶派信徒成功地实践了塔基亚原则，我们就发现不了他们的存在。因此，应该说，祝奈德的追随者信奉了一种极端激进形式的宗教，其中可能包含了一些起源于什叶派的元素。至于极端主义与激进，至少从祝奈德返回阿塞拜疆后短期内的活动来看，可能是存在的。

　　鉴于在实力上处于巅峰的黑羊王朝对自己表现出的敌意，祝奈德寻求同白羊王朝的兀孙哈散结盟似乎是很自然之事。尚不清楚的是，为何兀孙哈散要赞成这种提议。实际上，按照奥斯曼帝国史学家阿希赫帕夏扎德（'Āshiqpashazāde）的说法，兀孙哈散的第一反应是监禁祝奈德。尽管如此，兀孙哈散还是把自己的妹妹嫁给了他，从而开启了白羊王朝与萨法维王朝之间的长期关系。由于没有迹象表明兀孙哈散是什叶派信徒还是对他新妹夫古怪的宗教主张印象深刻，只能推断祝奈德在过去十年中建立起的土库曼人亲随使之成了一个有价值的盟友；或者可以想象，兀孙哈散自己的亲随被祝奈德打动。

　　一支好战的穆斯林军队需要一个敌人，最好是一个异教徒敌人来检验其坚固程度。祝奈德的手下无疑自诩为"加齐"（ghāzīs）——信仰的斗士。高加索地区的基督徒是满足这一要求的最近的潜在敌人，于是祝奈德开始突袭他们。不幸的是，他不得不越过穆斯林希尔万沙①（Shīrwān-shāh）的领地才能接触到异教徒。

---

　　①　希尔万沙是 9 世纪中期至 16 世纪早期希尔万王朝（位于今阿塞拜疆共和国境内）统治者的头衔。——译者注

108

这样做时，他与希尔万沙发生了冲突，并在 1460 年（伊历 864 年）同他的战斗中被杀。

祝奈德年幼的儿子海达尔（Ḥaydar）在兀孙哈散的宫中长大，后来娶了他的女儿，巩固了两个家族之间的关系。海达尔到了阿尔达比勒后，据说发明了塔吉帽（Tāj）。这是一种由 12 块三角形布拼成的帽子，供他的随从佩戴〔因此支持萨法维家族的部落民被称为"红头军"（Qizilbash，突厥语"红色的头"的意思）〕。回想起来，这至少被视为对什叶派十二伊玛目的纪念，因此表明了海达尔与萨法维教团运动的什叶派信念。这或许如此，但必须记得，正如我们所见，海达尔是在远离什叶派的影响下成长的，尊敬伊玛目并不必然意味着拥护什叶派。不管怎样，兀孙哈散据称——虽然的确只有后来的资料这么说，有关这一点应该是可疑的——佩戴了塔吉帽。如果塔吉帽在当时被视为明确无疑的什叶派象征的话，一位逊尼派君主戴着它肯定是件奇怪的事。

白羊王朝同萨法维家族之间的友谊并没有延续到雅琥在位时期。或许雅琥认为海达尔是对自己权力的潜在威胁。无论如何，当海达尔于 1488 年（伊历 893 年）效仿其父向高加索地区发起一场"加齐"的突击时，雅琥为希尔万沙——祝奈德敌人的继承人——提供了援助。海达尔同其父一样，在与希尔万沙的战斗中被杀。

109　　　海达尔之子苏丹阿里（Sulṭān ʿAlī）继位为萨法维教团长老，但于 1489 年（伊历 894 年）至 1493 年（伊历 898 年），同他的兄弟一起被囚禁在白羊王朝位于遥远法尔斯的伊斯塔赫（Iṣṭakhr）堡垒。1494 年（伊历 899 年），阿里被白羊王朝所杀。他年仅 7 岁的弟弟伊斯玛仪此时成了教团的头领，逃往了里海沿岸的吉兰避难，在那里他得到了当地什叶派统治者的庇护。伊斯玛仪在吉兰一直待到了1499 年（伊历 905 年），受一位大概属于什叶派的教师教导。因此，虽然我们无法讨论伊斯玛仪的先辈，但我们可以说，在他成长的几年里，他完全受到了什叶派的影响。这并不是说，伊斯玛仪本人的信仰属于正统的什叶派。从他用"哈脱亦"（Khaṭāī）这个笔名创作的突厥语诗歌来看，他是祝奈德真正的孙子，视自己在某种意义上是神圣的——将他推上波斯宝座的土库曼随从们显然也认同这点。

毫无疑问，1499 年，当 12 岁的伊斯玛仪骑着马离开吉兰时，他既要为自己的家族向希尔万沙复仇，又要最终从他的白羊王朝亲戚手里夺取大不里士，这位年轻神王（God-King）的宗教感染力在土库曼人中非常重要。也可以认为，在忍受奥斯曼帝国日益僵化和官僚主义的政府体系与税收制度的时期里，萨法维教团运动对安纳托利亚东部一些土库曼部落民的吸引力是强大的。尽管如此，如果不是因为白羊王朝的内讧和瓦解，即便伊斯玛仪拥有超凡的魅力，也不太可能取得如此大的成就。

伊斯玛仪一世沙的登基开启了波斯历史上的新纪元。他作为土库曼人宗教运动的神圣领袖，夺取了宝座。这一宗教运动信奉一种非常奇怪的伊斯兰信仰形式。但伊斯玛仪并没有在他的新王国里推行这种信仰，而那又是另一个故事了。

第十二章

伊斯玛仪一世沙与什叶派的确立

萨法维帝国的形成

　　萨法维王朝对波斯的统治传统上可以追溯到伊斯玛仪沙在 1501 年（伊历 907 年）战胜白羊王朝统治者阿勒完后占领大不里士。但伊斯玛仪要被视为白羊王朝在阿塞拜疆的潜在继承者，还有很长的路要走。多年来，新国家的地理形态也不明晰。可能伊斯玛仪期望的是能够按照白羊王朝的模式建立一个本质上是土库曼人的帝国，由安纳托利亚东部、阿塞拜疆、波斯西部与伊拉克组成。毕竟，他所依赖的军队亲随全是土库曼人，他定都于大不里士，这里如今是传统的土库曼人中心，位于波斯外围，他可能在某种意义上将自己视为他的白羊王朝祖父兀孙哈散的合法继承人。

　　伊斯玛仪早年发起战斗的方向明确表明他最感兴趣的是土库曼人的遗产。阿勒完的战败并没有终结白羊王朝的威胁。随着阿塞拜疆暂时安全，萨法维军队继续南进，1503 年（伊历 908 年），他们在哈马丹（Hamadān）与白羊王朝的木剌的相遇并打败了他。这使萨法维家族得以统治波斯西部。1507 年（伊历 913 年），伊斯玛仪将注意力转向西方——白羊王朝过去的中心地带迪亚巴克尔，以及他们曾经的中心阿米德城与马尔丁城。这次向安纳托利亚的进军意味着当时萨法维王朝的势力已经到达了奥斯曼帝国的边界。不过，他们暂时避免了与奥斯曼人的冲突。

111

接着是伊拉克。1508 年（伊历 914 年），巴格达被攻陷，此后穆沙沙教团（Musha ʿsha ʿ）——波斯西南部胡齐斯坦的什叶派势力，其宗教观念与萨法维教团一样危险——也屈服了。到 1508 年，伊斯玛仪成为他祖父的土库曼帝国大部分领土的实际统治者。而1510 年（伊历 916 年），他果断地转向了东方。在呼罗珊，帖木儿王朝已不复存在。1506 年（伊历 911 年）起，真正的敌人变成了乌兹别克人的统治者穆罕默德・昔班尼汗（Muḥammad Shaybānī Khān）。至少在 16 世纪末之前，乌兹别克人一直是萨法维王朝在东方的危险对手。

乌兹别克人的崛起

到了 14 世纪后期，里海西部和北部的草原部落——位于现在的哈萨克斯坦——已经被伊斯兰作家称为乌兹别克人（Özbegs）。这个名字可能和 14 世纪伟大的金帐汗国月即别汗（Khān Özbeg）有关，但也有其他解释，如他们认为自己拥有百名（öz）部落长老（beg）。帖木儿于 1395 年（伊历 797 年）打败了脱脱迷失后，金帐汗国因派系纷争而分裂。在兴起于这一时期的乌兹别克族群中，有一个以金帐汗国缔造者拔都（Batu）的弟弟昔班（Shiban，这个名字后来被阿拉伯化为 Shaybān）的后裔为首的群体。另一个乌兹别克人群体被称为哈萨克人［Kazakhs，"哥萨克"（Cossack）一词正是源于该词］。

1428 年（伊历 831 年），一位名叫"阿不海儿"（Abū'l-Khayr）的昔班部首领成功地统一了许多乌兹别克部落。按照惯例，他立刻开始了扩张领土的事业。15 世纪 30 年代，他攻打了南方的帖木儿帝国，入侵了花剌子模并洗劫了玉龙杰赤城①（Urganj），并于 1446 年（伊历 849—850 年）占领了河中地区东部的药杀河流域。他迁都至这一地区的昔格纳黑（Sighnāq），并试图通过加强新帝国的中央集权与削弱新加入部落首领的独立性来巩固自己的政权。1447 年（伊历 850 年），帖木儿帝国的沙哈鲁去世后，他利用政治上的混乱入侵了河中地区，但未能在那里立足。尽管如此，他继续干预帖木儿帝国的事务。1451 年（伊历 855 年），卜撒因在他的帮助下才得以夺位。

一些哈萨克部落——在蒙古君主札尼别（Janibeg）与哈剌亦（Qarai）的带领下——拒绝承认新的秩序，可能是察觉出他们无法接受的定居化趋势。他们逃到了蒙兀儿斯坦的东察合台汗国。阿不海儿因这些队伍中的叛逃而被大大削弱，之后于 1456 年至 1457 年（伊历 861 年）被从蒙古西部前来的瓦剌部击败。他再也没能从这次挫折中真正恢复过来。1468 年（伊历 872—873 年），他在同哈

112

---

① 其遗址位于今土库曼斯坦境内库尼亚-乌尔根奇。——译者注

萨克人及其蒙兀儿斯坦盟友的战斗中去世。在他死后，组成联盟的部落之间自相残杀，联盟的势力瓦解了。眼下，乌兹别克人的扩张结束了，阿不海儿家族中只有他生于 1451 年的孙子穆罕默德·昔班尼活了下来。

1468 年的灾难过后，穆罕默德·昔班尼过着强盗般的生活。但他逐渐获得了大批追随者，自 1486 年（伊历 891 年）起，他开始以武力突袭帖木儿帝国的领地。15 世纪 90 年代，他占据了药杀河流域的土地，并准备全面入侵河中地区。1499 年（伊历 904 年）进攻撒马尔罕失败后，1500 年（伊历 905 年）他彻底放弃了先祖的草原。草原上的权力真空被留在当地的哈萨克人填补。

征服河中地区花了数年时间，昔班尼不得不于 1500 年和 1501 年两度占领撒马尔罕。帖木儿帝国的巴布尔费了相当大的力气来抵抗乌兹别克人，他的夙愿就是成为撒马尔罕的统治者。但他于 1504 年（伊历 910 年）被击败，只能暂时撤退到喀布尔。1504—1505 年，穆罕默德·昔班尼占领了花剌子模，并准备入侵呼罗珊。最后一位伟大的帖木儿王朝君主忽辛拜哈剌于 1506 年（伊历 911 年）去世。1507 年（伊历 912 年），乌兹别克人的军队进入了都城赫拉特。到 1508 年（伊历 913—914 年），他们控制了整个呼罗珊，并将波斯西至达姆甘（Dāmghān）、南至克尔曼的地区夷为平地。他们甚至对北部草原上的哈萨克人造成了严重冲击。到 1509 年（伊历 914—915 年），乌兹别克昔班部似乎已继受了整个帖木儿帝国东部。他们看起来势不可当。实际上，同样成功的伊斯玛仪沙给穆罕默德·昔班尼的人生画上了不光彩的句号。

伊斯玛仪沙对战乌兹别克人和奥斯曼人

  或许伊斯玛仪已经准备好容忍毗邻的帖木儿帝国，他们对自己的势力不存在真正的威胁。兀孙哈散和忽辛拜哈剌设法做到了共存，彼此不施加太大压力。但穆罕默德·昔班尼扩张中的乌兹别克帝国是另一回事。伊斯玛仪显然认为，无视东部这个新兴自信且威胁到萨法维王朝的逊尼派国家，存在不可承受的风险。1510 年（伊历 916 年），他进军呼罗珊，在木鹿附近同穆罕默德·昔班尼交战。乌兹别克人战败，穆罕默德·昔班尼被杀。伊斯玛仪拿他的头骨镶金做成一个酒杯。这种对待敌人的方式是一种悠久的草原传统。他将这件令人毛骨悚然的战利品寄给了他的另一大劲敌——奥斯曼帝国苏丹。

  赫拉特城被迫向萨法维军队投降，但伊斯玛仪似乎已认定，将战火烧至河中地区会耗尽自己的资源。他将乌浒河设为萨法维与乌兹别克两大帝国的分界线。呼罗珊变成了萨法维帝国的一个省。虽然伊斯玛仪沙没有直接介入河中地区，他的确怂恿巴布尔利用穆罕默德·昔班尼的战败与死亡所造成的混乱局面。1511 年（伊历 917 年），巴布尔进犯撒马尔罕，这是他最后一次进入该城。但不知是因为他以伊斯玛仪为靠山而不得不自称什叶派信徒，还是因为他认为有必要采取严厉的经济措施，他受到了百姓的敌视，不久就被穆罕默德·昔班尼的侄子乌拜都剌（ʿUbayd Allāh）赶出了撒马尔罕。他再也没能回来。对巴布尔及其帖木儿系后裔而言，他们的未来在

113

印度（参见第十一章）。

　　1512 年（伊历 918 年），乌兹别克军队在乌拜都剌的率领下再次入侵呼罗珊。这次他们获得了更大的成功——他们在忽吉都万①（Ghujduwān）打败了萨法维帝国军队，但伊斯玛仪当时不在军中。数月后，1513 年（伊历 919 年），伊斯玛仪再次亲自领兵东进。乌兹别克人不战而退，萨法维和乌兹别克帝国的边界至少在一段时间内稳定了下来。

　　虽然萨法维帝国军队于 1512 年（伊历 918 年）战败，巴布尔也失利了，但伊斯玛仪在呼罗珊的政策整体上相当成功。即使没有消灭强大的敌人，也遏制了他们，并为他的帝国获得了一个大省，这是波斯西部的统治者多年没有达成的。然而，不能佯称乌兹别克人是萨法维波斯最危险的对手。一个中心仍位于阿塞拜疆与安纳托利亚东部的国家显然更害怕奥斯曼帝国。

　　两个帝国之间冲突的根本原因在于，萨法维王朝大业的支持者中相当大比例来自安纳托利亚东部与中部的土库曼部落，这里邻近奥斯曼帝国，或者说实际上就在帝国领土内。这不仅意味着奥斯曼帝国宝贵的劳动力流向邻国，也意味着不能指望留在奥斯曼帝国境内许多人对帝国的忠诚。早在 1502 年（伊历 907—908 年），就有大量红头军被驱往希腊南部，那里是安全的地方。

　　1511 年（伊历 917 年）和 1512 年（伊历 918 年），奥斯曼帝国安纳托利亚爆发了大规模的红头军叛乱，叛乱后期得到了萨法维

114

---

　　①　今乌兹别克斯坦吉日杜万。——译者注

帝国的积极支持。叛乱造成的破坏是巨大的。这些事件似乎既有政治或宗教上的原因，也有社会和经济上的原因。严重的经济萧条、瘟疫和饥荒，使安纳托利亚的土库曼人疏远了帝国。他们还不满于奥斯曼帝国政府限制游牧部落臣民行动自由并将他们牢牢置于中央政府烦琐控制下的政策。在这种情况下，萨法维帝国的吸引力不单单是宗教上的。土库曼部落民会跟随伊斯玛仪沙是因为他们视其为神圣，但他们也发现以部落为导向的萨法维王朝的政治事业比臣服于君士坦丁堡更具吸引力。他们在萨法维波斯的前景很好——作为奥斯曼帝国苏丹的臣民，他们一无所有。

红头军的叛乱耗尽了奥斯曼人的耐心。他们促成了 1512 年（伊历 918 年）巴耶济德苏丹的退位，并拥立他那令人敬畏的儿子塞利姆（Selim，意为"冷酷"）即位。塞利姆注定不仅要对付来自波斯的危险，还要将叙利亚和埃及纳入奥斯曼帝国的版图。

塞利姆首先野蛮镇压了红头军，处死了许多人，并将其他人予以驱逐。然后，他准备直接面对伊斯玛仪，于是在 1514 年（伊历920 年），穿越安纳托利亚向阿塞拜疆进军。这是一次远征，由于萨法维人实行焦土政策，后勤问题非常突出。尽管如此，伊斯玛仪选择在查尔迪兰（Chāldirān）开战。这场交锋对萨法维帝国的未来以及中东的地缘政治产生了永久的影响，直至今日。

无论我们如何解读当时资料中引用的数字，奥斯曼帝国在查尔迪兰的军队规模要比对手萨法维军队大得多。也许和相对规模同样重要的是两军的组成性质。萨法维人仍然动员的是一支本质上属传统突厥-蒙古型的军队，其实力在于骑射手。而奥斯曼人不仅有骑兵，还拥有禁卫军（Janissaries），他们是配备手枪和野战炮的步兵。这一次，萨法维人没有枪，尽管他们过去曾至少在攻城战中使用过。

奥斯曼帝国大获全胜。伊斯玛仪从战场上逃脱，但军队遭到碾压，许多高级军官阵亡。关于战败，传统认为一部分是由于奥斯曼帝国在数量上的优势造成的，另一部分是由于他们的枪炮优势使然。查尔迪兰战役尤其被视为是现代军事技术对过时的草原作战方式的胜利。其中可能有些值得关注之事。此外，还应记得 1473 年（伊历 878 年）奥斯曼帝国炮兵在巴什干击败白羊王朝兀孙哈散中所做出的贡献。但是，不应过分强调枪炮在这个时代的优越性。奥斯曼野战炮对萨法维人真正的威胁与其说来自炮筒，不如说它们被拴在一起对骑兵的冲锋形成了有效的屏障，也为躲在后面的禁卫军火枪手在装弹和射击时提供了安全的藏身之处。

查尔迪兰战役后，塞利姆进军阿塞拜疆，并占领了大不里士。但他的军队对这场战役并不投入，他们不愿在当地过冬，于是向西撤退了。伊斯玛仪得以顺利收复都城。那么，查尔迪兰战役的后果是什么？

首先，波斯和奥斯曼之间的界线发生了重大且决定性的调整。安纳托利亚东部诸省——黑羊王朝和白羊王朝的故土、红头军的主要招募地——成了奥斯曼帝国的领土。现在伊朗与土耳其之间的边界正是查尔迪兰战役的结果——1514 年（伊历 920 年）以前还没有这条界线。这意味着萨法维帝国的格局发生了决定性的变化。它不再是过去的土库曼国家加上呼罗珊，相反，它更像是我们今天所想的伊朗，尽管伊斯玛仪还控制着伊拉克、高加索地区的土地以及后来失去的波斯东部的土地。都城大不里士现在几乎是一座边境城市，危险地靠近着敌人——这一考虑无疑影响了伊斯玛仪的继任者将都城先迁至加兹温，后又迁至伊斯法罕。不可避免的是，尽管萨法维帝国政体中土库曼人的因素仍然非常重要，但这种重心向东的转移也导致国家变得更加"波斯"。

其次，也是最常被提及的，是这次战败对伊斯玛仪本人及其在红头军追随者眼中的地位的影响。我们了解到伊斯玛仪从此深陷消沉中，再也没有笑过，等等，但这几乎不能被查尔迪兰战役后几年里见到他的欧洲使臣们的证词所证实。诚然，在伊斯玛仪人生中的最后十年里，他再也没有亲自踏上战场，而这可能意义重大。

就其地位而言，这次战败必然有损红头军对沙的神圣性的信仰——神通常不会输掉战争，而查尔迪兰战役也让伊斯玛仪失去了先前当之无愧的战无不胜的声望。但是，这不应被夸大。他的父亲和祖父都战败而亡，不过都没有对萨法维家族事业的宗教吸引力产生任何明显不利的影响。直到 16 世纪 40 年代，伊斯玛仪之子及嗣君塔赫马斯普一世（Ṭahmāsp I）在位期间，意大利旅行家米凯莱·曼布雷（Michele Membré）观察了萨法维宫廷中的习俗，这些习俗清楚地表明红头军的旧信仰仍未被查尔迪兰战役或更古板严肃的什叶派十二伊玛目支派的确立所摧毁。

如果沙的个人地位的丧失像有时人们所认为的那样严重，那么人们可能会料想萨法维帝国因奥斯曼帝国的胜利而崩溃，但实际上这种事并未发生。看起来，即使到 1514 年（伊历 920 年），这个政权所依赖的基础也比红头军单纯的忠诚更多样、更持久。幸好是这样，因为在 16 世纪结束之前，萨法维帝国不得不经受——且确实经受了——长期软弱的中央政府以及红头军长期的内讧。

萨法维帝国政权的基础

伊斯玛仪沙建立的萨法维帝国依靠三个要素维持其政权。第一个是红头军对作为萨法维教团的首领、阿里的后裔，甚至是神圣的存在的沙的忠心，缺少这点，萨法维家族永远无法控制波斯。政治权力的获得首先需要必备的军力，而这正是红头军所提供的。当时有许多氏族和部落，但红头军在一定程度上被分成各种各样的部落群体——罗姆鲁部（Rūmlū）、沙姆鲁部（Shāmlū）、阿夫沙尔部（Afshār）、恺加部（Qājār），等等。

征服波斯后，许多红头军部落获得了牧场，特别是在国家的西北部，那里不仅有着传统上最受游牧民族喜爱的草原，也最接近帝国最大威胁的地区——奥斯曼帝国的边境。部落首领担任了所有省份的总督，作为回报他们负有向沙提供军队的义务。最有权势的部落首领在中央政府内就职，靠近沙本人，而沙则是一切权力与庇护的源头。宫廷内形成了越来越多与原初的部落忠诚和权力基础没有太多直接关联的派系和联盟。红头军的领袖们长期以来一直是国家中的一股强大力量，而沙并不总能如愿驾驭他们。但他们和他们手握的军队无法被轻易摒弃。

据信，耶律楚材曾对窝阔台汗说："天下虽得之马上，不可以马上治。"正如所有的游牧民族和半游牧民族王朝所发现的那样，这句话也适用于波斯。特别是从波斯中部各城市的市民中招募成员的地方官僚机构，一旦征服的初级阶段结束，它们就成为统治机构的重要组成部分。

在萨法维帝国这个例子中，这一事实从一开始就被接受。在沙鲁尔战役之前，曾担任白羊王朝维齐尔的波斯人沙姆斯丁·扎卡里亚·库朱吉（Shams al-Dīn Zakariyā kujujī）已抵达伊斯玛仪的营地，向他揭露了土库曼人宫廷中普遍存在的混乱状况，并怂恿伊斯玛仪发动攻击。作为赏赐，他被任命为萨法维帝国新政府的维齐尔，他的族人及学生担任主要的行政官员（不同于军队官员，但这种区别在实践中并不是绝对的）。通过这种方式，伊斯玛仪确保了他的政府同原先土库曼人的政府之间具有行政上的连续性。

这并不意味着伊斯玛仪没有做出重大的改变。考虑到波斯当时在某种意义上是神权统治国家，沙同时也是一个苏菲教团的首领，他的军队随从也是他的门徒，所以必须对政府体制进行一些调整。

这种异常情形所导致的主要结果之一是"瓦基勒"（wakīl）——沙的代理——这一职位的创立。瓦基勒是政府的首脑——也就是说，类似维齐尔——但他不仅是政府的最高行政长官，某些情况下，他还担任军队的最高统帅。雅尔·艾哈迈德·胡赞尼（Yār Aḥmad Khuzānī）便居瓦基勒一职，他使得萨法维帝国军队战败，并在 1512 年（伊历 918 年）忽吉都万战役中被杀。

有意思的是，雅尔·艾哈迈德·胡赞尼和几乎所有萨法维帝国早期的瓦基勒一样，也是波斯人。很明显，军职全归土库曼首领，文职全归波斯官僚，这种做法实在过于简单。实际上，瓦基勒制度的设立表明伊斯玛仪有意识地将权力从红头军手里转移到更可靠且在军事上没那么危险的波斯人手中。他不能没有红头军，但官僚制度在某些方面是他政权更加牢靠的基础。红头军肯定视波斯人晋升至最高职位为对自己的侮辱。因此，他们杀害了两名波斯瓦基勒。

十二伊玛目派的推行

　　萨法维帝国的第三个，也是最独特的基础是它的新官方信 118
仰——什叶派的十二伊玛目支派，其信徒尊奉从阿里开始到穆罕默德·马赫迪（Muḥammad al-Mahdī）一系十二位伊玛目。穆罕默德·马赫迪于 878 年（伊历 264 年）"隐遁"了（而非死亡），信众则期待着他的再度降临。如今人人都很清楚 20 世纪后期的伊朗是一个什叶派国家，而这要直接归因于伊斯玛仪沙的宗教政策。

　　似乎没有理由怀疑 1501 年（伊历 907 年）时，大部分的波斯人仍属于伊斯兰教逊尼派。萨法维王朝的到来带来了向什叶派的强制性转变，其原因并不显而易见。伊斯玛仪沙所选择的什叶派并不是跟随他的红头军的信仰类型。伊斯玛仪可能是在攻打白羊王朝之前，居住在吉兰时，受当地什叶派环境的影响；他也可能觉得十二伊玛目派至少比逊尼派更接近红头军的信仰。

　　有人认为，伊斯玛仪的动机实际上是现代西方意义上的"政治的"——他认为什叶派是一种方便的身份认同来源，一种能将他的帝国同逊尼派邻国奥斯曼帝国与乌兹别克人的王国相区分的手段。伯纳德·刘易斯（Bernard Lewis）对这种推测有一些明智的看法："当现代人不再将宗教放在首位时，他也不相信别人真的可以这样做。就这样，他开始重新审视过去伟大的宗教运动，寻找现代思维可接受的利益与动机。"① 没有任何证据可以让我们假定伊斯玛仪的动机是对政治操纵的一些愤世嫉俗的见解，或是他确实会想到在"政治"和"宗教"之间做出这样的区分。然而，这也表明采信什叶派在帮助明确"波斯"不同于其他伊斯兰国家的政治与文化身份上确实发挥了作用。

可以公道地说，过去的两个世纪已经为接纳什叶派奠定了基础。在此期间，对阿里及其他十一位什叶派伊玛目的尊崇已然变得普遍，且并未被认为同逊尼派不相容。但当伊斯玛仪于 1501 年（伊历 907 年）占领大不里士，并宣布十二伊玛目派不仅是新帝国的官方信仰，也是强制性的宗教时，他在波斯并没有什么什叶派权威可以寻求帮助。这并不妨碍伊斯玛仪政策的迅速实施。

119　据说，这位沙威胁道，任何在宗教方面与他意见相反的人都会被处以死刑。倘若谁认为这是空洞的威胁，很快就会醒悟过来。当萨法维军队行军穿越波斯时，他们用剑推行什叶派信仰。那些不愿看到自己错误的逊尼派信徒受到了极为野蛮的对待。许多人被处死。

---

① B. Lewis, *The Assassins: a Radical Sect in Islam*, London 1967, 136.

在这种情况下，波斯迅速成为什叶派国家并不令人意外。假使伊斯玛仪的动机不太可能是"世俗的"，所有那些匆匆宣布接受官方信仰的波斯人也可能并非如此。他们有最强烈的动机——希望拯救自己的性命与财产。但许多波斯人翘楚似乎持更积极的态度。不久之前，我们看到了一个被称为波斯"神职要员"的阶层——富有的乌莱玛，他们起初属于逊尼派，依附什叶派后在新的宗教建制中身居高位，担任如"卡迪"这样的职位，甚至是"沙德尔"（ṣadr）这种具有最高宗教尊荣的职位。沙德尔由政府任命，负责监督宗教机构，尤其是对"瓦克夫"和"沙里亚"的管理。有学者认为，沙德尔一度还要监督什叶派信仰的推行以及异端和逊尼派的铲除。有时，沙德尔和卡迪还担任军队指挥，这表明不是只有文职和军职之间的界限是始终模糊不清的。

这些机会主义的逊尼派背叛者，尽管有用且确实很重要，却无法为新的什叶派建制提供神学和法律的支柱。在波斯没有人能做到这点。伊斯玛仪不得不另寻他处。他从阿拉伯地区、巴林（Baḥrayn）、伊拉克的希拉（Ḥilla）以及尤其是黎巴嫩的贾巴尔·阿米尔（Jabal ʿAmil）引进了什叶派乌莱玛。萨法维帝国时期的许多神学家和法学家翘楚都源自贾巴尔·阿米尔，包括伊斯玛仪时代最有影响力的宗教人物卡拉奇（al-Karakī）。宗教人才向波斯的流入持续了很久——这不是一个单纯暂时的现象。

萨法维帝国沙自称是伊玛目后裔，并自认为——也被官方承认——是他们在世的代表，其地位并不易于同十二伊玛目派的神学与律法相调和。但创建一个新的什叶派国家，在这个国家里，贫困但饱学的神学家与法学家受到重用，这是不容轻视的。在大多数情况下，移居波斯的乌莱玛沉默寡言，只偶尔在供给同行学者而非广大波斯语读者的律法著作中发表意见（使用阿拉伯语）。

120　　如果没有能力让去世的人开口，就不可能说清大多数波斯人是在哪个阶段实际上以及名义上都依附了什叶派版本的信仰。这可能是一个非常缓慢的过程，且从不彻底。今天的波斯仍然存在逊尼派社团，尤其是在一些部落百姓中。伊斯玛仪二世沙（Shāh Ismāʿīl II）仍有可能在他短暂的统治期间［1576—1577 年（伊历 984—985 年）］回归逊尼派，但这肯定会失败。而 18 世纪的纳迪尔沙（Nādir Shāh）已无法将波斯推向逊尼派了，因此可以公平地说，波斯在萨法维王朝灭亡之前就已无法挽回地归向了什叶派。自然，波斯人民对这一信仰的忠诚从那时起就一直坚定不移。

1524 年（伊历 930 年），伊斯玛仪突然离世，年仅 30 多岁。尽管查尔迪兰战役以战败收场，但他立下了丰功伟绩。他开创了一个长达两个多世纪的王朝——远远久于伊斯兰时代波斯任何一个王朝。他在国境内稳固了自己的领土，虽然这可能不是他的目标所在。他的继任者也都没有将之拓展，在 19 世纪缩水之前，这样的面积已接近于现代波斯。伊斯玛仪推动了自己的国家采用新的官方宗教信仰，诚然在方法上令人厌恶。总而言之，他在波斯留下的印迹远远多于大多数波斯的统治者。但正如他的后继者所发现的那样，他未能解决如下问题：一个靠土库曼部落民组成的军队掌权的王朝，如何防止这些部落民对他们帮助下建立的国家的稳定构成威胁。

第十三章

危机，复苏，又是危机（1524—1587 年）

伊斯玛仪沙于 1524 年（伊历 930 年）去世后，他 10 岁的儿子 121
即位，名号为"塔赫马斯普一世"。这个小男孩当然无法实际进行
统治，内外长达十年的危机随之发生。红头军异密们派系争斗的战
利品是取得中央政府的控制权，而波斯外部的敌人——奥斯曼人与
乌兹别克人——成功地利用了这一形势。看起来王朝正处在崩溃的
边缘，但实际上塔赫马斯普在这一时期的最后结束了内讧，迎来了
相对稳定的四十年。不过，塔赫马斯普并没能为解决国内少数群体
的问题找到一劳永逸的方案，他的去世更是成了又一次内部混乱与
外部侵袭的前奏，看起来更有可能使政权不光彩地结束。然而，这
一次的恢复却更加激动人心——阿拔斯一世沙［Shāh ʿAbbās I，
995—1038 年（伊历 1587—1629 年）］成了萨法维王朝权力和威
望的巅峰。阿拔斯的成就使萨法维王朝的统治得以在下一个百年里
一连串无能的沙的更迭中存续下来。

红头军内讧的十年（1524—1533 年）

塔赫马斯普在位之初，其来自罗姆鲁部的"阿塔毕"夺取了大权，登上了"众异密之异密"（amīr alumarā）之位。他一度与另外两名代表乌斯塔吉鲁部（Ustajlū）与塔卡鲁部（Takkalū）的首领结成联盟。但这一联盟并未持续很久。1527 年（伊历 933 年），塔卡鲁部的楚哈·苏丹（Chūha Sulṭān）确立了所在派别的主导地位，直至 1530—1531 年（伊历 937 年）。

122　　与此同时，东方的宿敌并未消停。穆罕默德·昔班尼于 1510 年（伊历 916 年）被杀后，无人能像他那样主导河中地区乌兹别克人的政治。最重要的权力争夺者是穆罕默德·昔班尼的侄子乌拜都剌，但他从未在一众乌兹别克可汗中确立自己绝对至高无上的地位。他们之间达成了协议，无论实权落在何处，最高可汗之位应该归属于昔班尼家族尚在世的长辈。虽然乌拜都剌无疑是最有影响力的乌兹别克人，但他只在人生最后七年的时间里〔1533—1540 年（伊历 940—947 年）〕才拥有最高称号的尊荣。

乌拜都剌于 1524 年（伊历 930 年）至 1537 年（伊历 944 年）对呼罗珊发起入侵不下五次。大不里士的分裂为他提供了大肆破坏乃至永久吞并的绝好机会，而此地对萨法维帝国政府而言只是一个遥远的省。首次入侵发生在乌拜都剌在位初期，但无疾而终。1528 年（伊历 934 年），乌拜都剌再次发兵，这次显然旨在全面占领呼罗珊。他拿下了马什哈德，并包围了赫拉特。一支波斯援军前往赫拉特救援，年轻的沙亲自随行。据说他在随后的贾姆战役（Jām）中表现英勇，萨法维军队取得了胜利，部分原因可能是他们使用了火炮（伊斯玛仪沙从葡萄牙人处得到了火炮）。看来波斯人在查尔迪兰战役中吸取了教训。乌兹别克人也知道枪炮变得越来越重要，但受限于自己无法制造，也没有其他国家愿意向他们供应此类武器。

萨法维军队无法从这场胜利中获得尽可能多的好处，因为他们不得不赶回西部，以应对巴格达的红头军叛乱。此事尤为危险，因为叛军首领承认奥斯曼帝国苏丹的权威，而萨法维帝国政府始终明白，奥斯曼人至少潜在上比乌兹别克人对他们的生存构成的威胁要严重。巧的是，叛乱很快就被平息了，奥斯曼帝国没有公开干预，但乌拜都剌趁机卷土重来。翌年（1530 年），他在波斯军队的回击下退兵。

不久，楚哈·苏丹被推翻并被杀。随之发生了针对塔卡鲁部游牧民的大屠杀。此后，红头军居主导地位的是沙鲁姆部的侯赛因汗。一位塔卡鲁部的异密逃到了奥斯曼帝国宫廷，并敦促苏丹介入波斯事务。西方的危险越来越大。接着，1532 年（伊历 938 年），乌兹别克人再度来犯，除包围了赫拉特城外，还霸占了呼罗珊大部分地区。他们一年多后才退兵，在此之前未遭遇任何挑战。显然，萨法维帝国的统治者认为奥斯曼帝国的威胁太大，将国家的军事资源全部集中在呼罗珊的事务上并不安全。

1533 年（伊历 940 年），帝国内又发生了一场内乱。其间，沙下令推翻沙姆鲁部侯赛因汗，并将其处死。这次的结果与以往不同——最终的受益者并非某个红头军派系，而是沙自己。此时，他已成年，经验丰富，足以亲自统治国家。尽管长期内讧的红头军对帝国的稳定所造成的威胁并没有消除——正如塔赫马斯普死后发生的事件所表明的那样——但接下来的四十年里，沙成功地守住了自己作为政府真正首脑的地位。同样，塔赫马斯普从异密手中夺取权力恰逢萨法维帝国最糟的噩梦——奥斯曼帝国的全面入侵。

塔赫马斯普一世亲政（ 1533—1576 年 ）

1533 年（伊历 940 年）之前，奥斯曼帝国苏丹苏莱曼大帝（Süleyman the Magnificent）的主要关注点一直是欧洲东南部的军事行动，其中包括 1529 年（伊历 936 年）围攻维也纳。与神圣罗马帝国皇帝的和平共处使他得以将注意力转向波斯人。1534 年（伊历 941 年），奥斯曼帝国的大维齐尔入侵阿塞拜疆并占领大不里士。苏丹本人随后抵达，但在阿塞拜疆遭遇暴风雪，于是南下进攻巴格达。塔赫马斯普此时正在呼罗珊亲征乌兹别克人。他还要应对最近的红头军叛乱。这一次，叛军同奥斯曼人取得了联系。

塔赫马斯普小心翼翼地避免与苏莱曼进行正面的激烈交锋。在这种情形下，前景并不乐观。奥斯曼人的问题是，一旦他们撤回帝国境内，应当如何维持占领地。1535 年末，苏丹率军归国。他设法保住了一些占领地——巴格达与美索不达米亚眼下都成了奥斯曼帝国的一部分，但在下个世纪曾短期丧失。但阿塞拜疆与萨法维帝国都城回到了波斯人的手里。从塔赫马斯普的角度来看，这个结果还不算太糟。

有关西方的事就这么多。但战争在两条相距甚远的战线上反复出现的问题仍然存在。1535 年末，乌拜都刺与乌兹别克人再度进犯呼罗珊。他们已做好准备。作为红头军各派系最后一次动乱的一部分，塔赫马斯普的弟弟、呼罗珊总督萨姆·米尔扎（Sām mīrzā）与自己的异密一同叛变。他们压迫赫拉特城内及周边百姓，于是百姓揭竿而起反对他们。百姓成功地包围了赫拉特，并在乌拜都刺率军进入波斯领地时与其联手。这是一桩了不起的事件，它让我们在大部分以宫廷为中心的波斯资料外，难得瞥见萨法维王朝百姓不满的本质与程度。

赫拉特向起义军与乌兹别克人投降。但即便乌拜都刺此时在名义上和事实上都是最高可汗，他的权力依然受限。当听闻塔赫马斯普沙正率兵前来时，乌拜都刺的异密坚持放弃呼罗珊并撤回河中地区，乌拜都刺也只能同意。他的部分军队——在花剌子模的昔班尼部另一汗国的临时联军——甚至反水，与红头军一同反击自己。

这一切都表明，乌兹别克人的威胁虽然严重，但本身并不会对萨法维帝国的存在构成真正的威胁。乌拜都刺也许渴望征服并占领呼罗珊，但因其他乌兹别克人认为该省不过是富饶的掠夺地而难以实现。1537 年（伊历 943—944 年），塔赫马斯普不仅收复了呼罗

124

珊，甚至还一度从莫卧儿人手里夺取了坎大哈（Qandahār，位于今日阿富汗南部）。乌拜都剌卒于 1540 年（伊历 947 年）。乌兹别克人对波斯完整性的挑战数年后才消退。

然而，奥斯曼人却并非如此。苏莱曼又两度入侵波斯。1548 年（伊历 955 年），他得到了沙的弟弟阿尔卡斯·米尔扎（Alqāṣ Mīrzā）的帮助，当时后者正在叛乱。大不里士再度被夺，但奥斯曼人又退兵了。塔赫马斯普避免固定作战套路，通过焦土战术令奥斯曼人难以生存的策略再度证明是有效的。奥斯曼帝国在 1554 年（伊历 961 年）的最后一次战役甚至都没胜利。苏莱曼放弃了，并于 1555 年（伊历 962 年）同塔赫马斯普签订了《阿马西亚条约》（Treaty of Amāsya）。

波斯失去了美索不达米亚、巴格达以及伊拉克宏伟的什叶派圣祠，但保留了阿塞拜疆。沙击退了两个外部劲敌，并在他生命中的最后二十年里得享外部的和平。与此同时，他将都城从脆弱不堪的大不里士迁至规划更为集中的加兹温城。接下来的半个世纪里，加兹温一直是帝国的都城。这一举动无疑主要出于战略考虑，但正如我们所见，它或许也有助于强调政权中日益增长的"波斯"特征，而非原来的"土库曼"特征。

塔赫马斯普在位中期，萨法维帝国权力结构中一种新的"民125 族"元素被引入土库曼红头军与波斯人的官僚制度中。老一辈学者偏重用某种接近种族的术语来代表萨法维帝国第一个百年里所发生的内乱，正如弗拉基米尔·米诺尔斯基（Vladimir Minorsky）常常被引用的一句话："土库曼人和波斯人就像油和水一样无法顺畅融合。"① 最近的研究认为，这种对比过于生硬。统治精英阶层中以军人为主的土库曼人与以官僚为主的波斯人之间的确存在潜在的紧张关系，且这种紧张关系的确时不时爆发难以缓解的敌意。但随着 16 世纪的发展，派系的形成越来越不单纯基于种族或部落的忠诚。波斯官僚同红头军主要家族通婚。地方、行省的忠诚在萨法维王朝早期的分权政治体系中发展，有权势的人结成联盟。用粗糙的种族的术语来解释萨法维帝国的政治无法令人信服。

这一切并不奇怪。波斯由游牧军人阶层与波斯官僚治理的情形并不是什么新鲜事。塔赫马斯普在位时，这种情况在波斯已经持续了五百年。实际上这是常态。波斯的社会与文化一直在应对这种状况，而且具有足够的弹性，能处变不惊，化险为夷。与过去的主要区别可能在于，这一次，统治阶级本身——因为它起源于宗教教团而非部落，也可能是因为它不具有游牧血统（尽管这是微乎其微的）——与前代相比，同游牧元素的关系没有那么密切。

然而，塔赫马斯普在位期间也开始发生变化。虽然红头军对沙作为萨法维教团首领的忠心可能比有时想象的还要强，但我们在他们中看到了请封"沙萨瓦尼"（Shāh-savanī，意为"热爱沙的人"）的初步迹象——这个称呼很久以后才被阿塞拜疆的游牧部落群体采用。因此，这意味着红头军逐步将沙当作君主而非苏

---

① V. Minorsky（ed. and trans.），*Tradhkirat al-Mulūk*, London 1943, 188.

菲派长老来效忠。过去的历史学家对此做了很多研究——实际上
太多了，他们希望强调其君主传统在波斯历史中的决定性作用，
但这种观点不再像以前那么流行。不过可以肯定地说，随着作为
君主的萨法维王朝沙的"世俗"身份逐步增强，他们的"宗教"
角色逐步变弱。

　　如果游牧民和波斯人的双重精英是一种足够普遍的现象，引入
第三种元素则是一种创新。但这种创新是以悠久而神圣的萨法维传
统为基础，即针对高加索地区基督教异教徒的圣战。16 世纪 40 至
50 年代，塔赫马斯普沙向该地区发起了四次大规模远征，带回了
千千万万的格鲁吉亚、切尔克西亚和亚美尼亚俘虏充作奴隶。这就
是新元素的形成。

　　许多女性俘虏被充入眷群（harems），其中一些进了皇室后宫，
她们在那里生育王子，成为宫廷政治中一股不可忽视的力量，尤其
是在继承风波时期。一些男性俘虏名义上或事实上皈依了伊斯兰
教，并在宫廷接受培训。塔赫马斯普死后，他们得以担任国家的高
级官职，甚至是行省总督。一些学者认为他们可能进入了"火儿
赤"（qūrchīs），即沙的护卫军。这是一支小型的常备军，独立于红
头军的征兵，其成员来自各个红头军部落。这一时期，他们的指挥
官"火儿赤巴失"（qūrchī-bāshī）的重要性不断增加。征召非土库
曼人入伍为制衡难以驾驭的红头军提供了或许可靠的手段，无论塔
赫马斯普是否有意为之，他正是借此为自己的孙子阿拔斯一世奠定
了具有决定性影响的基础。

　　塔赫马斯普在位五十二年后，于 1576 年（伊历 984 年）去世。

就他个人而言，他似乎并不是一个特别有吸引力的人物，但至少在位初期，他为艺术创作慷慨解囊，值得赞扬。一个著名的例子是已知的霍顿版《列王纪》，这是一份为塔赫马斯普创作的插画手抄本，其中包含了一些最为精美的波斯细密画。塔赫马斯普常常被批评为吝啬和宗教偏执，他也被描述为软弱、胆怯。然而，至少在他的一生中，他与红头军的派系做斗争，并驾驭了他们。在面对强大邻国决意进犯时，他几乎原封不动地保留了其父留给他的所有领土。

他活了下来，帝国也跟着他一起活了下来。接下来的十年里发生的事件表明，他尚未一劳永逸地解决少数群体的问题。不过，他的功绩绝非微不足道。萨法维帝国很可能在他在位初期或死后几年里就分崩离析了。但事实并非如此，这至少在一定程度上是他长期耐心努力的结果。

危机再起（1576—1587 年）

塔赫马斯普似乎并没有为嗣位留下明确的安排。因此，各种派系不可避免地聚集到两位竞争者周围——他的儿子海答儿（Ḥaydar）与伊斯玛仪（Ismāʿīl）。每个派系都有红头军的支持，此外，宫中的格鲁吉亚人支持海答儿，一些切尔克西亚人则支持伊斯玛仪。排第三的穆罕默德·胡达班达（Muḥammad Khudābanda）近乎失明，因此不被视为重要的候选人。塔赫马斯普明显对伊斯玛仪有所保留，因为在位最后二十年里，他曾将伊斯玛仪囚禁。但海答儿被杀，而伊斯玛仪最终成为沙。

127

　　塔赫马斯普对儿子的疑心很快就被证明是有依据的。伊斯玛仪在他短暂的统治时期，表现得如此残忍，以至于人们常常认为他实际上已经疯了。除了试图回归逊尼派外——这本身并不一定是精神错乱的表现，他还进行恐怖统治，不仅针对失败方的支持者，还针对自己的家人。他可能效仿奥斯曼帝国淘汰多余王子的做法，出于政治稳定的考虑，他开始处死自己的兄弟和堂兄弟。但伊斯玛仪登基没多久，就在人们通常所说的神秘情形下死去了，很可能是死于谋杀。

　　他的死适时地拯救了尚在世的弟弟穆罕默德·胡达班达和他的三个儿子（有一子已被杀）。于是，穆罕默德成为沙，在位十年，但几乎不能说是亲政。

　　这位沙待在幕后。舞台被互斗的派系占据，其中有各种红头军团体、已故沙的姐姐帕里汗·哈努姆（Parī Khān Khānum）、穆罕默德的妻子马赫迪·乌利亚（ʿMahd-i Ulyā）、波斯人宰相米尔扎·萨尔曼（Mīrzā Salmān）、太子哈姆扎·米尔扎（Ḥamza Mīrzā），每个人都扮演着自己的角色。

　　奥斯曼人与乌兹别克人并没有浪费这次机会。奥斯曼军队于1578 年（伊历 986 年）入侵波斯领土，直到 1590 年（伊历 998年），战争才结束。他们吞并了波斯北部与西部的大片土地。乌兹别克人在强大的统治者阿卜都剌二世（ʿAbd Allāh II）的率领下入侵呼罗珊，并围攻赫拉特。这很像 16 世纪 30 年代那不堪回首的过往，但灾难对波斯人在剩余领土上的恶性内讧没有什么影响。最重要的叛乱发生在呼罗珊，穆罕默德·胡达班达的儿子阿拔斯·米尔扎（'Abbās Mīrzā）被派往当地担任总督，由来自沙姆鲁部落的红头军异密阿里·库里汗（'Alī Qulī Khān）监督。1581 年（伊历 989 年），阿里·库里汗宣布阿拔斯为沙，呼罗珊实际上已经脱离了中央政府。阿里·库里汗最终屈服了，被允许保留其职位，但呼罗珊的局势仍继续发酵。

1587 年（伊历 995 年），红头军异密、乌斯塔吉鲁部的穆尔希德·库里汗（Murshid Qulī Khān）重新发起了叛乱，他是马什哈德的总督，并拥有阿拔斯王子的监护权。这次叛乱取得了成功。他同阿拔斯一同向加兹温挺进。穆罕默德被废黜，而他的儿子登基为"阿拔斯沙"（Shāh 'Abbās）。似乎从未对统治波斯的事业有过多大兴趣的穆罕默德顺从地默许了此事。阿拔斯沙似乎待他父亲相当慷 128 慨，但记载的各种描述彼此冲突。穆尔希德·库里汗肯定以为自己得到一个听话的 16 岁皇室玩偶，但他大错特错了。

第十四章

萨法维帝国的巅峰
—— 阿拔斯一世沙的统治（1587—1629 年）

129 是否真的存在由阿拔斯沙统治的萨法维帝国是存疑的。塔赫马斯普沙时代，外部敌人占领了萨法维帝国将近一半的领土。就国家未被占领的地区而言，土库曼异密之间的派系斗争已经达到内战的程度，此时波斯残余的部分很可能被分解成一众土库曼人的诸侯小国。只有非常强大坚定的人才能将这一切归位。阿拔斯沙正是这样一个人，但即使在他的领导下，恢复和重建依然花费了数年时间。

波斯的重新征服

阿拔斯即位之初还不够强大，无法大举攻打奥斯曼人。无论如何，他都不能指望同时与奥斯曼人和乌兹别克人作战。事实上，在他开始对自己的帝国进行内部重组之前，他几乎无法指望在军事上取得多大成就。但这是一个漫长的过程，我们会在下文作为整体进行讨论。与以往一样，乌兹别克人是波斯两个传统敌人中不那么强大的一方。因此，阿拔斯决定先解决他们。为了放手一搏，他被迫于 1590 年（伊历 998 年）同奥斯曼人签订了屈辱的停战条约。波斯西部和北部广阔的地区，以及萨法维帝国原都城大不里士，都被割让给了奥斯曼帝国。虽然阿拔斯丢失了阿塞拜疆的大部分地区，他也设法保留了阿尔达比勒，那里是萨法维教团的总部，也是谢赫萨菲丁的圣祠所在。不过，停战条约中并没有太多慰藉波斯人情绪的内容。它只是对政治现实的承认。就目前而言，如果阿拔斯和萨法维王朝要存活下去，这一步是必须迈出的。

对乌兹别克人的胜利绝不是一蹴而就的。他们占据呼罗珊大部分地区以及更南面的锡斯坦长达十年时间。此外，坎大哈再次被莫卧儿人占领了。直到乌兹别克强干的阿卜都剌于 1598 年（伊历 1007 年）去世，波斯才有可能收复绝大部分的土地。赫拉特于 1598 年被夺回；到了 1602—1603 年（伊历 1011 年），虽然事情并未完全按照萨法维帝国的设想发展，但东部边境已经稳定。乌兹别克诸汗之间普遍的不和给阿拔斯很大的帮助。他同控制着木鹿、巴尔赫、阿斯塔拉巴德①（Astarābād）边界周边地区的几个可汗结成同盟。这一成功确实有限，直到 1622 年（伊历 1031 年）才最终从莫卧儿人手中收复了坎大哈。

东部边境适当稳固后，剩下的就是对奥斯曼帝国发起反击。战斗于 1605 年（伊历 1012 年）打响。这是一场漫长的战争，但总的来说波斯人胜利了。奥斯曼帝国军队在大不里士附近的苏菲扬

①　今伊朗境内戈尔甘。——译者注

130

（Sūfiyān）遭遇惨败，波斯西北部被收复。到 1607 年（伊历 1015 年），奥斯曼帝国军队已经被赶出《阿马西亚条约》所确定的大部分波斯领土。但战事一直拖延着，直到 1618 年（伊历 1027 年），奥斯曼人才承认阿拔斯对这些重新征服地区的权利。

即便那时，敌对状态仍未结束。17 世纪 20 年代，阿拔斯的力量已经强大到占领了迪亚巴克尔；1623 年（伊历 1033 年），又收复了丢失已久的巴格达。此前一年，阿拔斯从葡萄牙人手中夺回了波斯湾重要的国际贸易中心霍尔木兹岛（Hurmūz），尽管是在英国舰队的帮助下完成的。阿拔斯在位末期，1629 年（伊历 1038 年）的边界再次回到了一个多世纪前伊斯玛仪一世时的状态。自 1576 年（伊历 984 年）塔赫马斯普死后丢失的所有领土都被收复了，甚至还大幅扩张了边界。

内部改组

领土的收复与边界的扩张是相当大的成就，但这些胜利本身并没有解决萨法维帝国政权内部长期存在的问题。因此，军事上的成功和内部的改组难免同时进行。如果阿拔斯只将精力限于军事领域——努力驱逐乌兹别克人和奥斯曼人——他可能只会取得短暂的成功（尽管他也可能成功不了）。但再次陷入红头军的内讧，以及邻国夺取更多领土的潜在可能仍旧存在。事实上，阿拔斯发起的改革是重大社会转型的重要组成部分，这使萨法维王朝在其死后得以存续一个世纪之久，尽管他的后继者们总体上没有什么令人印象深刻的品质。

行动的直接动力就是需要将骚乱的红头军异密们置于沙有效的控制之下。阿拔斯从执政之初就表明想要实现这一目标，但他采取的措施远远不止单纯遏制急躁的部落首领。针对红头军反叛者和前反叛者的行动紧接着开始了。阿拔斯的保护人穆尔希德·库里汗被任命为瓦基勒，在他的协助下，沙采取了报复行动，特别是对那些他认为参与谋杀他的兄弟哈姆扎的红头军。但不久之后，阿拔斯显然认为穆尔希德·库里汗本人已经成为一个过于强大的臣子，于是下令杀死了这位瓦基勒。

萨法维家族政权的根本问题是它在波斯掌权的方式直接遗自它在军事上依赖的红头军部落民，他们的支持先是萨法维教团的支柱，接着是萨法维王朝的支柱。效忠作为萨法维教团首领的沙的宗教基础并没有消失，但阿拔斯在位时，这种基础显然比一个世纪前要弱得多。现下更多的是呼吁"沙萨瓦尼"——让那些热爱沙的人来辅佐他。

然而，这种支持不一定指望得上。红头军已被反复证明善变，他们对萨法维家族的效忠在实践中似乎并不排除支持家族中的王子对抗在位的沙。沙本人即位的情形足以让他明白这点。王朝若要实现政治稳定，所需要的就是对红头军的制衡。沙面对红头军的叛乱时，能依靠这支从百姓各阶层中招募的强大军事力量的忠心。

阿拔斯认识到他招募的来源主要是高加索人。这里他遵循了塔赫马斯普在位时定下的尚在萌芽阶段的先例。如今变得如此重要的

132 格鲁吉亚人、亚美尼亚人、切尔卡西亚人，部分是当时俘虏的后裔。而在 1603—1604 年（伊历 1012 年）亚美尼亚以及 1614 年（伊历 1023 年）和 1616 年（伊历 1025 年）格鲁吉亚的战斗中，阿拔斯又亲自抓了一批又一批的俘虏，令他们的人数大大增加。

阿拔斯继承的军队，除了相对较小的"火儿赤"部队外（他们是从红头军中挑选出来的土库曼人），并不是常备军。根据既定的制度，沙在必要时向各个红头军部落首领招兵。不过，由高加索劳动力"古拉姆"（ghulām，军队奴隶）组建的新部队将是一支常设军队，向沙本人负责，并由沙支付军饷。

这个过程在阿拔斯在位初期就开始了。新部队规模的人数已计算出来，也的确值得引用，但不能认为这些数字完全可靠。第一支编队是一支古拉姆部队，最后有 10000 人，其成员被称为"忽剌儿"（qullar）。这是一支骑兵队。随后又出现了其他创新：沙本人拥有一支 3000 名忽剌儿组成的私人护卫军；组建了一个炮兵团（tūpchīs），拥有 12000 人和大约 500 门炮；还从包括波斯农民在内的各种来源招募了一支 12000 人组成的步兵团，配备火枪。至少在理论上，这些构成了一支大约 37000 人的常备军。彼得罗·德拉·瓦莱（Pietro della Valle）是一位非常敏锐的意大利旅行家，他在阿拔斯在位时到访了波斯。他估计那个时代，波斯的军队——大概包括主要由红头军组成的各省军队——由 70000 至 80000 名战士组成，其中可以动员 40000 人至 50000 人投入任意一场战斗中。

向新常备军支付军饷需要彻底改变萨法维帝国的管理方式。红头军的军饷不由沙直接支付，他们靠恩赐给部落首领的行省税收过活（此时被称为"提余勒"而不是"莎余儿合勒"）。这种行省被称为"麦马立克"（mamālik）。这种方式类似于塞尔柱时代伊克塔制度的翻版——红头军首领在被召唤时，提供——或有望提供——固定数量的军队，作为回报，他们可以总督身份管理作为"提余勒"赐给他们的省。在中央政府软弱时期——这在萨法维王朝频繁出现——可能会大幅削弱沙对帝国的实际控制。

因此，当沙决定直接从王室国库向古拉姆军队支付军饷时，他没有充足的税收达到这一目的。中央政府从麦马立克获得的收入很少，全都充入国库用于帝国的日常开销，而非进入沙个人的金库。这类省级税收由"省务部"（Dīwān-i mamālik）管理。王室开销由沙直接管理的王室领地"哈撒"（khāṣṣa）支付。这种土地在阿拔斯沙执政之前业已存在，有时还有所增加。但在1587年（伊历995年）之前的混乱时期，这些土地已被严重侵吞。解决军饷的办法显然是增加可用的哈撒。实现这一目标的主要手段必然是将大量麦马立克转入哈撒名录下。

此事无法一蹴而就，但最终波斯很大面积的地区变成了哈撒。1588—1606年（伊历996—1014年），加兹温、卡尚（Kāshān）、克尔曼部分地区、亚兹德、库姆（Qum）等省不再作为麦马立克。这些行省的全部税收既不归国库，也不作为提余勒归红头军异密们所有，而是直接缴纳给沙。于是，阿拔斯拥有了维持新军队所需的资源。

麦马立克与哈撒之间的转换不仅仅是财政方面的。由沙直接统治的行省也不再由红头军的异密们支配。沙和红头军之间的权力平衡发生了根本性的变化。在这种情况下，阿拔斯沙进一步采取的措施也值得注意。在他即位之前，帝国采用分权方式管理，地方上的波斯家族在国家的某些地区保留了相当程度的自治权。这也被大幅削弱了。里海各省、卢里斯坦、拉尔（Lār）与锡斯坦变为由沙直接管辖。真正的自治权只留给格鲁吉亚、库尔德斯坦、胡齐斯坦与卢里斯坦剩余地区的世袭总督（"瓦里"，wālīs）。

实际上，萨法维帝国的行政权集中在沙手中，达到了以前无法比拟的程度。只要沙本人是位强大的统治者，他如今就有能力与资源来应对和粉碎所有内部挑战。即便沙本人无能——阿拔斯的许多继任者的确如此，对于红头军而言，篡夺沙的特权也不再如 16 世纪时那般容易。阿拔斯为王朝在他去世后存续一个世纪之久奠定了基础。

随着新的古拉姆部队被征募组建起来，且军饷得到落实，军队首领的地位也逐渐得到了巩固。早年古拉姆中最著名的是格鲁吉亚人阿拉维尔迪汗（Allāhvirdī Khān），他担任"忽剌儿阿哈昔"（qullar-āqāsi），即新组建的第一支大军的指挥官。后来他不仅成为总司令，还被任命为法尔斯省总督。他的管辖范围最终延伸到波斯湾。他的儿子伊玛目·库里汗（Imām Qulī Khān）继承了他的许多头衔。

134　　　到了阿拔斯沙在位末期，古拉姆在各省总督的占比中达到了总数的一半。据计算，他们的人数占所有重要异密的 20%。从当时最重要的史学家依斯干达别·孟希（Iskandar Beg Munshī）提供的信息来看，89 位最重要的异密中，74 位属于红头军，15 位属于古拉姆。这里值得注意的是，新军事阶层在权力和影响力方面取得的进展是多么大，然而，红头军绝没有被完全取代。他们对国家的束缚已经被阿拔斯沙强硬而有效的手段打破，在某些情况下，阿拔斯还通过分化部落并将他们安置在国内相隔甚远的地区来进一步削弱他们。例如，恺加部被一分为三，分别迁置到占贾①（Ganja）、阿斯塔拉巴德和木鹿。即便如此，红头军依然是国家中的一个重要元素，尽管不再那么核心，并继续为军队提供必要的分队。

新都城

1598 年（伊历 1006 年），阿拔斯将都城从加兹温迁至伊斯法罕。可疾云作为都城已有半个世纪，但它似乎并没有像先前大不里士那样发展成为一座大都市。正如我们之前所见，塔赫马斯普从大不里士迁出的动机相当明确。但阿拔斯又迁都的原因就不那么明显了。据说，他对伊斯法罕有着强烈的个人喜好。他可能觉得搬到自己最喜欢的城市会给自己建立理想的都城提供绝佳机会。伊斯法罕的位置比加兹温更居中，这可能是一个相关因素。它位于肥沃且水源充足的地区，扎因代河流经其内（这对波斯高原上的城市而言是不同寻常的）。

---

①　今阿塞拜疆共和国境内。——译者注

　　当然，伊斯法罕已经是一座伟大而著名的城市，其背后有着悠久而辉煌的历史，包括曾是塞尔柱人的都城。尽管阿拔斯及其继承者做了种种努力，但城里令人印象深刻且有趣的建筑仍然是阿拔斯到达前就已存在的聚礼清真寺（Masjid-i Jāmi‘）。它的建造时间很久，其最引人注目的特色可能是两座塞尔柱王朝时期的砖砌穹顶内室，以及伊利汗国的完者都汗下令建造的极其繁复的灰泥"米哈拉布"（miḥrāb）。

　　尽管如此，直至今日，伊斯法罕在相当大程度上仍是一座阿拔斯的城市。它是帝国城市规划的出色例证。宽阔笔直的查哈尔巴格大道（Chahār Bāgh，意为"四座花园"，表明其在萨法维帝国时期林木繁茂的特点）从扎因代河向北穿过以阿拉维尔迪汗名字命名的桥。查哈尔巴格大道右侧是这座萨法维帝国城市的中心——大广场（Maydān）。这座广场离北面的聚礼清真寺和老城中心有一段距离，是阿拔斯最壮观的杰作。广场曾被用作马球场（大理石球门柱仍在原处），沙会从西侧阿里喀普宫（‘Ālī Qāpū）入口的阳台观看这项运动。东侧是洛特福拉清真寺（Luṭf Allāh），这座美丽的小清真寺是为纪念阿拔斯在贾巴尔·阿米尔的岳父而建，并以他的名字命名。北侧是宏伟的巴扎入口（广场的两侧也排满了商铺）。

　　南侧是沙阿清真寺（Masjid-i Shāh）。尽管聚礼清真寺的优点是坚实，但沙阿清真寺可能是伊斯法罕最引人注目的景观。并非所有人都喜爱这座清真寺。20 世纪 30 年代出版的著名经典波斯游记的作者罗伯特·拜伦（Robert Byron）描述沙阿清真寺运用了"大面积的粗糙花砖"①。诚然,在艺术史学家挑剔的眼睛里,萨法维时代的彩绘瓷砖必须让位于帖木儿时代的马赛克作品。相对而言,沙阿清真寺的建造很匆忙。毫无疑问,阿拔斯渴望看到他的宏伟建筑在他有生之年能基本落成。可以肯定地说,沙阿清真寺和许多萨法维时代的建筑一样,在某种意义上是一种"电影场景"(film-set)的建筑。如果回头看,它并不那么令人惊艳。但对于许多来到伊斯法罕的游客而言,他们对沙阿清真寺的第一眼印象仍是震撼且难以忘怀的。

不过,伊斯法罕不仅仅是宫廷和文化的中心,它也是一个繁荣的经济中心。阿拔斯大力推动了伊斯法罕的经济,尤其是通过人口迁移政策。特别重要的是 3000 个勤劳的亚美尼亚家庭从西北方的朱尔法城②(Julfā)迁徙到位于伊斯法罕城外扎因代河南岸的"新朱尔法"(New Julfā)。今天,新朱尔法仍是亚美尼亚的飞地。当地的教堂展现了萨法维时代风格的穹顶,顶部有一个十字架。

对阿拔斯在位时期及其后的伊斯法罕最详细、最有洞察力的记录,来自这一时期越来越多前往萨法维波斯的欧洲人。贸易、外交和单纯的旅游是三个不同但往往相互关联的切入点。为了将这三点放入具体的语境中,有必要回顾早期的萨法维王朝。

16 世纪国际贸易史的背景是葡萄牙人的大航海,其中最具有里程碑意义的是瓦斯科·达·伽马(Vasco da Gama)于 1498 年开辟了

---

① B. Byron, *The Road to Oxiana*, London 1937, 197.
② 今阿塞拜疆共和国境内。——译者注

136　　一条通往印度的可行海路。16 世纪是葡萄牙人主导印度洋贸易的时代。1507 年（伊历 913—914 年），阿尔伯克基（Albuquerque）占领了波斯湾战略要地霍尔木兹岛。从 1515 年（伊历 921 年）起，这里成为葡萄牙人的基地。后来，葡萄牙人还获得了巴林。伊斯玛仪沙勉强接受了一支欧洲势力出现在自己帝国南部的海岸。但由于他没有海军，因此别无选择。随着时间的推移，海上航线的建立给横跨亚洲、途经萨法维帝国领土的陆路贸易路线造成了负面影响，尽管根据一位杰出的经济史学家的说法，陆路贸易路线仍继续蓬勃发展，直至 17 世纪欧洲人在印度开设了公司。[①] 英国人试图经由俄国与波斯开展陆路贸易来侧面包抄奥斯曼帝国。他们在俄国成立了一家公司，其代表安东尼·詹金森（Anthony Jenkinson）1557 年留驻在俄国与中亚，1561 年至 1562 年留驻在波斯。

英国东印度公司成立于 1600 年，荷兰人类似的公司成立于 1602 年。葡萄牙人的贸易垄断很快被打破。1615 年（伊历 1024 年），英国东印度公司在波斯市场站稳了脚跟，并于次年同阿拔斯沙达成协议，在波斯湾的贾斯克港（Jāsk）进行英国的布料和波斯的丝绸的贸易。正如我们所见，1622 年（伊历 1031 年），英国东印度公司协助波斯人将葡萄牙人逐出了霍尔木兹岛。但阿拔斯沙死后，荷兰人掌握了主动权，在这位已故沙的阿拔斯港（Bandar ʿAbbās）建立了一座香料工厂。

---

① See N. Steensgaard, *The Asian Trade Revolution of the Seventeenth Century*, Chicago and London 1974.

这种贸易联系，以及对其他联系的期望，将欧洲使节带到伊斯法罕，同时提议与波斯结盟对抗奥斯曼人。尽管带着这样的目的，交流的距离实在太远，困难实在太大，在政治阵线上几乎没有达成什么实际成果。但大使与其他人留下的旅途书面记录，尤其是1600年以后的，为历史学家提供了有关萨法维王朝生活与政治极为重要的资料——有关宫廷、沙的特点和外表以及那个时代的建筑（其中大部分已不复存在）。

值得一提的是其中一些最重要的内容。1598年，英国的两兄弟安东尼·舍利与罗伯特·舍利（Anthony and Robert Sherley）来到了伊斯法罕。翌年，安东尼作为阿拔斯的大使回到了英国。他对萨法维帝国军队的组织和装备的所谓影响是一则虚构的故事。但他的弟弟在当地待得时间更久，很可能对新军队及其火器的发展做出了一些贡献。最终他回到了英国，又被查理一世（Charles I）派回了波斯，与他同行的还有多莫尔·柯顿爵士（Sir Dodmore Cotton）率领的使团，其中的成员托马斯·赫伯特爵士（Sir Thomas Herbert）留下了宝贵的记录。

这一时期许多欧洲人到波斯旅游，只为体验乐趣。其中最有趣 137 的是前文提到的彼得罗·德拉·瓦莱留下的对阿拔斯和他那个时代的波斯的描述。17世纪后期，一位旅行者留下了有关萨法维波斯最完整的记录——其标准版足足有十卷——他就是让·夏尔丹（Jean Chardin）。夏尔丹是胡格诺派教徒，他作为珠宝商来到波斯，并在1666年至1667年，以及1672年至1677年两度居住在伊斯法罕。他懂波斯语，对他那个时代的伊斯法罕留下了非常完整的描述，甚至聘请了两位毛拉向他提供有关城中清真寺的信息（由于不是穆斯林，夏尔丹无法亲自进入）。他因自己的新教信仰被逐出法国，最终在英国去世。不过，他以约翰爵士（Sir John）的身份死后葬入了威斯敏斯特教堂。

最后，我们还应提到传教士。尽管阿拔斯在对待逊尼派信徒与什叶派异端时绝不是一位宽容的统治者，但在对待非穆斯林的态度上，他常常被拿来——或是公正地——同他的祖父塔赫马斯普沙对比，即便他并不总是宽容亚美尼亚基督徒。一个加尔默罗会传教团长期在伊斯法罕活动，他们留下的记录涵盖了相当长的时期。17 世纪中后期，一位名叫拉斐尔·迪芒（Raphael du Mans）的嘉布遣会修士在波斯生活了逾五十年（1644—1696 年）。他为法王路易十四（Louis XIV）的大臣科尔伯特（Colbert）写了一部《1660 年的波斯国》（*Estat de la Perse en 1660*）。

当时重要的欧洲旅行者还远没有止步于此。要列出所有的书目将会是一串很长的清单。特别是研究萨法维王朝统治第二个百年的历史学者，如果他没有这样的资料，就会陷入困境，因为幸存下来的编年史很少，大多数国家档案在 1722 年（伊历 1135 年）伊斯法罕落入阿富汗人之手时被毁。有人说欧洲观察者"不一定会问今天历史学者感兴趣的那种问题，也很少能触及宫廷和行省官场外的波斯文化和知识生活层面"[1]，这无疑是正确的。但令人遗憾的是，前现代中东史的大部分资料无论来源为何，也是如此。因此，我们

---

[1]　J. D. Gurney, "Pietro della Valle: the limits of perception", *BSOAS* XLIX/1, 1986, 103.

有充分理由感谢这些 16 世纪和 17 世纪大胆的使节、商人、传教士及游客。

阿拔斯沙的遗产

到目前为止，本章所述的大部分内容都是大力褒扬阿拔斯的。的确，对这位极杰出君主功绩的总体评价肯定是正面的。从在位之初几乎无望的局势开始，他将自己的王国在世上的地位提升至前无**138**古人，后无来者。他赶走了强大的外敌，保卫了波斯的边境。他果断地处理了萨法维帝国自成立以来就一直被困扰的派系争斗问题。在这一过程中，他至少在波斯社会的某些层面发起了一场社会变革，并建立起几乎不可挑战的王权专制。他为经济的繁荣提供了必要的环境和鼓励，也许还为自己的大多数臣民提供了至少还算过得去的生活。他把自己的新都城变成了世界上最伟大的城市之一。在这种环境下，他使艺术得以蓬勃发展。在一个如此依赖统治者能力和力量的时代和地方，这在很大程度上肯定归功于阿拔斯个人。我们没有理由去假设，倘若有其他王子接替了穆罕默德·胡达班达，是否必然会有类似的稳定和繁荣。而 1587 年（伊历 995 年），所有的迹象都表明波斯的前景黯淡。

但不可否任的是，阿拔斯的部分遗产产生了有害的影响。他被人们所纪念，就像萨珊王朝的霍斯劳一世一样，他是一位为人民伸张正义且不偏不倚的君主。然而，这种不可预知的慈善并不适用于他的主要追随者，甚至家人——他们有时面临着被随意处死。看起来，阿拔斯年轻时的经历，尤其是他即位时的情势，塑造了他无法改变的多疑性情。1615 年（伊历 1024 年），他的长子萨菲·米尔扎（Ṣafī Mīrzā）——王位的法定继承人——因涉嫌谋反而被处死。这位王子几乎可以肯定是无辜的，但当他的父亲意识到时，为时已晚。对这一行为的悔恨给他在位后期蒙上了一层阴影。另两位儿子也因类似的事由被弄瞎了双眼，由于王子失明被认为丧失了嗣位的资格，且其两个儿子先于他们的父亲离世，1629 年（伊历 1038年）时，阿拔斯的下一代中竟然没有可以继承其位的王子。

对未来政权更具破坏性的是阿拔斯针对王子的总体政策。在位早年，阿拔斯按常例派遣他们管理各省。但反叛的迹象连同阿拔斯自己当初取代父亲的回忆，使他终止了这种做法。取而代之的是，王子们被禁锢在后宫中，远离国家的杰出人士。因此，后来的国王从小就没有受过良好的教育（除了幼年即位的阿拔斯二世），通常对政府、行政或世界没有什么经验，反而受妇人和宦官过多的影响。在这种情况下，他们作为统治者的素质低下，不足为奇。尽管如此，萨法维王朝在它最伟大的沙死后又存续了一个世纪，这仍要归功于阿拔斯所奠定的坚实基础。

第十五章

萨法维王朝的第二个百年

这一时期的特征

　　1629 年（伊历 1038 年）阿拔斯一世沙的去世常常被视为萨法 140
维王朝统治终结的开始，是走向 1722 年（伊历 1135 年）沉重覆灭
的不可逆的衰落的开始。但正如罗默（H，R. Roemer）所言："这
种观点明显是不合理的。"[①] 历史学者们可能在潜意识里被爱德
华·吉本的有力表述过度催眠。实际上，正如我们在第八章中所
见，波斯的伊利汗国似乎在没有衰落的先兆下就崩溃了。虽然萨法
维帝国确实衰落了，但这种几乎持续了整个王朝一半的时间的衰落
作为一种解释方法不太有用。萨法维王朝在阿拔斯死后又存在了九
十三年——这比整个伊利汗王朝的时期都要长，比波斯的萨珊王朝
也短不了多少。我们若要理解萨法维王朝的第二个百年，我们必须

---

　　① H. R. Roemer, "The Safavid period", in P. Jackson and L. Lockhart（eds）, *The Cambridge History of Iran*, 6：*The Timurid and Safavid Periods*, Cambridge 1986, 278.

超越单纯的"衰落与灭亡"。

　　毫无疑问，除了阿拔斯二世之外，17 世纪的沙都没有达到阿拔斯一世作为统治者的水准，这至少部分归咎于后者将王子们囚禁于后宫的政策。在以君主专制为基础的政治体制中，这不是小事件。作为阿拔斯一世行政改革的结果，宫廷和都城比起 16 世纪集中了更多的权力。在位君主的个人素质确实很重要。然而，尽管一众沙都不具备阿拔斯那样出众的能力，但政府机器仍在继续运作，政权没有面临严重威胁。阿拔斯一世功绩的力度、有效性与持久性肯定都是这一结果的原因。

141

　　也许同样重要的是，萨菲一世（Ṣafi I，1629—1642 年，伊历 1038—1052 年在位）死后，萨法维波斯不得不在 17 世纪剩余的时间里面对来自外部的重大安全挑战。1629 年（伊历 1038—1039 年），波斯同最危险的敌人奥斯曼人之间爆发了战争。接下来的十年里，零星的战斗始终进行着。1638 年（伊历 1048 年），巴格达陷落，终究不再是波斯的领地。它成为奥斯曼帝国的一部分，直至第一次世界大战爆发。次年，两国签订了《祖哈布条约》（Treaty of Ẓuhāb）。波斯人不得不接受失去现在是伊拉克的整片领土，但波斯与奥斯曼帝国之间划定了界线，与现在波斯和伊拉克之间的界线大致相同。此后，两国之间再也没有开过战。

　　在帝国的另一端，与乌兹别克人之间的边界也不再令人担忧。波斯继续断断续续地参与希瓦①（Khieva）和布哈拉的乌兹别克统

---

① 今乌兹别克斯坦境内希瓦。——译者注

治者的事务［此时，这两地在札尼（Janid）家族的控制下，他们继承了昔班尼王朝］。乌兹别克人对波斯领土的掠夺性袭击是东部边境地区的一贯特征。自萨法维王朝创建以来，他们一直如此。而在 17 世纪，似乎从未有人想象过乌兹别克人征服呼罗珊。当然，这样的征服并没有发生，也不太可能发生。同样，尽管萨法维帝国与莫卧儿帝国对坎大哈的所有权一直存在争议，但同莫卧儿的关系是次要问题。总而言之，1639 年（伊历 1049 年）后，萨法维王朝几乎不再惧怕外敌。事实上，最终推翻王朝的也不是那些敌人，而是自己的一群臣民。

　　波斯史学者倾向于忽略 17 世纪。也许不是因为那是一个倒退衰落的时期，而是因为很少有真正令人震惊的事情发生。这意味着没有太多政治史可以叙述，但这当然不一定适用于社会史、经济史、宗教史和文化史。然而，没有大事发生绝不应该被视为是对当时萨法维王朝政权的负面评价。事实上，相反的评价或许更为公正。中国人有一句著名的咒语："愿你生活在有趣的时代。"① 17 世纪在波斯的历史上不是一个有趣的时期——鉴于 16 世纪和之前几个世纪的动荡，对此波斯人可能会深怀感激。如果要在波斯的往昔中选择一个生活尚过得去的时期，那 17 世纪中叶会是一个相当有说服力的选项。

---

① 这句表面上看似祝福的谚语应是杜撰，但 20 世纪以来流行于西方社会，其含义为"希望你在生活中经历更多混乱和麻烦"。——译者注

阿拔斯沙的继承者

142 由于自然和非自然的情形决定了阿拔斯沙的儿子或兄弟中没有一人可继承大宝，所以沙位传到了他的孙子，也就是被杀的萨菲·米尔扎的儿子，是为萨菲一世沙。饶有趣味的是，根据同时代对萨菲一世即位的记录来看，萨法维教团的成员发挥了重要作用，而在登基大典上，教团苏菲还举行了仪式。我们不该鲁莽地认为萨法维王朝原初的苏菲派源泉已经完全耗尽。萨菲一世是第一位在后宫中长大的沙，这体现在他对国家事务缺乏兴趣，或者除了酗酒和吸食鸦片之外，显然对其他许多事情都不感兴趣（他对酒精的沉迷在他不到 30 岁时要了他的命）。

  因此，实权掌握在高级文职和军职官员手中。但这些官吏的任期甚至生命和财产都没有切实的保障——萨菲一世确实将他理论上拥有的专制权力用于肆意处决任何引起他怀疑或厌恶的人。大多数王子，包括那些已经失明、对沙而言没有威胁的王子都被杀了，许多身居高位者也落得同样下场。最引人注目的失宠事件之一是富可敌国、权势滔天的伊玛目，阿拉维尔迪汗之子库里汗在 1632 年（伊历 1042—1043 年）同他绝大多数儿子一起被处死。这使得他先前管辖的法尔斯省——他和自己的父亲可能将当地的税收供沙用于维持古拉姆部队——被纳入哈撒之列。始自阿拔斯沙的越来越多新哈撒的过程贯穿于萨法维王朝后期，这似乎意味着中央政府并没有沦落到无能为力的地步。

1634 年（伊历 1044—1045 年），被称为萨鲁·塔基（Ṣārū Taqī）的米尔扎·穆罕默德·塔基（Mīrzā Muḥammad Taqī）成了宰相，并成功地在下一朝中连任，这对波斯而言可能是幸运的。他成了对政府影响最大的人。萨鲁·塔基有自身的缺点，他树敌过多（但这完全不意味着他是一个糟糕的宰相，对有些人而言他可能过于能干）。他的声誉极好，不仅是因为他的能力，还因为他是一个正直廉洁之人。此外，由于受捉摸不定的萨菲一世的信任，他得以一展身手，据说还令国家的税收达到了前所未有的高度。

1642 年（伊历 1052 年），萨菲一世去世，但萨法维帝国仍安全地运行着。它经受住了同奥斯曼帝国的最后一次大战，尽管失去了相当大面积的领土。而且，总体而言，尽管萨菲一世是一位不合格的统治者，帝国政府却高效能干。萨菲一世之子阿拔斯二世承嗣其位，在位时，后期的萨法维波斯的繁荣达到了鼎盛。

作为常例，这位新的沙当然也曾被禁锢在后宫里。但因为幼年登基，他的成长经历对他的性格并没有产生不良影响。由于年纪尚轻，阿拔斯二世在几年时间里还无法对政府施加太大影响。在位前三年，掌权的仍是萨鲁·塔基。而当阿拔斯二世最终得以亲自掌管事务时，他被证明是一位能力非凡的统治者，能够同王朝中除了其同名曾祖父外的任何一位成员媲美。

1645 年（伊历 1055 年），萨鲁·塔基被一个火儿赤巴失杀害。继任者是一位更随和的维齐尔——曾经担任这一职位的哈里发·苏丹（Khalīfa Sulṭan）。他担任宰相一职直至九年后去世，但实际上没有人再像萨鲁·塔基那般主掌国家事务。最终，随着年岁渐长、经验渐丰，沙本人成了自己政府的领导者。他并没有像他父亲那样怠于日常政事。

阿拔斯二世在位二十四年间，国家太平。这位沙抵御住了将波斯卷入奥斯曼伊拉克政治的诱惑，尽管如果他愿意的话，是有机会涉入的。他更愿意维护 1639 年（伊历 1049 年）同奥斯曼人达成的持久和平。唯一一次重大的海外冒险发生在东部。印度的莫卧儿人即使过了一个半世纪，依然不愿意放弃他们在中亚的帖木儿遗产。17 世纪 40 年代，沙贾汗皇帝（Shāh Jahān）的军队试图介入乌兹别克人的河中地区。这并没有成功，而且似乎激怒了阿拔斯二世，他于 1648 年（伊历 1058 年）向坎大哈这座长期存在争议的城市远征。坎大哈被占领，并在萨法维王朝剩下的岁月里一直留在波斯人手中。这座城市再也没有回归莫卧儿帝国。除此之外，阿拔斯二世在位期间唯一一次重大军事介入是内部问题引起的，特别是在高加索地区的格鲁吉亚人领地，这些领地在不同程度上受波斯人的控制。

阿拔斯二世有一件可被指摘的事——无疑是因为他没有打过大仗，通常只有规模很小的惩罚式远征——他允许萨法维军队的实力下降。如今已经不再像以前那样需要一支声势浩大、训练有素——因此开销巨大——的军队保持随时待命的状态。这在炮兵团中尤为明显。这种衰退是一个缓慢的过程，不过有一个著名的故事，讲的是在沙在位末期的一次阅兵中，同一支军队不得不从他面前经过好几次。

阿拔斯二世继续将国家中越来越多的地区纳入他的哈撒中，而他对自己地产的恰当管理有着不同寻常的个人兴趣。有时，他会介入，以保护农民免受腐败或过分贪婪的官吏的侵害。沙对秉公尚义的重视给当时波斯和外国的观察者留下了独特的印象。他深度参与其中，就像参与行政管理的其他方面一样。尽管阿拔斯二世有时候的确表现得非常残忍，并遵循惯例将萨法维家族中多余的成员弄瞎或处死，但就其臣民而言，他已经尽己所能，为他们提供了公正高效的政府。倘若他和伟大的阿拔斯一世一样长寿，他可能会统治波斯直至 17 世纪末。即使是在绝对君主制的情形下，我们也可以冒着夸大个人重要性的风险，推测波斯的历史走向或许会很不一样。

不幸的是，阿拔斯二世并没能摆脱萨法维宫廷中常见的恶习——酗酒、吸食鸦片以及过度纵欲。这些行为可能同萨法维教团的某种古老信念有关，即首领沙不会犯错，因此伊斯兰教法的禁律不适用于他。当然，有时宫中的放荡行为会引起什叶派乌莱玛的反感。他们也不满于沙的宗教宽容政策令基督徒——虽然并不总是犹太人——从中受益。有意思的是，我们发现阿拔斯二世时期波斯君主制中的宗教观念在三百年后以一种截然不同的形式流行了起来。旅行家夏尔丹报告说，他听到这样的观点："我们的王既不虔诚也不公正，他们的统治就是暴政，是真主从世上带走先知的合法继承人后，对我们施加的惩罚。世上的最高宝座只属于穆智台希德①（mujtahid），他是超越人类一般统治、拥有圣洁与知识之人。诚然，由于穆智台希德是神圣的，且因此是和平的，必须由王来挥舞刀

———————————

① 本意为"勤奋努力者"，指伊斯兰教教法和教义的权威学者。——译者注

剑，但他必须作为前者的大臣和下属才能这么做。"①

　　似乎没有证据表明这种观点在乌莱玛中占有主导地位，也没有
证据显示沙的地位实际上受这种言论的威胁。但像夏尔丹这样的外
国人听过这种观点，并认为值得报道，这本身就值得关注。这或许
是 17 世纪后期什叶派领袖影响力提升的兆头。它预示了什叶派内
部的发展，尤其是穆智台希德的地位——一个有权对教法和教义行
使独立判断并值得效仿之人——将在萨法维王朝覆灭后到来。对
此，我们会在第十六章中讨论。

　　阿拔斯二世卒于 1666 年（伊历 1077 年），年仅 33 岁，死因可
能是梅毒。作为统治者，他留下了当之无愧的美誉，以及两座在伊
斯法罕留存至今的著名纪念建筑。一座是横跨扎因代河的郝居桥
（Khājū），它是一座精心设计、令人满意的堰和桥的组合；另一座
是名为"四十柱宫"（Chihil Sutūn，实际上只有二十根柱子；四十
这一数字是由它们在建筑前方水池中的倒影组成的）的迷人宫殿。
不可否认的是，随着阿拔斯二世的去世，萨法维王朝的确开始衰落
了，但它依然存续了半个多世纪。

　　新任沙是阿拔斯的长子萨菲·米尔扎（Şafī Mīrzā），起初他的名
号是萨菲二世（Şafī II）。然而，他通常被称为苏莱曼（Sulaymān），
这是因为他在位的第一年半多灾多难，他认为最好从 1668 年（伊历
1078 年）开始使用新的名号。从某种程度上来说，如果这位沙想要

---

　　① J. Chardin, *Voyages ... en Perse*, *et autres lieux de l'Orient*, ed. L. Langlès, Paris,
1811, vol. 5, 215-16.

平静的生活，他很可能会认为改名之举是成功的。平静的生活并没把他变成一个顽强能干的统治者。苏莱曼有他父亲所有的缺点，甚至更多，却没有后者的优良品质或治理能力。他即位时还不到20岁，之前的生活当然是在后宫中的妇人和宦官的陪伴下度过的。

我们不能将苏莱曼在位期间直接发生的问题归咎于他，包括食物价格飞涨、饥荒和疾病的暴发、地震、哥萨克人对高加索地区的突袭。随着时间的推移，他并没有改变面对困境时的无能。在这以后，尽管更多的是靠运气而非判断，几乎没有比这些更严重的灾难要面对了。沙逐渐退居后宫，几乎不见臣僚。至于政策的制定，很大程度上受那些能够接触到沙的人——妇人和宦官——的影响，他们彼此钩心斗角，乐此不疲。随着中央的掌控逐步失效，苏莱曼父亲在位时期的显著特征——效率与正义开始丧失。腐败与压迫增多；国家的军力不断衰落。

然而，尽管形势一片黯淡，却没有人自食其果。苏莱曼在位二十八年，国家大部分时间处于和平的状态。他和阿拔斯二世一样明智地避开了外交纠葛，谢绝干涉奥斯曼帝国的事务，从而维护了1639年（伊历1049年）的和平。乌兹别克人一如既往的突袭没有造成什么影响。格鲁吉亚平静安宁。无论国家管理中存在什么缺陷，苏莱曼在位期间没有发生过什么严重内乱。这只能说，苏莱曼的先辈们，尤其是两位阿拔斯沙的成就之稳固足以承受至少一代人的无能与腐败。当苏莱曼于1694年（伊历1105年）去世时，萨法维帝国仍然完好无缺，却又交到了另一位不合格的统治者手中。他将是末代君主。

146

苏丹·侯赛因与萨法维王朝的灭亡

遗憾的是，苏丹·侯赛因沙（Shāh Suḷān Ḥusayn）在许多方面与他父亲的性格相似。传闻说，他是被宫廷宦官拥立为统治者的。比起他潜力巨大、精力充沛的弟弟阿拔斯·米尔扎（ʿAbbās Mīrzā），宦官们更喜欢他。因为他们想要平静的生活和一位容易操控的沙。苏丹·侯赛因与苏莱曼的不同之处在于，他在一定程度上受到了什叶派乌莱玛的影响。我们发现他们在苏丹·侯赛因在位期间成为萨法维王朝宫廷中派系斗争的新元素。

乌莱玛在国家事务中的重要性一直在增长。我们不再听到阿拔斯二世时代偶尔出现的宗教人士不满的喃喃低语。苏丹·侯赛因为他们新设立了一个职位，即"毛拉巴失"（mullā-bāshī），他在宗教建制中的位阶很高。苏丹·侯赛因在位初期，一位名叫穆罕默德·巴克尔·马吉里西（Muḥammad Bāqir Majlisī）的毛拉占有举足轻重的地位。沙在很大程度上受他控制，在制定宗教政策时任其为所欲为。在马吉里西的要求下，之前相对的宽容已经过时。基督徒和犹太人受到了恶劣的对待，哲学家和那些按照穆智台希德的标准不够正统的穆斯林也受到恶劣对待。他们中还包括了苏菲派成员，但国家对苏菲教团的否定至少可以追溯到阿拔斯一世在位时。其造成的更严重的政治后果是逊尼派也受到了什叶派乌莱玛的弹压。

萨法维帝国的穆斯林向什叶派的转变从未完成。特别是沙在现在的阿富汗领地上的臣民仍是逊尼派信徒。政府反逊尼派的新政策在帝国的这一地区引发了一系列叛乱。这些叛乱一度得到了控制，尤其是在 1704 年（伊历 1116 年）古尔金汗将军（Gurgīn Khān）被任命为当地总督后，他和许多萨法维王朝末期的主要军事人物一样拥有格鲁吉亚血统——事实上，他曾是格鲁吉亚的卡特利王国的国王乔治十一世（Giorgi XI of Kartlia）。但沙未能给古尔金汗有效的支持，于是叛乱再次爆发。苏丹·侯赛因在位的大部分时间里，坎大哈的阿富汗吉尔扎伊部（Ghilzai Afghans）实际上是独立的。如果说他们对帝国的威胁有限，那部分是因为他们正与另一群阿富汗反叛者——赫拉特的阿卜达里部（Abdālīs）剑拔弩张。

到 1720 年（伊历 1132 年），帝国外围的许多地方爆发了叛乱和政治动荡——高加索、库尔德斯坦、胡齐斯坦、东南部——而阿曼的伊玛目正威胁着波斯湾沿岸。位于伊斯法罕的政府不知该向何处求援，也不知该做什么。宰相法特赫·阿里汗·达吉斯坦尼（Fatḥ ʿAlī Khān Dāghistānī）同他的侄子、法尔斯总督卢图夫·阿里汗（Luṭf ʿAlī Khān）起初决定击退乌曼的威胁。但与此同时，来自阿富汗人的危险再度出现，这位维齐尔和他的侄子在采取更多反击措施之前就被宫廷阴谋推翻了。

年轻的吉尔扎伊部王子马赫穆德（Maḥmūd）此时在坎大哈坐镇。他曾于 1719 年（伊历 1131 年）行军至克尔曼，但不得不返回家乡应对当地的反对派。1721 年（伊历 1133—1134 年），他再度出发，很难确定他是否真的打算推翻自己的萨法维宗主。他未能夺下克尔曼和亚兹德，但仍旧向伊斯法罕进军。1722 年 3 月（伊历 1134 年 5 月），他在距离都城以东几英里的古尔纳巴德（Gulnābād）与萨法维军队相遇。

尽管萨法维军队在过去的几十年中衰落了，但这场战斗的结果本不该有太大疑问。波斯军队的规模比马赫穆德的大得多，且配备火炮。这支大军至少有相当数量的连队经验丰富。萨法维军队在战争初期的确是成功的，但不久之后，波斯一方暴露出缺少统一指挥的致命伤。协调有序的阿富汗人最终赢得了胜利，被击溃的波斯人则逃往了伊斯法罕。几天后，马赫穆德尾随而来，并围攻了这座城市。沙已经输了一场战役。但就因为没有采取进一步有效的措施对付敌人，他输掉了整个战争，丢了王位，最终没了性命。

围城持续了七个月，许多伊斯法罕的居民在后期死于疾病和饥饿。10月，苏丹·侯赛因投降并退位，宣布马赫穆德作为继承人是波斯之沙。城市遭到了严重破坏——包括了据说将国家档案倾倒入扎因代河——尽管按照成吉思汗或帖木儿的标准，这些洗劫算不上什么。萨法维家族的王子们作为政治棋盘上的兵卒一直存在，但自伊斯兰教兴起以来波斯持续时间最长王朝的统治结束了。与其说是战败和被征服，不如说是崩溃。吉尔扎伊部很快就发现，夺得都城和沙的身份并没能使他们成为帝国实际的统治者。对于一个几乎没有什么可取之处的统治而言，这是一个特别不光彩的结局。或许只有看过苏丹·侯赛因母亲的查哈尔巴格经学院（Madrasa-i Chahār Bāgh）这萨法维王朝最后一座伟大的建筑——事实上，这可能也是迄今为止最后一座伟大的波斯建筑——才会意识到可以宽容他一些。

萨法维王朝灭亡的原因从以上叙述中可以很明显地看出来：统

治者个人素质的下降，部分归咎于他们在后宫中长大；与此相关的是后宫妇人和宦官过度干政；政府效率的衰退以及军队效能的灾难性下降。或许可以说，自阿拔斯二世去世后，几乎任何时候一场坚定的外部攻击都可能推翻萨法维王朝。对萨法维沙和波斯人民而言，侥幸的是，在吉尔扎伊部马赫穆德率领他那不怎么强大的军队出发前往伊斯法罕之前，碰巧没有其他人试过。

第十六章

18 世纪的波斯

149   18 世纪对波斯而言不是一个幸福的时期。堕落的萨法维政权倒台后，几十年来没有一个人或一个群体真正恢复过整个国家的稳定。纳迪尔沙的确恢复了政治上的统一，甚至迄今为止最后一次扩大了波斯的边界。但他领导下的统一，从某些方面而言，可能与无政府状态一样不可取。卡里姆汗·赞德（Karīm Khān Zand）在国家的大部分地区施行了一段时间仁政，但直到 18 世纪末阿迦·穆罕默德汗·恺加（Āghā Muḥammad Khān Qājār）登基后，统一和稳定才勉强称得上是恢复了。但这并不意味着这段时期完全没有进展——特别是在波斯伊斯兰教什叶派内部有了重要的发展，其影响一直持续至今。

纳迪尔沙的生平

阿富汗吉尔扎伊部碰巧于 1722 年（伊历 1134—1135 年）推翻了萨法维帝国，但并没能长期控制波斯。实际上，他们根本没有控制这个国家的大部分地区。他们确实掌控了最后一位成熟的萨法维沙苏丹·侯赛因本人；而他尽管受到胁迫，却确实承认吉尔扎伊部的马赫穆德为自己的继任者。阿富汗人在占领伊斯法罕时，还抓获了其他一些萨法维王子。这些人同暂时受到优待的前任沙囚禁在一起。但后来，马赫穆德处死了许多王子，其中一些是他亲手所杀；1726 年（伊历 1139 年），他的继承人处决了苏丹·侯赛因。

不过，这不是萨法维王朝最后的声音，但这个王室再也没有代表能够恢复实权。萨法维王朝统治波斯的时间异乎寻常得久，达到了二又四分之一个世纪。波斯人很难接受伊斯玛仪一世和阿拔斯一世后人的统治不复存在。尽管萨法维王朝过去几十年的统治衰败堕落，但王朝的威望不仅经久不衰，而且还促成了如今已牢固确立的国教的引入，没有在一夜之间消失。在接下来的一段时间里，许多为波斯的权力而斗争的人声称是代表"合法的"萨法维王位继承人行事，并在他们的宫廷内供养着顺从的萨法维家族成员，目的是展示并为其野心提供合法性。

伊斯法罕沦陷后，一位萨法维王子在该国北部阿富汗人未能占领的地区自立为沙。波斯其他的外部敌人并没有错失良机。俄国军队进军该国西北部，而奥斯曼人占领了西部大部分地区，一直延伸到哈马丹和克尔曼沙赫地区。

吉尔扎伊部的马赫穆德于 1725 年（伊历 1137 年）被杀，他的侄子阿什拉夫（Ashraf）继任为阿富汗统治下以伊斯法罕为中心的波斯部分地区的沙。但阿什拉夫的权力岌岌可危，因为他未能守住吉尔扎伊部在坎大哈的大本营，而马赫穆德的儿子在当地夺取了王位。1729 年（伊历 1142 年），阿什拉夫被阿夫沙尔部的纳迪尔沙

150

推翻。1730 年（伊历 1142—1143 年），第二位也是末代阿富汗沙也被杀。吉尔扎伊部在波斯的短暂治理，或者说治理无方结束了。

此时开始崭露头角的纳迪尔沙来自伟大的红头军阿夫沙尔部。作为一个干练的将军，他在波斯北部集结了一支军队，在得到北方的萨法维王位主张者塔赫马斯普二世（Ṭahmāsp II）的支持后，他推翻了最重要的对手、红头军恺加部的法特赫·阿里汗。他取名"塔赫马斯普库里"（Ṭahmāsp-qulī），意为塔赫马斯普的奴才。纳迪尔沙一点也不像个奴才，但他确实承认塔赫马斯普二世为沙，至少名义上是如此，直到 1732 年（伊历 1145 年）。此后的四年里，他承认塔赫马斯普二世还在襁褓中的儿子为沙，称为"阿拔斯三世"（ʿAbbās Ⅲ）。

但到了 1736 年（伊历 1148 年），纳迪尔沙显然感到自己的地位是如此牢固，以至于自己不再需要躲在一个名义上的萨法维沙的背后。因此，他在阿塞拜疆的穆甘（Mūghān）主持了一次集会，并以蒙古语称之为"忽里勒台"。出席忽里勒台的显贵——军队将帅、官吏、乌莱玛——对纳迪尔言听计从，并宣布他为阿夫沙尔王朝首位沙。纳迪尔沙开始了他注定辉煌的军事征服生涯。

151　　　他首先将注意力转向奥斯曼帝国。1730 年，他从奥斯曼人手中重新征服了波斯西部和北部，直至大不里士。1732—1733 年（伊历 1145 年），他围攻巴格达——虽然没有成功，但这一威胁足以说服奥斯曼人同意将波斯与奥斯曼帝国的界线恢复到 1639 年（伊历 1049 年）的状态。君士坦丁堡的政府并未立即批准该协议，但迫于 1736 年（伊历 1148—1149 年）北部发生的更激烈的战斗，最终接受了该协议。纳迪尔沙没有同仍占领波斯北部部分地区的俄罗斯人发生冲突。当他们明白自己所占据的地区不会被奥斯曼人占据，但会落入纳迪尔沙的手里时，他们撤退了。在他们看来，纳迪尔沙的威胁较小。

接着，纳迪尔沙开始进攻阿富汗人。最初他的目标是为波斯王室收复坎大哈，但 1738 年（伊历 1150 年）实现这一目标后，他又相继占领了加兹尼、喀布尔和白沙瓦（Peshawar）。这些进展为他指明了印度传奇财富的方向。那里的莫卧儿帝国已经过了巅峰期，于是纳迪尔沙得以占领拉合尔，然后在卡尔纳尔（Karnāl）与莫卧儿军队相遇并击败了对方（1739 年，伊历 1151 年）。他占领并洗劫了德里，带着大量战利品回国，其中包括莫卧儿皇帝著名的孔雀宝座。他无意留下统治印度。这只是一次大规模的掠夺性远征，就像 1398 年（伊历 801 年）帖木儿的那次远征一样。

1740 年（伊历 1153 年），纳迪尔沙袭击了波斯沙们的宿敌——河中地区的乌兹别克人。他占领了布哈拉和希瓦两座城池，留下布哈拉汗作为附属国统治者。但他将乌浒河沿岸的土地并入了波斯。最后，纳迪尔沙的军队在 1736 年至 1744 年（伊历 1149—1157 年）占领了阿曼。这些征服使波斯帝国的重心本质上移到了东方，纳迪尔沙将来自波斯西部的大量部落民重新安置到了这里。他进而决定将都城迁至呼罗珊的马什哈德。新都城对纳迪尔沙来说还有一个优势，就是紧挨着他最喜爱的避难地——被称为 "喀拉特·纳迪里"（Kalāt-i Nādirī）的险峻的山地堡垒。

尽管如今都城所在的城市以拥有什叶派第八代伊玛目礼萨的圣

陵为最大荣耀——实际上也是这座城市存在的理由——纳迪尔沙为使波斯脱离国家支持的十二伊玛目派做了最后尝试。他试图接受的是比仅仅放弃什叶派而支持逊尼派更微妙的方案——他赞成通过将什叶派当作第五大"麦兹海布"（madhhab，伊斯兰教法学派）加入逊尼派的四大学派，使其能够融入逊尼派。该教法学派被称为"贾法里派"（Ja'farī），源于受普遍尊敬的什叶派第六代伊玛目贾法尔·萨迪赫（Ja'far al-ṣādiq）。这种方法至少包括了让什叶派信徒放弃一些令逊尼派反感的做法，尤其是"撒布"（sabb，污蔑前三代哈里发）和"拉夫德"（rafḍ，拒不承认前三位哈里发的正统性）。

　　纳迪尔沙的计划在波斯引起了极大反感，而整个逊尼派世界都不愿与之产生纠葛，除了伊拉克的宗教权威，在纳迪尔沙入侵期间受到威胁，临时同意接受十二伊玛目派作为第五大麦兹海布。该计划最终落空。很难说清纳迪尔沙部分扭转萨法维宗教安排背后的动机是什么。纳迪尔沙本人作为红头军主要部落的成员，与其他人一样都有什叶派背景。有人认为，他试图降低他所取代的萨法维王朝在宗教上的威望；抑或他觉得波斯什叶派的"正统化"（legitimation）是在他领导下全面征服并统一伊斯兰世界的必要前提。还有人想到纳迪尔沙的许多士兵，尤其是阿富汗人，都是逊尼派信徒，用这种方式安抚他们或许是出于政治上的考量。

　　纳迪尔沙成功地组建了一支由什叶派波斯人和逊尼派阿富汗人组成的声势浩大、战功赫赫的军队。他作为军事领袖所拥有的能力无疑是相当高的。但在其他方面，很少有关于他的正面评价。他几乎不关心国家或臣民的福祉。他对满目疮痍的土地提出了大量的税收要求，将那些无力支付的人处以死刑。他独揽一切权力，使得传统波斯官僚机构效率下降的情势加剧。

纳迪尔沙晚年，反抗他专制统治的起义开始爆发。而他变得越发疯狂残忍。到最后，连他的族人都觉得他过于危险，不敢靠近。1747年（伊历1160年），红头军中一群人杀死了他。他的军队立刻变成一盘散沙。阿富汗领袖艾哈迈德汗（Aḥmad Khān）离开波斯返回了家乡，并在那里建立了杜兰尼部（Durrānī）的帝国——有些人将他视为现代阿富汗的缔造者。纳迪尔沙的家族无法维持阿夫沙尔王朝在波斯的统治，但其中一人——失明的沙鲁赫（Shāh Rukh）——的确牢牢控制了都城马什哈德及呼罗珊省近五十年。

卡里姆汗

纳迪尔沙遇刺身亡后，在混乱中一位重要的领袖在波斯崛起。他曾在纳迪尔沙军中服役，但未在他手下担任将军。他就是赞德部的卡里姆汗。赞德部是一支居住在波斯西部扎格罗斯山脚下马拉耶尔城（Malāyir）附近的游牧少数民族。赞德人属于伊朗民族，他们统治的几十年可算是从塞尔柱王朝至20世纪间为数不多的几个在某种意义上可视为"波斯民族"行使政治实权的时期之一。

起初，赞德人同波斯西部一个更为重要的牧民群体巴赫蒂里亚部结盟。卡里姆汗和巴赫蒂里亚部阿里·马尔丹汗（ʿAlī Mardān Khān）担任萨法维王朝名义上的统治者伊斯玛仪三世的摄政。但这一联盟并没有持续下去。1754 年（伊历 1167 年），阿里·马尔丹被杀。在接下来的几年里，卡里姆汗淘汰了这一地区的其他几个争权者。其中最重要的是占领了阿塞拜疆的阿富汗人阿萨德汗（Āzād Khān）和恺加部的穆罕默德·哈桑汗（Muḥammad Ḥasan Khān），后者是阿迦·穆罕默德汗的父亲。阿迦·穆罕默德汗是恺加王朝第一任沙，该王朝于 18 世纪末在呼罗珊取代了赞德人和阿夫沙尔人的统治。有人认为，倘若穆罕默德·哈桑在 18 世纪中叶就能建立恺加王朝，从长远来看，这对波斯会更好。这种观点有一定道理。那时，这个国家可能会免于遭受诸多无政府状态和苦难，以及阿迦·穆罕默德汗那骇人听闻的残忍行径。但这终究只是推测，不是历史。

事实是，卡里姆汗的确为波斯大部分地区带来了一段受欢迎的插曲，他公平合理的政府持续了四分之一个世纪。卡里姆汗一直享有波斯"优秀"统治者的美誉，尽管可能没人会为这个头衔争得头破血流，但这一看法大体来说的确有理。然而，18 世纪 60 年代初，无论出于何种原因，卡里姆汗在他最后的时日里几乎和纳迪尔沙一样危险。有人认为这是疾病所致，的确可能如此。无论如何，卡里姆汗的这种行为肯定是反常的。

卡里姆汗将国家南方的设拉子立为都城，并在当地大兴土木。留存下来的重要建筑包括由他下令兴建的清真寺和巴扎——瓦基勒清真寺（Masjid-i Wakīl）和瓦基勒巴扎（Bāzār-i Wakīl）。赞德王朝的建筑引来了仰慕者，这种方式无疑很令人愉悦。正如这些建筑的名字所示，卡里姆没有采用沙的头衔。他满足于被称为"瓦基勒"——理论上是萨法维王朝沙的副手或代表——并让伊斯玛仪三世继续担任名义上的沙。

然而，自 1765 年（伊历 1179 年）起，他的确改变了自己头衔的形式。先前，他的头衔是"瓦基勒道拉"（wakīl al-dawla），后来又改为"瓦基勒拉雅"（wakīl al-raʿāyā）。由于"道拉"（dawla）具有"王朝"的意思，而"拉雅"（raʿāyā）则是"臣民"的意思，因此有人认为，卡里姆汗把自己看作"百姓的代表，而非政府的代表"①。这种观点可能带有一种不合时宜的民主色彩，但卡里姆汗可能的确是在争取民众的支持。

卡里姆汗的统治见证了在纳迪尔沙的古怪试验失败后，十二伊玛目派重新确立。设拉子城中以十二位伊玛目的名字命名了十二个区便是象征。世俗权力的这种庇护无疑受到了欢迎，但什叶派当权者不再像萨法维时代那样依赖执政家族并与其保持紧密联系。卡里姆汗并未自称为伊玛目的后代，将什叶派加诸波斯也与其家族无关。

在成功争得了波斯的权力后，卡里姆汗并没有过多沉迷于军事冒险。他的政府朴素节俭，量入为出，视不必要的战争为昂贵的奢侈品。事实上，他没有在自己领土以外的地区发动过战争，除了 1775 年（伊历 1188 年）至 1776 年（伊历 1190 年）对伊拉克南部的一次进攻。这次进攻导致巴士拉港（Baṣra）被包围占领。就卡

154

---

① J. R. Perry, *Karim Khan Zand: a History of Iran, 1747-1779*, Chicago and London 1979, 216.

里姆汗而言，这次不寻常的行动至少有两个目的——担忧波斯人无法前往位于奥斯曼伊拉克的伟大的什叶派圣祠，以及若有可能，想将贸易从巴士拉转移到波斯人手中的港口。

可以说，卡里姆汗的成就是谦逊但扎实且值得的。对他最大的批评是他未能为嗣位做出明确充分的指示。赞德部的其他王子远不具备卡里姆汗作为普通人或统治者的品质。1779 年（伊历 1193 年），卡里姆汗去世后，随之而来的又是一个无政府状态的时期。接下来的十五年动荡里，恺加人称霸了。他们的首领是能干但残暴的阿迦·穆罕默德汗，他对赞德王朝末代统治者卢图夫·阿里汗（Luṭf ʿAlī Khān）施以酷刑，并于 1794 年（伊历 1209 年）处死了他。1796 年（伊历 1210 年），他又用相似的手段对付了呼罗珊的阿夫沙尔王朝统治者沙鲁赫。次年，他被自己的两个仆人暗杀，大概是为了平民愤。随着他的侄子法特赫·阿里沙（Fatḥ ʿAlī Shāh）即位，恺加王朝在波斯站稳了脚跟。

如果说波斯历史上的"中古时代"（medieval）和"近现代"（modern）之间有一条分界线，那么最合理的节点就是恺加王朝的开端。有些人认为萨法维家族是现代波斯的开创者，部分原因在于他们确实带来了变化，特别是明确国家边界以及将什叶派作为官方的伊斯兰教形式。但人们可能会质疑，西方历史学者太容易被单纯一个日期所迷惑——伊斯玛仪一世于 1501 年（伊历 907 年）登基，这与传统上被视为近现代欧洲史开端的时期非常吻合。然而，在这个节点上，波斯并没有什么突破堪与文艺复兴和宗教改革所象征的欧洲发展变化相比。西方的分类与分期不能简单地全盘照搬到伊斯兰世界中。在那里，与"近现代化"（modernization）和西方压倒性的影响有关的真正重大的社会变革发生在 19 世纪。这就是波斯和中东近现代史的开端。本书所涵盖的时期——可以恰当地称为波斯中古史——就其自身而言，确实具有真正的统一性和连贯性。

18 世纪宗教的发展

　　政治上，18 世纪的波斯可能处在混乱之中，卡里姆汗在设拉子的统治只是部分缓解了这种状态。但对于从伊斯玛仪一世在位时起就成为波斯官方宗教的伊斯兰教什叶派十二伊玛目支派来说，这是一个奠定重要基础并定分止争的时期，三个方面的发展具有特别的意义。

　　第一，18 世纪见证了什叶派日益脱离对国家的控制。萨法维家族统治时期，由于他们同什叶派密切的关联，这一信仰在某种意义上几乎成了国家的一个部门，即便是宗教人士个人，诸如穆罕默德·巴克尔·马吉里西，在王朝后期的影响力也越来越大。在它失势之后，迎来的是逊尼派阿富汗人与准逊尼派（quasi-Sunnī）纳迪尔沙的统治。什叶派同国家之间的紧密联系被打破，尽管卡里姆汗对待什叶派态度仁慈，但断裂并没有被修复。

　　恺加人于 18 世纪末成为波斯的沙后，并没有自称伊玛目后裔。什叶派学会了脱离国家，不依靠政府处理其事务。在这种情况下，在第十二代伊玛目隐遁的情况下，什叶派对世俗政府正统性的基本怀疑得以浮出水面。这种观点在萨法维王朝时期就已被提出，只是从未变成主流，至少在公共场合是如此。但在恺加王朝时期，什叶派同波斯国家之间的关系比萨法维王朝时期更紧张。这并不是说，某些人在 20 世纪后期得出的有关世俗政府合法性的激进的结论适用于 18、19 世纪。双方都承认，在政治现实上存在调和与妥协。两者都不急于生死相搏。但"教会"与"国家"间发生严重冲突的可能性摆在那里。

156　　　第二个重要的发展产生于什叶派内部对信仰的确切性质是什么的争论。这场争论主要在伊拉克拥有什叶派圣祠的城市中进行，而不是在波斯内部。也许值得指出的是，什叶派乌莱玛后来发现他们最神圣的圣祠和最高级的代表都在波斯沙政治控制范围以外的地区。

　　　争论的两派被称为"阿赫巴尔派"（Akhbārīs）和"乌苏尔派"（Usūlīs），而争论本质上是关于乌莱玛行使"伊智提哈德"（ijtihād）——独立的判断——是否合法的问题。阿赫巴尔派坚信，在第十二代伊玛目隐遁的情形下，不可能有"伊智提哈德"。他们认为，第十二代伊玛目再临前，他的追随者仅限于学习运用"哈底斯"（ḥadīth）——先知穆罕默德的圣训（Traditions of the Prophet），而在什叶派的传统中，也包括了伊玛目们的圣训——而"阿赫巴尔"（akhbār）是该派用来指称圣训的另一个词。圣训是穆罕默德或伊玛目们的言行记录，其真实性由一系列（isnād，传述世系）的个体保证，这些个体要么是当事人，要么据称是事件的实际见证人。圣训被用来赋予教法或教义裁判以权威性，但在很多情况下系伪造。阿赫巴尔派的观点——在什叶派的语境中与正统逊尼派的立场并非完全不同——支持先例的权威性并视"阿里姆"① （ʿālim）的创新为异端，无论阿里姆多么精通伊斯兰教法。这是一种保守的神学观和律法观。采纳这种观点会限制乌莱玛的地位和潜在的权力。

乌苏尔派认为运用"伊智提哈德"是合法的，而且实际上是被迫的。在他们看来，忠实的什叶派信徒应该为自己选择一位受同行认可适合行使"伊智提哈德"的阿林（他也因此被称为"穆智台希德"），服从他的裁判，并在教法事务上以他为榜样。尽管穆智台希德的地位取决于其学识的深度——过去的教法知识——但乌苏尔派相信，在世穆智台希德的裁判应始终优先于私人的裁判。因此，接纳他们的立场等于为锐意创新提供了空间，并为乌莱玛获得更大的影响力打开了大门。还有一种可能性也被他们接受，即可能有一位或多位穆智台希德，他们的学问如此之高，影响如此之大，以至于他们的裁判效力高于所有同时代人的裁判。这些人被赋予了"玛尔札·塔格利德"（Marjaʿal-taqlīd，意为"效仿之源"）的尊称。

阿赫巴尔派在 18 世纪上半叶占据主导地位，但此后，乌苏尔派占上风，特别是在长寿的穆智台希德比赫比哈尼（Bihbihānī，1705—1791 年）的领导下。尽管阿赫巴尔派的观点没有被完全压制，但在恺加王朝及之后的时期里，乌苏尔派成了波斯什叶派信仰的固定形式。 157

---

① 阿拉伯语"乌莱玛"（ʿulamā）的单数。

　　最后，值得注意的是，18 世纪见证了"泰尔则叶"（ta'ziya）的逐渐盛行，这是一种与卡尔巴拉之战（Battle of Karbalā，680 年，伊历 61 年）特别关联的受难剧。在这场战役中，什叶派第三代伊玛目、阿里之子、穆罕默德之孙侯赛因（Ḥusayn）死于倭马亚哈里发叶齐德（Yazīd）的军队之手。泰尔则叶受到了乌莱玛的质疑，因为这种受难剧来源于民间，超出了他们的掌控。但它从未被成功压制，而在什叶派同国家之间发生冲突时，它被当作一种传神的范式。沙被视为压迫者，他的行为相当于反伊斯兰教，有时被比作剧中的叶齐德。

　　因此，即便按照昔日波斯的严格标准，18 世纪的政治史在很大程度上依然是阴沉惨淡、混乱无序的，但在其他方面具有重大的创新意义。什叶派内部变化的长久重要性无须进一步强调。了解 18 世纪以及伊斯兰波斯早期几个世纪所发生的事，对于每一位希望了解今日波斯演进的人而言，都是必不可少的前提。这不是研究波斯历史的唯一理由，甚至不一定是最好的理由，却是一个站得住脚的理由。

后　记

本书完成于 1987 年初。因此，有些提法难免带有那个时代的
气息，且已经过时——例如，所提到的"中亚苏维埃国家"，苏联
当然已经成为既往历史的一部分。本书试图涉猎的许多关于波斯历
史跨度的新研究自 20 世纪 80 年代以来陆续有作品出版，而我们对
波斯往事诸多方面的看法发生了转变，有时变化相当大——尽管在
大多数情况下，本书呈现的论点看起来仍然有效。尽管如此，学者
或普通读者若想要了解从塞尔柱人的到来到 18 世纪末这段时间的
波斯，比起 25 年前，如今有更多东西值得阅读。我不可能讨论全
部，甚至大部分，但是至少讨论一下近期学术研究中的亮点似乎是
有益的。但大部分会局限于英语成果。

现在有几部单卷本波斯史。就对这个国家及其文化和历史的简
介而言，没有比安萨里的《伊朗：一则非常简短的介绍》（*Iran：A
Very Short Introduction*，Oxford，2014）更好的了。埃尔顿·丹尼尔
（Elton Daniel）的《伊朗史》（*The History of Iran*，Westport，2001）
尽管出自一位出色的中世纪研究者，但由于该书出现在一系列"现
代国家史"（Histories of the Modern Nations）丛书中，故而对本书这
段时间所涉很少——但仅有的几页写得非常好。吉恩·加斯维特
（Gene Garthwaite）的《波斯人》（*The Persians*，Oxford，2005）一书
涵盖的范围更加平衡，该书用不到 300 页的篇幅讲述了一个长达

2500 年的故事，却没有陷入对各个沙和各场战役的单纯编年叙述，的确是了不起的成就。迈克尔·阿克斯沃西（Michael Axworthy）的《心智帝国：伊朗史》（*Empire of the Mind*：*A History of Iran*，London，2007）也许是最容易为普通读者而非学生理解的历史书籍。对学生而言，加斯维特的书更好。该书在对待中古时期时，因其正确地强调诗歌在波斯文化中的重要性而引人注目——许多通史都缺少这种强调，即使是阿克斯沃西的书。以上这些都是独立作者的书。如今还有一本合著，图拉吉·达利遥义（Touraj Daryaee）主编的《牛津伊朗史手册》（*The Oxford Handbook of Iranian History*，Oxford，2012），其中每一章由精于不同历史时期的专家撰写。应当提及的是迈克尔·库克（Michael Cook）主编的六卷本《新剑桥伊朗史》（*The New Cambridge History of Iran*，Cambridge，2010）中的几卷，包含了大量含有最新研究成果和相关内容的章节（1："The Formation of the Islamic World Eleventh to Eighteenth Centuries"，ed. Chase Robinson；3："The Eastern Islamic World Eleventh to Eighteenth Centuries"，ed. David Morgan and Anthony Reid；4："Islamic Cultures and Societies to the End of the Eighteeth Century"，ed. Robert Irwin）。彼得·艾弗里（Peter Avery）、加文·汉布列（Gavin Hambly）与查尔斯·梅尔维尔（Charles Melville）合编的《剑桥伊朗史》（*Cambridge History of Iran*）中最后第七卷《从纳迪尔沙到伊斯兰共和国》（*From Nadir Shah to the Islamic Republic*）出版于 1991 年。围绕"伊朗理念"这一主题的研讨会所产生的一系列富有启发性的论文集正在编辑中。目前，相关的论文集包括维斯塔·萨尔霍什

（Vesta Sarkhosh）和莎拉·斯图尔特（Sarah Stewart）合编的《萨珊时代与伊斯兰教的崛起》（*The Sasanian Era and The Rise of Islam*, London, 2008−14），埃德蒙特·赫尔齐希（Edmund Herzig）与莎拉·斯图尔特合编的《早期伊斯兰时代的伊朗与塞尔柱人的时代》（*Early Islamic Iran and The Age of the Seljuqs*, London, 2008−14）。历史书写方面，现在有一本非常有价值的合著——查尔斯·梅尔维尔主编的《波斯史学》（*Persian Historiography*, London, 2012）。该书是雅尔沙特（E. Yarshater）主编的《波斯文学史》（*A History of Persian Literature*）的卷十。

应该提到两项对波斯宗教的一般研究。亚历山德罗·鲍萨尼（Alessandro Bausani）的《波斯宗教》（*Persia Religiosa*, 1959）为学者们所熟知，并受到高度的评价。但它并没有得到应有的广泛传播，因为它仍然只有原始的意大利语版本。鲍萨尼于 1988 年去世，不过他的著作在十二年后终被译为英语（*Religion in Iran*, New York, 2000），并由其他学者进行了更新。这本书并不容易被接受，却是一本非常有益的书。理查德·福尔茨（Richard Foltz）的《贵族之地的灵性——伊朗如何塑造了世界上的宗教》（*Spirituality in the Land of the Noble. How Iran Shaped the World's Religion*, Oxford, 2004）是一本更容易理解的小书。虽然这本书有时可能倾向于假设世界历史上几乎所有重要的宗教观念都起源于波斯，但它确实以非常清晰的思路和富有感染力的热情，讨论了非常广泛的宗教传统，从琐罗亚斯德教到犹太教、佛教、基督教、诺斯替主义、伊斯兰教，再到巴哈伊信仰，这些宗教传统在波斯很重要。此后，福尔茨 160

出版了一部较长的研究著作《伊朗的宗教——从史前到当前》
(*Religions of Iran: From Prehistory to the Present*, Oxford, 2013)。

萨珊王朝是近年来波斯史研究中备受关注的时期之一。书写萨珊王朝史的主要贡献者之一图拉吉·达利遥义的《萨珊波斯：一个帝国的崛起与覆灭》(*Sasanian Persia. The Rise and Fall of an Empire*, London, 2010) 是一本综合当前知识的优秀著作。约瑟夫·魏斯霍夫 (Josef Wiesehöfer) 的《古代波斯》(*Ancient Persia*, London, 2001) 涵盖了更长的时间跨度（公元前 550 年至公元 650 年）。巴瓦内·普尔沙里亚提 (Parvaneh Pourshariati) 的《萨珊帝国的衰落与灭亡：萨珊-帕提亚联盟与阿拉伯人对伊朗的征服》(*Decline and Fall of the Sasanian Empire: The Sasanian-Parthian Confederacy and the Arab Conquest of Iran*, London, 2008) 是一项对萨珊王朝覆灭及其影响的启发性研究。这本了不起的书充满了原创思想，也许比其他的书更有说服力。尤其是——这个概念显然很有说服力——这本书的副标题所暗示的，萨珊帝国远不是一个中央集权的君主制国家，这本书认为，至少从霍斯劳一世在位时就这样；事实上，它是一个联盟，其中的帕提亚家族在 3 世纪萨珊王朝建立统治之前就已存在，他们与萨珊王朝的君主合作，但条件是他们的地方权力不受影响。因此，她将萨珊王朝的覆灭解释为是这种联盟破裂的结果。总而言之，这种对帝国衰落和灭亡的描述似乎需要对萨珊王朝政权的性质以及导致其崩溃的阿拉伯人征服的性质多加思考。

当谈到波斯成为伊斯兰国家的过程时，事情看起来不像我们过去想象的那么简单或快速。詹姆希德·乔科西 (Jamsheed Choksy)

的《冲突与合作：中古伊朗社会中的琐罗亚斯德教下属与伊斯兰精英》（*Conflict and Cooperation：Zoroastrian Subalterns and Muslim Elites in Medieval Iranian Society*，New York，1997）对社会上层如何发挥调和作用进行了富有启发性的研究。有一本更激进的书，要求我们重新审视波斯伊斯兰化的整个主题，它面临着什么样的反对，来自哪些群体的反对，以及这在很长一段时间里对波斯社会和政府的意义是什么。这本书就是帕特丽夏·克罗恩（Patricia Crone）的非凡著作《早期伊斯兰时代波斯的本土主义先知：农村叛乱与地方琐罗亚斯德教》（*The Nativist Prophets of Early Islamic Iran：Rural Revolt and Local Zoroastrianism*，Cambridge，2012）。米尔卡·利维－鲁宾（Milka Levy-Rubin）在她的《早期伊斯兰帝国中的非穆斯林：从投降到共存》（*Non-Muslims in the Early Islamic Empire：From Surrender to Coexistence*，Cambridge，2011）一书中思考了阿拉伯人征服后，关于非穆斯林地位的规则是如何制定的问题。从她的证据来看，前伊斯兰时代的制度与传统在这些规则的制定中似乎比以前想象的更为重要。

两本名著论述哈里发的权威在波斯的衰落。一本是安德鲁·皮科克（Andrew Peacock）的《中古伊斯兰史学与政治合法性》（*Mediaeval Islamic Historiography and Political Legitimacy*，London，2007）。这本书是对史学家伯勒阿米（Bal ʿamī）的研究。另一本是黛博拉·托尔（Deborah Tor）的《暴力秩序：中古伊斯兰世界中的宗教战争、骑士精神与阿亚尔现象》（*Violent Order：Religious Warfare，Chivalry，and the ʿAyyār Phenomenon in the Medieval Islamic*

161

World，Würzburg，2007）。这本书令人信服地——基于比前人更广泛的资料——论证了阿亚尔绝不是人们常说的单纯的地痞流氓或土匪；她主张这与伊斯兰圣战观念有关，甚至在某种意义上属于"骑士精神"。这肯定会对我们如何看待萨法尔王朝产生影响。

我们仍然缺少有关塞尔柱王朝的内容广泛的著作，但随着安德鲁·皮科克《大塞尔柱帝国》（*The Great Seljuk Empire*，Edinburgh，2015）的出版，这一情形有所改善。马上应该会有另一项组织得相当不同的研究成果——来自黛博拉·托尔的著作。皮科克此前已出版了一部有价值的书，是有关早期阶段的《塞尔柱早期史：新的诠释》（*Early Seljuq History：A New Interpretation*，London，2010）。而奥米德·萨菲（Omid Safi）的《前现代伊斯兰教中的知识政治：商谈中的意识形态与宗教调查》（*The Politics of Knowledge in Premodern Islam：Negotiating Ideology and Religious Enquiry*，Chapel Hill，2006）在不知所云的书名下隐藏了对大塞尔柱王朝多个方面极有启示的研究。A. H. 莫顿通过对最早的一份重要的塞尔柱人波斯史——萨喜鲁丁·内沙布里（Zahir al-Din Nishapuri）《塞尔柱纪》（*Salūjqnāma*，Gibb Memorial Trust，2004）真正文本的甄别和出版，在塞尔柱史的原始资料方面向前迈进了一大步。伊斯玛仪派引起了很多关注。标准的叙述是由其中带头的历史学家法尔哈德·达夫塔利（Farhad Daftary）所撰写的一本令人极为印象深刻的长篇大作《伊斯玛仪派：历史与教义》（*The Ismāʾīlīs：Their History and Doctrines*，Second edition，Cambridge，2007）。达夫塔利还出版了《暗杀派传奇：伊斯玛仪派神话》（*The Assassin Legends：Myths of the Isma'ilis*，London，

1994）。此外，他还编了一部有用的论文集《中古时期伊斯玛仪派的历史与思想》（*Medieval Isma'ili History and Thought*，Cambridge，1996）。詹姆斯·沃特森（James Waterson）撰写了一部可读性强、内容广博的通史《伊斯玛仪暗杀派：中古凶杀史》（*The Ismaili Assassins：A History of Medieval Murder*，London，2008），这本书绝非如副标题所暗示的那种耸人听闻的记述。伯纳德·刘易斯（Bernard Lewis）的《暗杀派》（*The Assassins*）于 2003 年重版，增加了一篇新序。作者在其中正确地告诫不要轻易将中古时期的尼札里派同当代宗教激进分子进行比较。现在还有一本有关哈剌契丹的佳作，其作者能够应对各种原始资料所提出的可怕的语言要求——米卡尔·比兰（Michal Biran）的《欧亚史中的哈剌契丹帝国：中国与伊斯兰世界之间》（*The Empire of the Qara Khitai in Eurasian History. Between China and the Islamic World*，Cambridge，2005）。

有关蒙古人的研究在继续深入开展。过去四分之一个世纪出版的一些学术成果具有变革性。戴维·摩根的第二版《蒙古人》（*The Mongols*，2007）试图思考转型前已做过的事。此后，有两本很有价值的概览——梅天穆（Timothy May）的《世界史上的蒙古征服》（*The Mongol Conquests in World History*，London，2012）与莫里斯·罗萨比（Morris Rossabi）的《蒙古人》（*The Mongols*，Oxford，2012）出版。约翰·曼（John Man）原是位旅行家和游记作家，而非历史学者。他就蒙古帝国历史的各方面撰写了一系列书。这些是通史最好的范例，它们易于理解，内容广博且总体准确。他在自己的《蒙古帝国》（*The Mongol Empire*，London，2014）

一书中对它们进行了总结和巩固。拉契涅夫斯基（Ratchnevsky）的成吉思汗传记由托马斯·海宁（Thomas Haining）精心编辑并译成英文，书名为《成吉思汗：生平与遗产》（*Genghis Khan：His Life and Legacy*, Oxford，1991）。近来一项对征服者生平的研究因其集中于成吉思汗在中亚和中东的活动，对学习波斯史中这一时期的人而言特别有价值，这就是收录在"伊斯兰世界的创造者"系列丛书（Makers of the Muslim World）中的米卡尔·比兰的《成吉思汗》（*Chinggis Khan*, Oxford，2007）。

　　近几十年来最有影响力的学术成果是托马斯·爱尔森（Thomas Allsen）的著作。除了发表大量文章外，他还出版了三本相关著作——《蒙古的统治：大汗蒙哥在中国、俄罗斯和伊斯兰世界的政策（1251—1259）》（*Mongol Imperialism：The Policies of the Grand Qan Möngke in China, Russia and the Islamic Lands, 1251 - 1259*, Berkley and Los Angeles，1987）、《蒙古帝国的商品与交易：伊斯兰纺织品的文化史》（*Commodity and Exchange in the Mongol Empire：A Cultural History of Islamic Textiles*, Cambridge，1997）以及《蒙古欧亚大陆的文化与征服》（*Culture and Conquest in Mongol Eurasia*, Cambridge，2001）。这些著作为我们了解并理解非凡的蒙古现象做出了重要贡献，其中最后一本几乎可以肯定是有关这一主题最重要的著作，已出版多年。爱尔森利用他对两种极其重要的原始文献——波斯语和汉语文献——的熟知程度使它们互相映衬，最终展现了蒙古人在推动和促进整个欧亚大陆广阔的文化传播过程中所具有的重要性，涉及编史、地理、农业、烹饪、医学、天文学和印刷术等领域。虽然这并不能改变蒙古人第一次西征所造成的破坏性和负面性影响的现实，但这本书确实为观察蒙古精英在最初的军事行动成功后所关心的事提供了新颖且令众人惊讶的积极视角。鲁文·阿米塔伊-普莱斯（Reuven Amiti-Preiss）和戴维·摩根合编的《蒙古帝国及其遗产》（*The Mongol Empire and Its Legacy*，Leiden，1999）代表了最近的一些研究成果。我们要特别注意莫顿的贡献，他以确凿的证据证实了本书第一版对所谓的剌失德丁的信函系出自后人伪造的推断。三本较晚的合著分别是鲁文·阿米塔伊和米卡尔·比兰合编的《蒙古人、突厥人和其他：欧亚大陆游牧民族与定居世界》（*Mongols，Turks and Others：Eurasian Nomads and the Sedentary World*，Leiden，2005）；阿米塔伊和比兰合编的《作为文化交换代理人的游牧民族：蒙古人与他们的前辈》（*Nomads as Agents of Cultural Change：The Mongols and their Predecessors*，Honolulu，2015），其中还包含了一篇戴维·摩根的文献综述《1985 年以来的蒙古史学：文化史的兴起》（"Mongol historiography since 1985：The rise of cultural history"）；琳达·科马罗夫（Linda Komaroff）编《超越成吉思汗的遗产》（*Beyond the Legacy of Genghis Khan*，Leiden，2006）。后者的背景是某次为配合一个引人注目的展览而举行的会议，该展览的目录为琳达·科马罗夫与斯特法诺·卡尔博尼（Stephano Carboni）合编的《成吉思汗的遗产：西亚的宫廷艺术与文化（1256—1353）》（*The Legacy of Genghis Khan：Courtly Art and Culture in Western Asis，1256-1353*，New York and New Haven，2002），具有启发性，本身又很漂亮。另一份包含了许多有用文章的展览目录是威廉·W. 菲茨休

163

（Willaim W. Fitzhugh）、莫里斯·罗萨比与威廉·霍尼彻奇
（William Honeychurch）合编的《成吉思汗与蒙古帝国》（*Genghis Khan and the Mongol Empire*, Seattle, 2009）。彼得·杰克逊（Peter Jackson）的《蒙古帝国与早期伊斯兰印度》（*Studies on the Mongol Empire and Early Muslim India*, Aldershot, 2009）中重新发表他的重要文章。历史学家休·肯尼迪（Hugh Kennedy）在他的《蒙古人、匈人和维京人：交战的游牧民族》（*Mongols, Huns and Vikings: Nomads at War*, London, 2002）中不太赞同当下流行的对蒙古影响更为积极的看法。

对蒙古人统治波斯的一般看法，参见戴维·摩根的《伊朗的蒙古人：一次重新评价》［"The Mongols in Iran: a reappraisal", *Iran* XLII（2004）］。早期的伊利汗们在乔治·雷恩（George Lane）的《13 世纪伊朗的早期蒙古统治：波斯的文艺复兴》（*Early Mongol Rule in Thirteenth-Century Iran: A Persian Renaissance*, London, 2003）中找到了支持，这本书有力地证明了他们是相当开明的统治者，而非经常被描绘成破坏性的野蛮人。这本书可能有些夸大其词，但也不是可以忽略不计的。还有一项有价值的基于钱币的研究，是朱迪斯·科尔巴斯（Judith Kolbas）的《伊朗的蒙古人：从成吉思汗到完者都（1220—1309）》（*The Mongols in Iran: Chinghiz Khan to Uljaytu 1220 – 1309*, London, 2006）。德尼斯·艾格勒（Denise Aigle）主编的《面对蒙古统治的伊朗》（*L'Iran face à la domination mongole*, Tehran, 1997）包含了许多由法国、德国和英国著名专家撰写的有价值的论文。德尼斯·艾格勒还发表了一项地方研究《蒙

古统治下的波斯》（*Le Fārs sous la domination mongole*，Paris，2005），这在研究伊利汗国的学者中相当罕见。让·奥班（Jean Aubin）的《文化适应混乱中的蒙古异密与波斯维齐尔》（*Émirs mongols et vizirs persans dans les remous de l'acculturation*，Leuven，1995）是一本有关波斯的蒙古人政府如何运作的著作。多萝西娅·克劳乌尔斯基（Dorothea Krawulsky）的《蒙古伊利汗与他们的维齐尔刺失德丁》（*The Mongol Īlkhāns and their Vizier Rashīd al-Dīn*，Frankfurt am Main，2011）是一本具有启发性的文集。基于对刺失德丁大部分未公开出版作品的研究，她最有意思的观点之一是认为这位伟大的宰相和史学家是一位强烈反对激进圣战教义的伊斯兰教改革者。她还主张，根据刺失德丁自己的证词，他在孩提时代就从犹太教皈依了伊斯兰教，而不是通常所认为的那样，发生在他30岁左右（并非所有人都相信）。刺失德丁继续被学者们广泛研究。一次专门以他为主题的会议所产生的论文集值得注意——A. 阿卡索伊（A. Akasoy）、C. 伯奈特（C. Burnett）和 R. 尤利-特拉里姆（R. Yoeli-Tlalim）合编的《刺失德丁：伊利汗国时代伊朗文化交换的代表与中介》（*Rashid al-Din: Agent and Mediator of Cultural Exchanges in Ilkhanid Iran*，London and Turin，2013）。这本论文集包含的重要贡献之一是法伊弗（J. Pfeiffer）的《文化记忆的封圣：合赞汗、刺失德丁与昔日蒙古的建设》（"The canonization of cultural memory: Ghazan Khan, Rashid al-Din, and the construction of the Mongol past"）。惠勒·M. 萨克斯顿（Wheeler M. Thackston）的《〈史集〉：编年史纲要》（*Jami'u't-Tawarikh: Compendium of Chronicles*，3 vols，

164

Cambridge，MA，1998）将剌失德丁这部杰作中的蒙古史部分译成了英语。

鲁文·阿米塔伊-普莱斯在他的《蒙古人与马穆鲁克人：马穆鲁克与伊利汗国的战争（1260—1281）》（*Mongols and Mamluks*：*The Mamluk-Īlkhānid War*，*1260-1281*，Cambridge，1995）中全面探讨了伊利汗国与马穆鲁克人的前二十年战争。他的许多相关文章被顺手编成了《蒙古人与伊斯兰世界：伊利汗国史研究》（*The Mongols and the Islamic World*：*Studies in the History of the Ilkhanate*，Aldershot，2009）。最近他出版了一本篇幅较短的书——《圣战与和解：马穆鲁克苏丹国与蒙古伊利汗国关系研究（1260—1335）》[*Holy War and Rapprochement*：*Studies in the Relations between the Mamluk Sultanate and the Mongol Ilkhanate*（*1260-1335*），Turnhout，2013]。这本书的重要性和实用性远超其有限的篇幅。它包含了一个关于"蒙古人皈依伊斯兰教"的特别有启发性的章节。查尔斯·梅尔维尔在其《异密出班的倒台与伊利汗国的衰落（1327—1337）：蒙古伊朗的十年不和》（*The fall of Amir Chupan and the Decline of the Ilkhanate*，*1327-37*：*A Decade of Discord in Mongol Iran*，Bloomington，1999）中比以往任何时候都更详细地研究了蒙古人统治波斯的最后阶段。戴维·摩根的《蒙古帝国的衰落与灭亡》["The decline and fall of the Mongol Empire"，*Journal of the Royal Asiatic Society* 19/4（2009）]在其他蒙古汗国统治纷纷终结的背景下，就伊利汗国的终结给出了一个相当不同的观点。最近，一份名为《大不里士的宝库》（*The Treasury of Tabriz*）的伊利汗国时期大

型手稿已曝光，1995 年在德黑兰出版了它的副本。这部手稿包含了 200 多部阿拉伯语和波斯语作品，涵盖主题广泛，由一位受过良好教育的大不里士人于 14 世纪 30 年代收集、复制。该手稿非常有助于理解伊利汗国晚期波斯的文化生活。A. A. 赛义德-戈赫拉布（A. A. Seyed-Gohrab）和 S. 麦克格林（S. McGlinn）合编的《大不里士的宝库：伟大的伊利汗国纲要》（*The Treasury of Tabriz: The Great Il-Khanid Compendium*，Amsterdam and West Lafayette，2007）讨论了这部手稿，很有帮助。

有关帖木儿的诸多罪行中至少有一项不成立。与本书第一版所述不同，他并未在自己的墓碑上自称是成吉思汗的后裔。实际上，墓碑上写的是他们源自同一祖先。比阿特丽丝·福布斯·曼茨（Beatrice Forbes Manz）有关其生平的著作问世于 1989 年（Cambridge），出版之前已为前文引用。此后，贾斯汀·马罗齐（Justin Marozzi）的《帖木儿：伊斯兰之剑，世界的征服者》（*Tamerlane: Sword of Islam, Conqueror of the World*，London，2004）提供了一份引人入胜、可读性强的传记。对帖木儿帝国的研究不再像 1987 年那样是一片学术荒漠了。比阿特丽丝·福布斯·曼茨在其《帖木儿伊朗的权力、政治与宗教》（*Power, Politics and Religion in Timurid Iran*，Cambridge，2007）中极好地解释了 15 世纪上半叶，而玛丽亚·萨布泰尔尼（Maria Subtelny）的《转型中的帖木儿帝国：中古时期突厥化波斯的政治与文化适应》（*Timurids in Transition: Turko-Persian Politics and Acculturation in Medieval Iran*，Leiden，2007）同样出色地阐释了 15 世纪下半叶。特别令人感兴趣的是她基于无

165　可挑剔的证据，认为 15 世纪晚期帖木儿帝国下的呼罗珊是一片高度繁荣的农业地区。此时距离旧观念中蒙古人彻底摧毁全省，令其永远无法恢复，已有两个半世纪。有关帖木儿王朝文化成就方面的著作不断在出版，其中也许最有说服力的是托马斯・W. 兰茨（Thomas W. Lentz）与格伦・D. 罗利（Glenn D. Lowry）合编的《帖木儿与王子的愿景——15 世纪波斯的艺术与文化》（*Timur and the Princely Vision. Persian Art and Culture in the Fifteeth Century*，Los Angeles and Washington，1989）。这些成果中最著名的著作之一是由芭芭拉・布兰德（Barbara Brend）精心编辑的《穆哈默德・朱基的菲尔多西〈列王纪〉》（*Muhammad Juki's Shahnama of Firdausi*，London，2010）。对于帖木儿与帖木儿王朝，一种不如主流那般热情的观点可以在戴维・摩根的《帖木儿帝国：蒙古国家失败的再现?》"The empire of Tamerlane: An Unsuccessful Re-run of the Mongol State?"）中找到，这篇文章收录在 J. R. 麦迪科特（J. R. Maddicott）和 D. M. 帕利瑟（D. M. Palliser）合编的《中古国家：献给詹姆斯・康贝尔的论文》（*The Medieval State: Essays Presented to James Campbell*，London，2000）。

随着 1996 年马吉德（G. R. T. Majd）出版了新版的伊本・巴扎兹《纯洁的典范》——萨法维教团创始人的传记——学者们如今更容易了解萨法维教团早期的历史，也能够摆脱 16 世纪篡改过的文本。基施瓦尔・里兹维（Kishwar Rizvi）的《萨法维王朝圣殿：近代早期伊朗的建筑、宗教与权力》（*The Safavid Dynastic Shrine: Architecture, Religion and Power in Early Modern Iran*，London，2012）

研究了阿尔达比勒圣祠的创建者。另一份重要资料——米凯莱·曼布雷的游记——由莫顿翻译为《波斯苏菲长老的使命（1539—1542）》[*Mission to the Lord Sophy of Persia（1539-1542）*, London, 1993]。而乔治·布尔（George Bull）也将彼得罗·德拉·瓦莱的著作选译成《朝圣者：彼得罗·德拉·瓦莱的游记》（*The Pilgrim: The Travels of Pietro Della Valle*, London, 1990）。让·奥班就萨法维王朝史的第一阶段写有长文《萨法维王朝来临的反思》["L'avènement des Safavides reconsidéré", *Moyen Orient & Océan Indien* 5（1988）]。最近有关这些主题的著作有查尔斯·梅尔维尔主编的《萨法维波斯：伊斯兰社会的历史与政治》（*Safavid Persia: The History and Politics of an Islamic Society*, London, 1996）、威廉·弗洛尔（Willem Floor）与艾德蒙特·赫尔齐希（Edmund Herzig）合编的《萨法维时代的伊朗与世界》（*Iran and the World in the Safavid Age*, London, 2012），以及苏珊·巴贝伊（Sussan Babaie）等人合著的《沙的奴隶：萨法维伊朗的新精英》（*Slaves of the Shah: New Elites of Safavid Iran*, London, 2004），特别论述了萨法维王朝的重要创新——靠高加索人和亚美尼亚人显赫一时。科林·米切尔（Colin Mitchell）的《萨法维伊朗的政治实践：权力、宗教与修辞》（*The Practice of Politics in Safavid Iran. Power, Religion and Rhetoric*, London, 2006）很有助于我们理解其主题。安德鲁·纽曼（Andrew Newman）的《萨法维伊朗：波斯帝国的重生》（*Safavid Iran: Rebirth of a Persian Empire*, London, 2006）是一项新的全面观察。纽曼也是一场学术争论的主角之一，这场争论是关于萨法维王

朝早期什叶派人才是否及在何种程度上从黎巴嫩流向波斯，至今尚未得出结论。有关萨法维王朝宗教的著作有科林·特纳（Colin Turner）的《没有真主的伊斯兰教？——萨法维伊朗宗教外在主义的兴起》（*Islam without Allah? The Rise of Religious Externalism in Safavid Iran*，Richmond，2000），以及卡特琳·巴巴扬（Kathryn Babayan）的《神秘主义者、君主与救世主：近代早期伊朗的文化景观》（*Mystics, Monarchs and Messiahs: Cultural Landscapes of Early Modern Iran*，Cambridge，MA，2003），这是一本复杂的书，有时很难理解，但其中包含了很多发人深省的内容。鲁拉·阿比萨布（Rula Abisaab）的《改变波斯：萨法维帝国的宗教与权力》（*Converting Persia: Religion and Power in the Safavid Empire*，London，2004）一书探讨了在伊斯玛仪一世及其大多数继承人的命令下，国家强制将波斯转变为十二伊玛目派的棘手问题。关于苏菲主义，参见伦纳德·刘易森（Leonard Lewisohn）与戴维·摩根合编的《苏菲主义的遗产（三）：古典晚期波斯苏菲主义（1501—1750）》[*The Heritage of Sufism III: Late Classical Persianate Sufism（1501-1750）*，Oxford，1999]。有一本很容易找到的阿拔斯一世新传记，是大卫·布洛（David Blow）的《阿拔斯沙：成为伊朗传奇的冷酷帝王》（*Shah Abbas: The Ruthless King Who became an Iranian Legend*，London，2009），还有一本关于那一时期波斯史书编写的研究著作——肖勒·奎因（Sholeh Quinn）的《阿拔斯沙时代的史书编写：萨法维编年史中的意识形态、模仿与正统性》（*Historical Writing during the Reign of Shah 'Abbas: Ideology, Imitation and Legitimacy in*

166

Safavid Chronicles, Salt Lake City, 2000）。

鲁迪·马提（Rumi Matthee）在其《危机中的波斯：萨法维王朝的衰落和伊斯法罕的沦陷》（*Persia in Crisis*：*Safavid Decline and the Fall of Isfahan*, London, 2012）中对萨法维王朝第二个百年进行了详细深刻的研究。这本书的论述复杂，作者认为萨法维波斯的经济基础远远弱于当时其他两个伊斯兰大帝国，即奥斯曼帝国和莫卧儿帝国。令人惊讶的或许不是萨法维王朝的灭亡，而是它持续了那么久。有关马提对萨法维王朝经济的更多研究，参见其《萨法维伊朗的贸易政治：丝绸换白银（1600—1730）》（*The Politics of Trade in Safavid Iran*：*Silk for Silver 1600-1730*, Cambridge, 1999）。两本有价值的书试图将萨法维波斯置于其两个帝国劲敌的背景中——斯蒂芬·戴尔（Stephen Dale）的《奥斯曼人、萨法维人与莫卧儿人的伊斯兰帝国》（*The Muslim Empires of the Ottomans*，*Safavids*，*and Mughals*, Cambridge, 2010）与道格拉斯·斯特赖桑（Douglas Streusand）的《伊斯兰火药帝国：奥斯曼、萨法维与莫卧儿》（*Islamic Gunpowder Empires*：*Ottomans*，*Safavids*，*and Mughals*, Boulder, 2011）。斯特赖桑在将这三个政体称为"火药帝国"时，遵循了马歇尔·霍德格森（Marshall Hodgson）在其著名概览《伊斯兰教的冒险》（*The Venture of Islam*）中极具影响力的描述。戴尔认为，解释这些帝国的力量和持久性的因素往往被夸大了，至少在莫卧儿和萨法维帝国的情况下是如此，这或许是正确的。迈克尔·阿克斯沃西的《波斯之剑：纳迪尔沙，从部落战士到征服暴君》（*The Sword of Persia*：*Nader Shah*，*from Tribal Warrior to Conquering*

Tyrant，London，2006）是一本最新的关于这位 18 世纪萨法维王朝最杰出继承人的出色传记。从许多书的副标题来看，虽然《波斯的中古时代》（第一版）似乎没有说服众人 18 世纪前的波斯应当被视为"中世纪的"而非欧洲意义上的"近代早期的"，但作者乐于接受阿克斯沃西书中一个具有说服力的论点：虽然纳迪尔沙可能是最后一位伟大的中亚征服者，但从军事的角度看，他是用一支彻底近代化的军队完成了大业。约翰·佩里（John Perry）在"伊斯兰世界的创造者"系列丛书中的《卡里姆汗》（*Karim Khan Zand*，Oxford，2006）一卷中为 18 世纪伊朗另一位最著名的政治人物撰写了传记。

参考文献综述

缩 写

BSOAS   Bulletin of the School of Oriental and African Studies

东方与非洲研究学院学报

CAJ   Central Asiatic Journal

中亚学刊

CHI   Cambridge History of Iran

剑桥伊朗史

EI^2 Encyclopedia of Islam (2nd edn)

伊斯兰教百科全书（第二版）

EIr   Encyclopedia Iranica

伊朗百科全书

HJAS   Harvard Journal of Asiatic Studies

哈佛亚洲研究学刊

JAOS   Journal of the American Oriental Society

美国东方学会会刊

JESHO   Journal of the Economic and Social History of the Orient

东方经济与社会史学刊

JRAS   Journal of the Royal Asiatic Society

皇家亚洲学会会刊

ZDMG　　　Zeitschrift der Deutschen Morgenländischen Gesellschaft

德国东方学会会刊

一手史料

本书所涉时期的两类主要一手文献为各种文件与编年史。在此基础之上，尤其针对萨法维王朝及之后的时期，补充了其他类型的史料，特别是欧洲旅行家的记录。由于时间跨度太大，这里只能提到最重要的几种。在这些史料中，编年史一般为历史学家提供了基本证据。如果波斯的国家档案保存到今天，情况可能会不一样，但它们没有保存下来。就像奥斯曼帝国之前的大多数中东史研究一样，历史学家在很大程度上没有那种系统的档案证据，而这种档案证据对于重构昔日欧洲中世纪的很多东西非常重要。

这并不是说完全没有文件保存下来。许多文件仍可以在编年史、行政管理手册及典籍中找到，尽管已脱离了原始档案。就波斯而言，至少还有一份重要档案保存了下来，存于萨法维时代所建的阿尔达比勒圣祠。这份档案保存了大量有关萨法维教团财产和事务的文件，其中一些文件的历史远远早于萨菲丁谢赫的时代。格隆克（M. Gronke）的《阿尔达比勒 12 至 13 世纪阿拉伯与波斯语私人文件》（*Arabische und persische Privaturkunden des 12. und 13. Jahrhunderts aus Ardabil*，Berlin，1982）对一些最早的文件进行了编辑和讨论。某些较晚的阿尔达比勒文件因其以双语版本保存——波斯语与蒙古

语——大大引发了研究兴趣。其中一些已有学者编辑，如赫尔曼
（G. Herrmann）与多尔弗（G. Doerfer）的《扎剌亦儿谢赫兀外思
的波斯蒙古双语法令》（"Ein Persischmongolischer Erlass des
Ǧalayiriden Šeyḫ Oveys", *CAJ* xix, 1975, 1–84）和《1325 年（伊历
725 年）以后的波斯蒙古双语法令》（"Ein Persischmongolischer
Erlass aus dem Jahre 725/1325", *ZDMG* cxxv, 1975, 317–46）。

　　福拉格纳（B. Fragner）的《波斯统治文件汇编——已出版的原
始文献（1848 年前）》[*Repertorium persischer Herrscherurkunden.*
Publizierte Originalurkunden（bis 1848），Freiburg 1980] 对于现有的原
始和"接近原始"的波斯文件而言，是一本非常宝贵的手册。还有
各种汇编，有些（将在下文讨论）专门关注特定时期，有些旨趣更
广泛，如费克特（L. Fekete）的《波斯古文书学导论——101 种波斯
文献》（*Einführung in die persische Paläographie. 101 persische*
Dokumente, Budapest, 1977）。一些文件汇编已以波斯语出版，如穆阿
义德·塔比提（S. ʿA. Muʾayyid Thābitī）的《从伊斯兰时代到萨法
维王朝伊斯玛仪沙末期的历史文件与信札》（*Asnād wa nāmehā-yi*
tārīkhī az awwal-i dawra-i islāmī tā awākhir-iʿahd-i Shāh Ismāʿīl ṣafawī,
Tehran, 1967），卡伊姆-玛卡米（S. J. Qāʾim-Maqāmī）编《从札剌
亦儿王朝到巴列维王朝的 150 份历史文献》（*Yakṣad u panjāh sanad-i*
tārīkhī az Jalāyir tā Pahlawī, Tehran, 1970）以及纳瓦依（ʿA. Nawāʾī）
的三个系列：《历史文件与信札：从帖木儿到伊斯玛仪沙》（*Asnād wa*
mukātabāt-i tārīkhī: Az Tīmūr tā Shāh Ismāʿīl, Tehran, 1963）、《萨法维
伊斯玛仪沙》（*Shāh Ismāʿīl ṣafawī*, Tehran, 1969）和《萨法维塔赫

玛斯普沙》（*Shāh Ṭahmāsb Ṣafawī*, Tehran, 1972）。

　　刘易斯（B. Lewis）和霍尔特（P. M. Holt）合编的《中东史家》（*Historians of the Middle East*, London, 1962）收录了许多研究波斯历史编写的文章，尤其是卡昂（C. Cahen）论塞尔柱时期、兰顿（A. K. S. Lambton）论传记文学、施普勒（B. Spuler）的述论。施普勒的《波斯语历史和地理文学》（"Die historische und geographische Literatur in persischer Sprache"）有更详细的讨论，这篇文章收在他编辑的《东方学手册》（*Handbuch der Orientalistik*, Middle East section, vol. 4, Iranistik, part 2, Literatur, I, Leiden and Cologne, 1968, 100-67）中。斯托里（C. A. Storey）的《波斯文学》［*Persian Literature*, vol. 1, part 1, London, 1927-39（reprinted 1970）, part 2, London, 1953］是一本有关波斯著作抄本与版本的标准（但不完整）参考著作，其中最相关的是卷一的第一和第二部分。懂俄语的人会发现布雷格尔（Y. Bregel）的三卷修订本《波斯文学》（*Persidskaya Literatura*, Moscow, 1972）中有关历史的部分更完整、更前沿。布朗（E. G. Browne）的《波斯文学史》（*Literary History of Persia*, 4 vols, Cambridge, 1928）中有关史学家的探讨仍值得一读。另参见利普卡（J. Rypka）的《伊朗文学史》（*History of Iranian Literature*, Dordrecht, 1968）。

　　我们缺少从塞尔柱帝国鼎盛期至 1092 年灭里沙去世这段时间留下的叙事资料，这是一件很奇怪的事，尽管我们知道有一些资料为后来的作家所使用，但现已亡佚。大多数更重要的编年史都是采用阿拉伯语而非波斯语撰写。塞尔柱王朝维齐尔阿努希尔万·本·

哈立德（Anūshīrwān b. Khālid，死于 12 世纪 30 年代）用波斯语写了一部回忆录，该回忆录（又以阿拉伯语的形式）被收入了伊玛德丁·伊斯法罕尼（'Imād al-Dīn Iṣfahānī，卒于 1201 年）的《塞尔柱王朝史》（Nuṣrat al-fatra）中。这是最重要的塞尔柱王朝的资料之一，常见的为本达里（Bundārī）的删减版（Zubdat al-nuṣra），收录在胡茨马（M. T. Houtsma）编《伊拉克塞尔柱人史》（Histoire des Seljoucides de l'Iraq, Leiden, 1889）中。最令人印象深刻的阿拉伯语著作是伊本·阿昔儿（Ibn al-Athīr）的世界史《历史大全》（Al-kāmil fi'l-ta'rīkh, ed. C. J. Tornberg, 14 vols, Leiden, 1851–76），后面的几卷涉及塞尔柱王朝、花剌子模王朝和蒙古早期，参见摩根（D. O. Morgen）编《中世纪基督教和伊斯兰教世界中的历史编写》（Medieval Historical Writing in the Christian and Islamic Worlds, London, 1982, 76–108）中收录的理查兹（D. S. Richards）的文章《伊本·阿昔儿与〈历史大全〉的较后部分——目标与方法的研究》（"Ibn al-Athīr and the later parts of the Kāmil: a study of aims and methods"），伊本·卓兹（Ibn al-Jawzī）的《诸王与列国史》（Al-muntazam fī ta'rīkh al-mulūk wa' l-umam, vols 5–10, Hyderabad, 1938–40）也很重要。还要提到据传阿里·本·纳昔尔（'Ali b. Nāṣir）所撰的《塞尔柱国史》（Akhbār al-dawlat al-saljūqiyya, ed. M. Iqbāl, Lahore, 1933）。

波斯语的著作中，拜哈吉的伽色尼王朝史《马速的史》（Ta'rīkh-i Mas'ūdī, ed. 'A. Fayyāḍ, Mashhad, 1971）里有关于塞尔柱王朝早期的材料。有一部撰写于 1126 年的佚名通史《历史全书》

（*Mujmal al-tawārīkh*, ed. M. Bahār, Tehran, 1940），还有札希尔丁·内沙布里（Ẓahīr al-Dīn Nīshāpūrī）的《塞尔柱纪》（*Saljūq-nāma*, ed. G. Khāwar, Tehran, 1954），其中的大部分内容也可以在刺完迪（Rāwandī）的《心灵的慰藉》（*Rā ḥat al-ṣudūr*, ed. M. Iqbāl, London, 1921）中找到。有一些值得注意的地方志，诸如伊本·丰杜（Ibn Funduq）的《拜哈史》（*Ta'rīkh-I Bayhaq*, ed. A. Bahmanyār, Tehran, 1930），以及一些有关克尔曼的著作，其中最有意思的也许是阿富达勒丁（Afḍal al-Dīn）的《论政府》（'*Iqd al-'ulā*, ed. 'A. Iqbāl, Tehran, 1961）。有一部可以追溯到这一时期开端的非凡著作，是纳西尔·霍斯劳（Nāṣir Khusraw）的《游记》（*Safar-nāma*, ed. M. Dabīr-Siyāqī, 1957, 1976）及谢弗（C. Schefer）的法语对照本（Paris, 1881, repr. 1970）；英译本为萨克斯顿（W. M. Thackston）的《纳西尔·霍斯劳的游记》（*Nāṣ er-e Khosraw's Book of Travels*, New York, 1986），但这本书并没有大量内容涉及波斯。各个方面都不可缺的波斯语史料是尼扎姆·穆勒克（Niẓām al-Mulk）的《治国策》（*Siyāsat-nāma*, best MS. ed. H. Darke, 3rd. edn, Tehran, 1985）；英译本《治国策》（*The Book of Government*, 2nd edn, London, 1978）由达克（H. Dark）翻译，此外还有其他各种版本与译本。有关这部作品，参见兰顿的文章《伊斯兰波斯的治国困境——尼扎姆·穆勒克的〈治国策〉》（"The dilemma of government in Islamic Persia：the *Siyāsat-nāma* of Niẓām al-Mulk", *Iran* xxii, 1984, 55–66）。

　　包含塞尔柱时代文件的文件集与手册有霍尔斯特（H. Horst）的

172

《大塞尔柱王朝与花剌子模王朝的国家治理（1038—1231）——历史文件类型的考察》（*Die Staatsverwaltung der Grossel ģ ūqen und Ḫōrazmšāhs*（1038 - 1231）. *Untersuchung nach Urkundenformularen der Zeit*, Wiesbaden, 1964）、佚名作者《信札选集》（*Al-mukhtārāt min al-rasā᾿ il*, ed. I. Afshār, Tehran, 1976）、买哈尼（al-Mayhanī）的《任职守则》（*Dastūr-i dabīrī*, ed. A. S. Erzi, Ankara, 1962）和孟塔贾布丁·志费尼（Muntajab al-Dīn Juwaynī）的《写作门槛》（*'Atabat al-kataba*, ed. M. Iqbāl, Tehran, 1950）。这些史料的内容可以参考兰顿的文章《〈写作门槛〉所示桑贾儿帝国的行政管理》（"The administration of Sanjar's Empire as illustrated in the *'Atabat al-kataba*", *BSOAS* xx, 1957, 367-88）。

除了伊本·阿昔儿外，对花剌子模王朝详细描述的最重要的编年史是阿塔蔑力克·志费尼（'Aṭā Malik Juwaynī）有关蒙古人的史书《世界征服者史》（*Ta᾿ rīkh-i Jahān Gushā*, ed. M. Qazwīnī, 3 vols, Leiden and London, 1912, 1916, 1937）；英译本（*The History of the World Conqueror*, 2 vols, Manchester, 1958）译者为波义耳（J. A. Boyle）。在转向严格意义上的蒙古历史前，还应提到纳萨维（Nasawī）为其主子末代花剌子模沙所写的传记。标准版为胡达斯（O. Houdas）编译的《苏丹札阑丁传》（*Histoire du Sultan Djelal ed-Din Mankobirti*, 2vols, Paris, 1891-5）。值得注意的是一本早期的波斯语译本《札阑丁传》（*Sīrat-i Jalāl al-Dīn Mīngbirnī*, ed. M. Minovi, Tehran, 1965）。

最近，摩根的《蒙古人》（*The Mongols*, Oxford, 1986）第一章

整体概述了蒙古帝国史的史料。波斯语史料可能是大量证据中最重要的一类材料，它们不仅仅是单纯的波斯史。就这一时期的早期而言，主要的史料除了纳萨维的传记和伊本·阿昔儿著作的最后部分，还有术兹札尼（Jūzjānī）的《纳昔儿史话》（*Ṭabaqāt-i Nāṣirī*, ed. ʿA. Ḥabībī, 2 vols, Kābul, 1964-5），主要是阿富汗的古尔王朝史，写于约 1260 年，这也是一部成吉思汗征伐四十年前的同时代人的作品。这本著作特别有价值，因为它是在蒙古势力范围之外的印度写就的。几乎同一时间，比术兹札尼年轻得多的志费尼撰写了他的蒙古史，这是对整个早期蒙古帝国，特别是早期蒙古波斯现存最完整的记录。布朗为可疾云尼版所写的引言以及波义耳为自己译本所作的引言都是有益的探讨。

蒙古时期最伟大的波斯史学家是合赞的维齐尔剌失德丁。他的《史集》（*Jāmiʿal-tawārīkh*）是一部涵盖内容极其丰富且独特的著作，其作者几乎可以说是一位"世界史学家"。这部著作有大量版本，不同的部分也有很多译本。其中伊利汗国部分最好的版本是由阿里扎德（A. A. Alizade）所编《世界史》第三卷（*Jāmiʿal-tawārīkh*, vol. 3, Baku, 1957）。其中还包括俄语翻译。伽特梅尔（E. Quatremère）的《波斯蒙古人史》（*Histoire des Mongols de la Perse*, Paris, 1836, reprinted Amsterdam, 1968）、扬（K. Jahn）编《合赞圣史……从阿八哈到海合都》（*Taʾrīḫ-i Mubārak-i Ġāzānī … Abāgā bis Gaiḫātū*, The Hague, 1957）与《合赞汗史》（*Geschichte Ġāzān-Ḫāns*, London, 1940）也涵盖了这一时期。伽特梅尔的著作包括了《史集》旭烈兀部分的法语译文以及针对整部著作的导论，

173

独此一家。波义耳将《史集》中的部分内容英译为了《成吉思汗的继承人》（*The Successors of Genghis Khan*，New York and London，1971），其中引言部分顺便对剌失德丁及其著作进行记述。《剌失德丁纪念卷》（*Rashīd al-Dīn Commemoration Volume*，*CAJ* xiv，1970）对许多方面都作了考察。摩根编《中世纪历史编写》（*Medieval Historical Writing*，109-24）收录的其本人的文章《波斯史学家与蒙古人》（"Persian historians and the Mongols"）对术兹札尼、志费尼和剌失德丁作了讨论。

　　同样非常重要的是与剌失德丁同时代的史书《瓦萨甫史》（*Ta'rīkh-i Waṣṣāf*，ed. M. M. Iṣfahānī，Bombay，1852-3，reprinted Tehran，1960）。瓦萨甫以极其复杂的波斯文风写就此书，而即使受过良好语言训练的人也可能会觉得现代波斯语节本《瓦萨甫史语汇》（*Taḥrīr-i ta'rīkh-i Waṣṣāf*，ed. 'A. Āyatī，Tehran，1968）是一本有用的指南。韩都剌·穆斯塔菲·可疾云尼的《选史》（*Ta'rīkh-i guzīda*，ed. 'A. Nawā'ī，Tehran，1958-61）是一部伊利汗王朝末期的通史，这本史书不是很完整。而他的《心之喜》（*Nuzhat al-qulūb*，ed. and trans. G. Le Strange，2 vols，Leiden and London，1915-1919）中的地理部分则非常有价值。有关完者都在位时期的著作有哈山尼（Qāshānī）的《完者都史》（*Ta'rīkh-i Ūljāytū*，ed. M. Hambly，Tehran，1969）。史普勒（B. Spuler）的《蒙古人史》（*History of the Mongols*，London，1972）收录了许多波斯语和其他史料节选的英语译文。

　　有许多可以追溯到蒙古时期或与其有关的地方志。最有意思的也许是赛菲（Sayfi）的《哈列史纪》（*Ta'rīkh-nāma-i Harāt*, ed.
M. Z. al-Ṣiddīqī, Calcutta, 1944）。几部里海诸省的编年史中，奥里
亚拉·阿穆里（Awliyā Allāh Āmulī）的《鲁扬史》（*Ta'rīkh-i Rūyān*,
ed. Sutūda, Tehran, 1969）一枝独秀。有关继承伊利汗国的扎剌亦
儿国，参见阿卜·巴克尔·库特比·阿哈里（Abū Bakr al-Quṭbī al-
Aharī）的《谢赫兀外思史》（*Ta'rīkh-i Shaikh Uwais*, ed. and trans.
J. B. van Loon, The Hague, 1954）。

　　蒙古时期非波斯人有关波斯的史料不容忽视。在阿拉伯世界，马
穆鲁克王朝编年史提供了一些材料，如乌马里（al-ʿUmarī）的《眼历
诸国记》（*Masālik al-abṣār*, ed. and trans. K. Lech, *Das mongolische
Weltreich*, Wiesbaden, 1968）。重要的叙利亚史料包括了巴尔·赫卜
烈思（Bar Hebraeus）的《编年史》（*Chronography*, ed. and trans.
E. A. Wallis Budge, 2 vols, London, 1932）和巴奇（Budge）翻译的景
教教士雅巴拉哈三世传记《中国皇帝忽必烈汗的僧侣》（*The Monks of
Ḵūblāi Ḵhān, Emperor of China*, London, 1928）。

　　就文件而言，剌失德丁的《史集》将许多合赞的改革法令全文
174　收录。他的《瓦克夫纪》（*Waqf-nāma*, ed. M. Minovi and I.
Afshār, Tehran, facsimile 1972, printed text 1977－8）中亲笔所写的
部分保存了下来。同样保存下来的还有他的一堆书信，被沙菲
（M. Shafiʿ）编为了《剌失德丁书信集》（*Mukātabāt-i Rashīdī*,
Tehran, 1980－1）。但这些书信可能是伪造的。纳速剌丁·突西
（Naṣīr al-Dīn Ṭūsī）为旭烈兀（也可能是阿八哈）写过一份有趣的
财政备忘录，被收录在拉达维（M. Raḍawī）所编《火者纳速剌丁

书信集》（*Majmūʿa-i rasāʾil-i Khwāja Naṣīr al-Dīn*，Tehran，1957）中；此备忘录又由米诺尔斯基（V. Minorsky）英译为《纳速剌丁·突西论财政》（"Naṣīr al-Dīn Ṭūsī on finance"）一文，收录在他的《伊朗》（*Iranica*，Tehran，1964）中。这一时期末期有一些重要的行政与会计手册，如阿拉伊·大不里齐（ʿAlā-yi Tabrīzī）的手册，由纳比普尔（M. Nabīpūr）译为《14 世纪法拉克·阿拉伊·大不里齐有关政府会计的两份波斯语指南》（*Die beiden persischen Leitfäden des Falak ʿAlâ-ye Tabrīzīüber das staatliche Rechnungswesen im 14. Jahrhundert*，Göttingen，1973）；还有摩诃末·本·忻都沙·纳黑乞瓦尼（Muḥammad b. Hindūshāh Nakhjawānī）的《命官文书规范》（*Dastūr al-kātib fi taʿyīn al-marātib*，ed. A. A. Alizade，2 vols in 3，Moscow，1964，1971，1976）。札剌亦儿王朝有伊本·基亚·马撒答剌尼（Ibn Kiyā al-Māzandarānī）的《法拉基亚书信集》（*Die Resālä-ye Falakiyyä*，ed. W. Hinz，Wiesbaden，1952）。

14 世纪最重要的编年史家是哈菲兹·阿卜鲁（Ḥāfiẓ Abrū）。他撰写了许多著作，包括一部地理志。这部著作仅出版了一小部分。他续写了剌失德丁的《史集》，名为《史集增补》（*Dhayl-i Jāmiʿ al-tawārīkh*，ed. K. Bayāni，2nd edn，Tehran，1971，1st edn trans. Bayāni as *Chronique des Rois Mongols en Iran*，Paris，1936）。另外值得注意的是《哈菲兹·阿卜鲁的五部小作品》（*Cinq Opuscules de Ḥāfiẓ-i Abrū*，ed. F. Tauer，Prague，1959）。

两部主要的帖木儿编年史都叫作《武功纪》（*Ẓafar-nāma*），一部由尼咱木丁·沙米（Niẓām al-Dīn Shāmī）所作（*Ẓafar-nāma*， ed. F. Tauer, 2 vols, Prague, 1937 - 56），另一部由歇里甫丁·阿里·雅兹迪（Sharaf al-Dīn ʿAlī Yazdī）所作（*Ẓafar-nāma*, ed. M. ʿAbbāsī, 2 vols, Tehran, 1958），其影印本（*Ẓafar-nāma*, ed. A. Urunbayev, Tashkent, 1972）包含了一个有趣的引言部分，未在他处出版。以下都是宫廷纪事：伊本·阿剌伯沙（Ibn ʿArabshāh）以阿拉伯语撰写的《帖木儿的生平事迹》（*ʿAjāʾib al-maqdūr fī akhbār Tīmūr*, ed. ʿA. M. ʿUmar, Cairo, 1979），此著有点贬损帖木儿。桑德斯（J. H. Sanders）将其英译为《帖木儿兰或帖木儿，伟大的异密》（*Tamerlane or Timur, the Great Amir*, London, 1936）。伊本·赫勒敦对其同这位征服者会面的记录，由费舍尔（W. J. Fischel）英译为《伊本·赫勒敦与帖木儿》（*Ibn Khaldūn and Tamerlane*, Berkeley and Los Angeles, 1952）。克拉维约留下了西方人对帖木儿引人入胜的记述，由勒·斯特朗日（G. Le Strange）英译为《出使帖木儿（1403—1406）》（*Embassy to Tamerlane 1403-1406*, London, 1928）。

历史编纂活动在帖木儿王朝的宫廷中相当繁荣，尤其是沙哈鲁时期。除了哈菲兹·阿卜鲁，后来的帖木儿王朝史学家及其作品包括奥都剌匝克·撒马尔罕迪（ʿAbd al-Razzāq Samarqandī）的《星辰的升起》（*Maṭlaʿ al-saʿdayn*, ed. M. Shafīʿ, 2 vols, Lahore, 1941-9）、迷儿晃的（Mīrkhwānd）的《洁净园》（*Rawḍat al-ṣafāʾ*, ed. ʿA. Parwīz, 10 vols, Tehran, 1960，其中许多部分都是迷儿晃的死后由他人续写的，第四卷和第五卷与帖木儿王朝史最为相关）、晃迭迷儿的《旅者之友》（*Ḥabīb al-siyar*, ed. J. Humāʾī, 4 vols, Tehran, 1955，其记述一直到伊斯玛仪一世时期）、木亦努丁·纳坦只（Mu ʿīn al-Dīn Naṭanzī）的《木亦努选史》（*Muntakhab al-tawārīkh-i Muʿīnī*, ed. J. Aubin, Tehran, 1957）。有关帖木儿王朝行 175
政管理方面，特别参见罗默译奥都剌·马儿瓦里的《荣耀纪》
（*Sharaf-nāma*），此著有罗默译注版《帖木儿时代的国家文书》
（*Staatsschreiben der Timuridenzeit*, Wiesbaden, 1952）。

土库曼诸王朝最重要的史料是阿卜·巴克儿·德黑兰尼·伊斯
法罕尼（Abū Bakr Ṭihrānī Iṣfahānī）的白羊王朝编年史《迪亚巴克
尔史》（*Kitāb-i Diyārbakriyya*, ed. N. Lugal and F. Sümer, 2 vols,
Ankara, 1962-4）。后期历史参见胡努吉（Khunjī）的《世界之珍
宝阿明史》（*Taʾrīkh-i ʿālam-ārā-yi Amīnī*），由米诺尔斯基选译为
《波斯（1478—1490）》（*Persia in A. D. 1478 - 1490*, London,
1957）。15 世纪编写的地方志以亚兹德为例，如贾法尔·本·穆罕
默德·哈散·贾法里（Jaʿfar b. Muḥammad Ḥasan Jaʿfarī）的《亚
兹德史》（*Taʾrīkh-i Yazd*, ed. I. Afshār, 2nd edn, Tehran, 1965）
和艾哈迈德·本·侯赛因（Aḥmad b. Ḥusayn）的《新亚兹德史》
（*Taʾrīkh-i jadīd-i Yazd*, ed. I. Afshār, Tehran, 1966）。

在此期间及紧随其后的时期内，欧洲使节的记述有《意大利旅
行者波斯记事》（*A Narrative of Italian Travellers in Persia*, trans.
C. Grey, London, 1873）和《约萨法·巴尔巴罗与安布罗焦·孔塔
里尼的答纳与波斯之行》（*Travels to Tana and Persia by Josafa
Barbaro and Ambrogio Contarini*, trans. W. Thomas, ed. Lord Stanley of
Alderley, Hakluyt Society, London, 1873）。巴尔巴罗和孔塔里尼游
记的意大利原文是《威尼斯使节巴尔巴罗和孔塔里尼的波斯游记》

（*I viaggi in Persia degli ambasciatori veneti Barbaro e Contarini*, ed. L. Lockhart et al. , Rome，1973）。有两份文件集，分别是凯契克（M. S. Keçik）的《兀孙合散宰相府书信与文件集》（*Briefe und Urkunden aus der Kanzlei Uzun Ḥasans*, Freiburg，1976）与穆达里希·塔巴塔巴伊（Mudarrisī Ṭabāṭabāʼī）编《土库曼黑羊王朝与白羊王朝法令集》（*Farmānhā-yi Turkumānān-i Qarā-Qūyūnlū wa Āq-Qūyūnlū*, Qum，1974）。布瑟（H. Busse）的《基于土库曼及萨法维王朝文件的伊斯兰宰相府事务研究》（*Untersuchungen zum islamischen Kanzleiwesen an Hand turkmenischer und safawidischer Urkunden*, Cairo，1959）的研究范围拓展到了之后的时期，非常有价值。

　　萨法维运动根源的基本史料是伊本·巴札兹（Ibn Bazzāz）的萨菲丁谢赫传记《纯洁的典范》。唯一完整的版本是 16 世纪的篡改版（ed. A. Tabrīzī, Bombay，1911）。原版仍未被编辑过。从阿尔达比勒圣祠保存的文件中还可以了解很多东西，这座圣祠被形容为"存放（萨法维家族）骨架的橱柜"。伊斯玛仪沙的诗歌（土耳其语）由甘德杰（T. Gandjei）编辑为《"罪人"伊斯玛仪沙诗集》（*Il Canzoniere di Sāh Ismāʻīl Ḥatāʼī*, Naples，1959），另参见米诺尔斯基的文章《伊斯玛仪一世沙的诗歌》（"The poetry of Shāh Ismāʻīl I"，*BSOAS X*，1942）。E. 丹尼森·罗斯（E. Denison Ross）部分编译了某位佚名作者的著作《萨法维王朝建立者伊斯玛仪沙的早年》（"The early years of Shāh Ismāʻīl, founder of the Ṣafavī Dynasty"，*JRAS* April 1896），常常被当作同时代的史料而被引用，但如今我们知道它写于 17 世纪。许多最有意思的萨法维王朝编年史家都在

16 世纪最后 25 年里写作。其中有哈桑·罗姆鲁（Ḥasan Rūmlū）的
《艾桑·塔瓦里克》［Aḥsan al-tawārīkh, vol. XI（关于 15 世纪），
ed. ‘A. Nawā’ī, Tehran, 1970, vol XII, ed. and trans. C. N. Seddon,
A Chronicle of the Early Ṣafawīs, 2 vols, Baroda, 1931-4（新版 ‘A.
Nawā’ī, Tehran, 1979）］；卡迪·艾哈迈德·库米（Qāḍi Aḥmad
Qumī）的《历史概要》（Khulāṣat al-tawārīkh, ed. I. Ishrāqī, 2 vols,
Tehran, 1980），格拉森（E. Glassen）和缪勒（H. Müller）分别将
其部分编成了《卡迪·艾哈迈德·库米笔下的萨法维王朝早期》
（Die frühen Safawiden nach Qāżi Aḥmad Qumī, Frieburg, 1970）和
《编 年 史 书〈历 史 概 要〉》［ Die Chronik Ḫulāṣat al-Tawārīḫ,
Wiesbaden, 1964（阿拔斯在位早期部分）］；阿夫施塔伊·纳坦只 176
（Āfushta’ī Naṭanzī）的《古史精粹》（Naqāwat al-āthār, ed. I. Ishrāqī,
Tehran, 1971）。最重要的萨法维王朝编年史是依斯干达别·孟希
（Iskandar Beg Munshī）的《世界之珍宝阿拔斯史》（Ta’rīkh-i ‘alam-
ārā-yi ‘Abbāsī, ed. I. Afshār, 2 vols, Tehran, 1956），英译本为萨沃
里（R. M. Savory）的《阿拔斯大帝史》（The History of Shah ‘Abbas
the Great, 2vols, Boulder, 1978），增补本（Dhayl, ed. S. Khwānsārī,
Tehran, 1939）。

不同类型的欧洲旅行者对萨法维波斯的记述不胜枚举。王朝早
期方面，参见曼布雷（M. Membré）的《波斯报告（1542）》
［Relazione di Persia（1542）, ed. G. Scarcia, Naples, 1969］与安东
尼·詹金森（Anthony Jenkinson）的《俄罗斯与波斯的早年之行》
（Early Voyages and Travels in Russia and Persia, ed. E. D. Morgan and

C. H. Coote, 2 vols, Hakluyt Society, London, 1866）。许多旅行者都记录了阿拔斯一世沙。我们可以在 E. D. 罗斯（E. D. Ross）的《安东尼·舍利爵士和他的波斯冒险》（*Sir Anthony Sherley and his Persian Adventure*, London, 1933）得到有关舍利兄弟的记述，大卫斯（D. W. Davies）的《伊丽莎白时代的游侠》（*Elizabethans Errant*, Ithaca, 1967）一书对舍利家族进行了整体研究。福斯特（W. Foster）的《波斯之旅（1627—1629）》（*Travels in Persia 1627-1629*, London, 1928）对托马斯·赫伯特爵士（Sir Thomas Herbert）的记述《多年旅行报告》（*A Relation of Some Yeares Travaile*, London, 1634）进行了删减。彼得罗·德拉·瓦莱（Pietro della Valle）的《游记》（*Viaggi*, Rome, 1658-63）从各种意义上而言仍然很难获取。这本著作有几个版本，如甘契亚编《朝圣者彼得罗·德拉·瓦莱游记》（*I viaggi di Pietro della Valle, il Pellegrino*, Brighton, 1843）。有关彼得罗·德拉·瓦莱，参见布伦特（W. Blunt）的《彼得罗的朝圣》（*Pietro's Pilgrimage*, London, 1953）和格尼（J. D. Gurney）的《彼得罗·德拉·瓦莱——感知的极限》（"Pietro della Valle: the limits of perception", BSOAS XLIX/1, 1986, 103-16）。有关 17 世纪后期以后，有迪芒（R. du Mans）的《1660 年的波斯国》（*Estat de la Perse en 1660*, ed. C. Schefer, Paris, 1890, repr. 1969）和夏尔丹的《波斯与东方其他地区之行》（*Voyages … en Perse, et autres lieux de l'Orient*, ed. L. Langlès, 10 vols, Paris, 1811, 英语选译有 trans., ed. P. M. Sykes, London, 1927）。《波斯加尔默罗会史与 17、18 世纪的教廷传教士》（*A

Chronicle of the Carmelites in Persia and the Papal Mission of the 17th and 18th Centuries, ed. and trans. H. Chick, 2 vols, London, 1939) 一书是根据长期编写的文件汇编而成。有一位旅行者的行程虽不算精疲力竭，却独辟蹊径——《波斯的唐·胡安：一位什叶派天主教徒 (1560—1604)》(*Don Juan of Persia. A Shi'a Catholic 1560-1604*, trans. G. Le Strange, London, 1926)。

有两部萨法维王朝末期具有启发意义的行政管理手册——《诸王备忘录》(*Tadhkirat al-Mulūk*, ed. and trans. V. Minorsky, London, 1943, 带有评注) 和《诸王法规》(*Dastūr al-Mulūk*), 后者可在达尼施帕术 (M. T. Dānishpazhūh) 的《米尔扎·拉斐亚的〈诸王法规〉和米尔扎·萨米亚的〈诸王备忘录〉》("Dastūr al-Mulūk-i Mīrza Rafī'ā wa Tadhkirat al-Mīrza Samī'ā", *Majalla-i Dānishkada-i Adabiyyāt-i Tihrān* XV, 1968, 504-75; XVI, 1968-9, 62-93, 198-322, 416-40, 540-64) 中找到。R. 辛姆克莱特 (R. Schimkoreit) 的《萨法维王朝统治者的簿册——近代早期伊朗的法令与官方书信》(*Regesten publizierter şafawidischer Herrscherurkunden. Erlasse und Staatsschreiben der frühen Neuzeit Irans*, Berlin, 1982) 是一部关于萨法维王朝原始书面材料的实用指南。就经济史和贸易史而言，档案证据是相当重要的，如储存在印度驻伦敦办事处的东印度公司《冈布龙日记》(*Gombroon Diary*)。有关外交事务的书面材料，参见里亚祖勒·伊斯兰 (Riazul Islam) 的《印波关系文件一览表》(*A Calendar of Documents on Indo-Persian Relations*, 2 vols, Tehran and Karachi, 1979-82)，他的《印波关系：莫卧儿帝国与伊朗政治

177

外交关系研究》（*Indo-Persian Relations: a Study of the Political and Diplomatic Relations between the Mughul Empire and Iran*, Tehran, 1970）一书中的大部分内容都以前者为基础。

有关纳迪尔沙的编年史中，最重要的是米尔扎·米赫迪·阿斯塔拉巴迪（Mīrzā Mihdī Astarābādī）的《世界征服者纳迪尔沙史》（*Ta'rīkh-i jahān gushā-yi Nādirī*, ed. S. 'A. Anwār, Tehran, 1963）和《纳迪尔沙的时代》（*Durra-i Nādira*, ed. S. J. Shahīdī, Tehran, 1963）。两部赞德王朝编年史分别是纳米·伊斯法罕尼（Nāmī Iṣfahānī）的《世界征服者史》（*Ta'rīkh-i gītī gushā*, ed. S. Nafīsī, Tehran, 1939）和古丽斯坦纳（Gulistāna）的《历史全书》（*Mujmal al-tawārīkh*, ed. M. Raḍawī, Tehran, 1966）。还有一部与 18 世纪有关的荒诞的轶事集——穆罕默德·哈希姆（Muhammad Hāshim）的《鲁斯塔姆史》（*Rustam al-tawārīkh*, ed. M. Mushīrī, 2nd edn, Tehran, 1974），德语版见霍夫曼（B. Hoffmann）《经验、纪念与编造的波斯史（1694—1835）——德语版〈鲁斯塔姆史〉》（*Persische Geschichte 1694 - 1835 erlebt, erinnert und erfunden. Das Rustam at-tawārīḫ in deutscher Bearbeitung*, 2vols, Bamberg, 1986）。

现代著作

通史

《剑桥伊朗史》是最重要的大型前沿波斯史。其中涵盖本书所讨论时期的卷本为第四卷《从阿拉伯人入侵到塞尔柱王朝》（*From the Arab Invasion to the Saljuqs*, ed. R. N. Frye, Cambridge, 1975）、第五卷《塞尔柱王朝与蒙古王朝》（*The Saljuq and Mongol Periods*, ed. J. A. Boyle, Cambridge, 1968）、第六卷《帖木儿王朝与萨法维王朝》（*The Timurid and Safavid Periods*, ed. P. Jackson and L. Lockhart, Cambridge, 1986）。第七卷《18世纪至今》（*The Eighteenth Century to the Present*）尚未出版。第一卷《波斯的土地》（*The Land of Iran*, ed. W. B. Fisher, Cambridge, 1968）也要参考。像所有合著一样，《剑桥波斯史》的质量参差不齐，但其中最好的章节是无价的，如第五卷中兰顿的《塞尔柱帝国的内部结构》（"The internal structure of the Saljuq Empire"）和彼得鲁舍夫斯基的《伊利汗国时期伊朗社会经济状况》（"The socio-economic condition of Iran under the Īl-Khāns"），以及第六卷中罗默论政治史的五章。最近一部极其重要的著作——兰顿的《中古波斯的连续性与变化：行政史、经济史与社会史的视角（11~14世纪）》（*Continuity and Change in Medieval Persia: Aspects of Administrative, Economic and Social History, 11th-14th Century*, New York, 1988）——讨论了中古的前半段时期。

较早的通史，如珀西·塞克斯爵士（Sir Percy Sykes）的两卷本《波斯史》（*History of Persia*）不再具有很大的价值，而鲍萨尼（A. Bausani）的《波斯人》（*The Persians*, London, 1971）则是一部关于波斯全史的饶有趣味的短述。罗杰·史蒂文斯爵士（Sir Roger Stevens）的《伟大苏菲的土地（第三版）》（*The Land of the*

Great Sophy，3rd edn，London，1979）可以让人愉快地学到很多关于
波斯的知识。《伊朗历史地理》（*An Historical Geography of Iran*，trans.
S. Soucek and ed. C. E. Bosworth，Princeton，1984，1903 年首版于
俄罗斯）是最伟大的伊斯兰史学家之一的著作，虽然这可能不是他
178 最好的作品，但仍值得参考。这本书可以与勒·斯特朗日（G. Le
Strange）的《东方哈里发国的土地》（*The Lands of the Eastern
Caliphate*，Cambridge，1905，reprinted London，1966）一起使用。巴
托尔德（W. Barthold）最有名的著作《突厥人至蒙古人入侵》
（*Turkestan down to the Mongol Invasion*，3rd edn，London，1968）虽然
并不以波斯为主，但仍不可或缺。另外两部不容错过的经典是兰顿
的《波斯的地主和农民》（*Landlord and Peasant in Persia*，London，
1953）以及她在伦敦大学的首次讲课讲义——《波斯的伊斯兰社
会》（*Islamic Society in Persia*，London，1954），后再版于兰顿的
《中古波斯的理论与实践》（*Theory and Practice in Medieval Persian
Government*，London，1980）中。

　　霍尔特（P. M. Holt）、兰顿和刘易斯合编的《剑桥伊斯兰史》
（*The Cambridge History of Islam*，2 vols，Cambridge，1970）和塞顿主
编的《十字军东征史》（*A History of the Crusades*，5 vols so far，
Madison 1969-）中都有相关章节。特别有价值的是卡昂在第一卷中
的《突厥人的入侵——塞尔柱王朝》（"The Turkish invasion：the
Selchükids"）一章及第二卷中的《蒙古人与近东》（"The Mongols
and the Near East"）。M. G. S. 霍德格森（M. G. S. Hodgson）的
《伊斯兰教的冒险》（*The Venture of Islam*，3 vols，Chicago，1974）是

一项艰巨的工作，但值得付出，而他对波斯的兴趣也超过了大多数伊斯兰教通史学者。

在《伊斯兰教百科全书》（*The Encyclopaedia of Islam*, 1st edn, Leiden, 1918-38, 2nd edn, 1960- , 本书写作之时，第二版已编到了字母 M）是一部基本的参考著作。新的《伊朗百科全书》（*Encyclopaedia Iranica*, New York and London, 1982- ）最近开始出版，这部著作尚未编完字母 A。三份书目指南值得推荐。综合类的有卡昂的《让·索维奇的穆斯林东方史导论》（*Jean Sauvaget's Introduction to the History of the Muslim East*, Berkeley and Los Angeles, 1965）——这本书并没有完全被卡昂自己的《中古伊斯兰世界史导论》（*Introduction à l'histoire du monde musulman médiéval*, VIIe-XVe siècle, Paris, 1982）所取代；专门针对波斯的有埃尔维尔-萨顿（L. P. Elwell-Sutton）编《伊朗书目指南》（*Bibliographical Guide to Iran*, Brighton, 1983）；针对论文类的有皮尔森（J. D. Pearson）的《伊斯兰索引（1906—1955）》（*Index Islamicus 1906-1955*, Cambridge, 1958），后多有增补。伊斯兰教的历史地图集大部分质量不高。最好的是布莱斯（W. C. Brice）所编的《伊斯兰教历史地图集》（*An Historical Atlas of Islam*, Leiden, 1981）。

伊斯兰时代早期

就第二章中以引言形式简要概述的这段时期，只能提及几部作品作为拓展阅读。涵盖整个这段时期的有施普勒的《伊斯兰时代早期的波斯》（*Iran in früh-islamischer Zeit*, Wiesbaden, 1952），《剑桥伊朗史》第四卷以及福莱（R. N. Frye）篇幅较短、有着古怪标题的《波斯黄金时代：东方的阿拉伯人》（*The Golden Age of Persia : the Arabs in the East*, London, 1975）。许多伊斯兰时代早期的波斯历史可以在"先知穆罕默德与哈里发国时代"（The Prophet and the Age of the Caliphates）系列丛书中休·肯尼迪（Hugh Kennedy）一卷中找到。该卷有一篇关于白益王朝特别有价值的文章。关于伊斯兰时代波斯之前的萨珊时期，参见《剑桥伊朗史》第三卷《塞琉古、帕提亚与萨珊时期》（*The Seleucid, Parthian and Sasanian Periods*, ed. E. Yarshater, Cambridge, 1983）。克里斯滕森（A. Christensen）的《萨珊时期的伊朗》（*L'Iran sous les Sassanides*, 2nd edn, Copenhagen, 1944）长期以来一直被奉为圭臬。

179

塞尔柱王朝及之后时期

　　《十字军东征史》第一卷中卡昂的章节是最好的介绍。有关详细的叙述，参见博斯沃思（C. E. B. Bosworth）的《伊朗世界的政治和王朝史（1000—1217）》["The political and dynastic history of the Iranian world（A. D. 1000-1217）", in *CHI* vol. 5]一文。理查兹（D. S. Richards）编《伊斯兰文明（950—1150）》（*Islamic Civilisation 950-1150*, Oxford, 1973）中有许多有用的文章，尤其是博斯沃思的《野蛮人入侵》（"Barbarian invasions : the coming of the Turks into the Islamic world"）和兰顿的《塞尔柱-乌古思人定居波

斯之诸面》（"Aspects of Saljūq-Ghuzz settlement in Persia"，再版于兰顿《中古波斯的理论与实践》）。关于塞尔柱王朝的行政，参见兰顿《塞尔柱帝国的内部结构》（"The internal structure of the Saljuq empire", in *CHI* vol. 5，同样再版于兰顿《中古波斯的理论与实践》），和她最近在《中古波斯的连续性与变化：行政史、经济史与社会史的视角（11～14 世纪）》一书中的观点。另参见克劳斯纳（C. L. Klausner）的《塞尔柱王朝的维齐尔制度》（*The Seljuk Vezirate*, Cambridge, Mass., 1973）。格拉森的《中庸之道：阿拔斯王朝后期的宗教政治与宗教狂热研究》（*Der mittlere Weg*：*Studien zur Religionspolitik und Religiosität der späteren Abbasiden-zeit*, Wiesbaden, 1981）有一些关于尼扎姆·穆勒克和其他主题的有趣材料。有两篇关于伊克塔制度的标准探讨，分别是卡昂的《9 至 13 世纪伊克塔制度的演进》（"L'évolution de l'iaṭāʿdu IXᵉ au XIIIᵉ siècle", *Annales* 8, 1953, 25 - 52）和兰顿的《反思伊克塔制》（"Reflections on the iqṭāʿ", *Arabic and Islamic Studies in Honor of Hamilton A. R. Gibb*, ed. G. Makdisi, Leiden, 1965, 358-76，同样再版于兰顿《中古波斯的理论与实践》）。卡昂还撰写了《伊斯兰教百科全书》中的《伊克塔》（IḲṬĀʿ）一章。

　　关于伊斯玛仪派，最好的叙述来自霍德格森的《暗杀派》（*The Order of Assassins*, Leiden, 1955）和《伊斯玛仪派国家》（"The Ismāʿīlī state" in *CHI* vol. 5）。刘易斯的《暗杀派》（*The Assassins*：*a Radical Sect in Islam*, London, 1967）是一本引人入胜、饶有趣味的小册子。有关哈剌契丹与花剌子模王朝，尚未有充分

研究。关于这两个王朝，参见巴托尔德《突厥人至蒙古人入侵》第三章。关于哈刺契丹王朝，参见 K. A. 威特福格尔（K. A. Wittfogel）和 C. 冯（C. Fêng）的《中国社会史：辽（907—1125）》（*History of Chinese Society：Liao 907-1125*，Philadelphia，1949，Appendix 5）。有关花刺子模王朝，参见《剑桥伊朗史》第五卷中博斯沃思的章节。

蒙古帝国

介绍整个蒙古现象最有意思的文章是傅礼初的《蒙古人：生态和社会视角》（"The Mongols：ecological and social perspectives"，*HJAS* 46/1，1986，11-50）。桑德斯（J. J. Saunders）的《蒙古征服史》（*The History of the Mongol Conquests*，London，1971）是标准的通论。摩根的《蒙古人》（*The Mongols*，Oxford，1986）叙述范围相似，但出版时间上更近。拉契涅夫斯基的《成吉思汗：生平与功绩》（*Činggis-Khan：sein Leben und Wirken*，Wiesbaden，1983）是目前有关成吉思汗最好的研究。有很多英语传记，但真正有价值的只有马丁（H. D. Martin）的局部研究《成吉思汗的崛起及其对中国北方的征服》（*The Rise of Chingis Khan and his Conquest of North China*，Baltimore，1950）。S. 札奇斯钦（S. Jagchid）和 P. 海尔（P. Hyer）的《蒙古文化与社会》（*Mongolia's Culture and Society*，Boulder and Folkestone，1979）是一部值得推荐的有关蒙古人的通俗读物。而 R. 格鲁塞特（R. Grousset）的《草原帝国》（*The Empire*

180

of the Steppes，trans. N. Walford，New Brunswick，1970）和 G. 汉布列（G. Hambly）编《中亚》（*Central Asia*，London，1969）为了解中亚历史更广泛的语境值得一读。

施普勒的《伊朗的蒙古人》（*Die Mongolen in Iran*，4th edn，Leiden，1985）是有关波斯蒙古人的标准著作。英语类著作参见《剑桥伊朗史》第五卷中相关章节，尤其是波义耳的《伊利汗国王朝和政治史》（"Dynastic and political history of the Īl-Khāns"），以及彼得鲁舍夫斯基的《伊利汗国时期伊朗社会经济状况》，这是对一本重要俄语著作的概述。就名字恰好以字母 A 开头的伊利汗而言（比例很高），最好的论述是《伊朗百科全书》中杰克逊（P. Jackson）的文章。巴托尔德的《突厥人至蒙古人入侵》与这一时期特别相关。这本书的 1968 年版有非常重要的附加材料，这在早期的英文版中是没有的。兰顿的《中古波斯的连续性与变化：行政史、经济史与社会史的视角（11～14 世纪）》在这一时期的论述和塞尔柱王朝部分一样重要。

帖木儿王朝

H. 胡卡姆（H. Hookham）的《征服者帖木儿》（*Tamburlaine the Conqueror*，London，1962）是目前有关帖木儿最好的英语研究。不过，B. F. 曼茨（B. F. Manz）的《帖木儿的崛起和统治》（*The Rise and Rule of Tamerlane*）待出版后，会是标准著作。《剑桥伊朗史》第六卷中罗默的《帖木儿在伊朗》（"Tīmūr in Iran"）与《帖木儿的继承者》（"The successors of Tīmūr"）相当出色，而他的另一篇有关后伊利汗国时期的文章《札剌亦儿王朝、穆札法尔王朝与萨尔巴达尔王朝》（"The Jalayirids, Muzaffarids and Sarbadārs"）同样出彩。一本有关第三个"王朝"的书很有意思，即史密斯（J. M. Smith）的《萨尔巴达尔王朝的历史及其史料（1336~1381）》（*The History of the Sarbadār Dynasty, 1336 - 1381 A. D. , and its Sources*, The Hague and Paris, 1970）。最近一本有关帖木儿的英语佳作是《中亚史四项研究》（*Four Studies on the History of Central Asia*）之卷二——巴托尔德的《兀鲁伯》（*Ulugh Beg*, trans. V. and T. Minorsky, Leiden, 1958）。有一项关于帖木儿王朝后期都城的极重要研究——艾伦（T. Allen）的《帖木儿王朝赫拉特》（*Timurid Herat*, Wiesbaden, 1983）。奥班（J. Aubin）的《15 世纪巴姆的两位赛义德：对帖木儿王朝伊朗史的贡献）（*Deux Sayyids de Bam au XVᵉ siècle. Contribution à l'histoire de l'Iran timouride*, Wiesbaden, 1956）中可以了解很多有关克尔曼省的信息。

土库曼人诸王朝与萨法维王朝的崛起

亨茨（W. Hinz）的《15 世纪伊朗民族国家的崛起》（*Irans Aufstieg zum Nationalstaat im fünfzehnten Jahrhundert*, Berlin and Leipzig, 1936）和伍兹（J. E. Woods）的《白羊王朝：氏族、联盟与帝国》（*The Aqquyunlu: Clan, Confederation, Empire*, Minneapolis and Chicago, 1976）是关于 15 世纪波斯的两部重要著作。米诺尔斯

基写有许多相关文章，收录在他的《伊朗》（*Iranica*，Tehran，
1964）、《中古突厥人、伊朗与高加索》（*The Turks, Iran and the*
Caucasus in the Middle Ages，London，1978）与《中古伊朗及其邻
邦》（*Medieval Iran and its Neighbours*，London，1982）三本文集中。
有关这个时期及后续的伊斯法罕研究，有 R. 奎林－佐赫（R.
Quiring-Zoche）的《15、16 世纪的伊斯法罕》（*Isfahan im 15. und*
16. Jahrhundert，Freiburg，1980）。关于萨法维王朝的崛起，马萨维
（M. M. Mazzaoui）的《萨法维王朝起源：什叶派、苏菲派和极端
派》（*The Origins of the Ṣafawids: Šīʿism, ṣūfism and the Gulāt*，
Wiesbaden，1972）的部分内容很有用，但整本书并不完全令人满
意。最好的论述是罗默《萨法维王朝》（"The Safavid period"，*CHI*
vol. 6）前 20 页。奥班的《蒙古人治下阿塞拜疆的土地所有权》
（"La propriété foncière en Azerbaydjan sous les Mongols"，*Le Monde*
Iranien et l'Islam IV，1976-7，79-132）对萨法维教团谢赫们土地所
有权的论述很有意思。关于祝奈德的生平，莫顿（A. H. Morton）
即将发表的文章《阿尔达比勒的祝奈德》（"Junayd of Ardabīl"）
很重要。

萨法维王朝

前述米诺尔斯基影印本《诸王备忘录》（*Tadhkirat al-Mulūk*，
London，1943）及其译文的引言及评注仍然是所有萨法维王朝研究
的基础。罗默的《萨法维王朝》是近期杰出的研究。萨沃里的

181

《萨法维王朝治下的伊朗》（*Iran under the Safavids*, Cambridge,
1980）是萨法维波斯研究的唯一一本英语专著。布劳恩（H.
Braun）的《萨法维王朝和 18 世纪的伊朗》（"Irān under the
Safavids and in the 18th century"）是一篇有用的概述，收录在巴格
利（F. R. C. Bagley）编译的《伊斯兰世界：历史概览——最后的
伊斯兰大帝国（第三部分）》（*The Muslim World: a Historical
Survey. Part III: the Last Great Muslim Empires*, Leiden, 1969 , 181-
218）中。近几十年来，最好的著作大多数是用英语以外的语言撰
写的，尤其是德语和法语。重要的例子有 K. M. 罗尔伯恩（K. M.
Röhrborn）的《16、17 世纪波斯诸省与中央政权》（*Provinzen und
Zentralgewalt Persiens im 16. und 17. Jahrhundert*, Berlin, 1966），以
及奥班的大量文章，如《伊斯玛仪沙与波斯伊拉克的显贵》（"Šāh
Ismāʿīl et les notables de l'Iraq Persan", *JESHO* 2, 1959, 37-81）和
《萨法维王朝的宗教政策》（"La politique religieuse des Safavides",
in *Le Shīʿisme imāmite*, Paris, 1970）。

M. 莫门（M. Momen）的《伊斯兰教什叶派导论》（*An
Introduction to Shiʿi Islam*, New Haven and London, 1985）是一本有
关十二伊玛目派令人叹服的通俗读物。S. A. 阿约曼德（S. A.
Arjomand）的《真主的影子与隐遁的伊玛目》（*The Shadow of God
and the Hidden Imam*, Chicago and London, 1984）一书中有关于强制
推行什叶派的重要资料，但作者的呈现方式在很大程度上遮掩了这
一事实。另参见胡拉尼（A. H. Hourani）《从贾巴尔·阿米尔到波
斯》（"From Jabal ʿĀmil to Persia", *BSOAS* XLIX/1, 1986, 133-40）。

关于萨法维王朝早期的外交事务，参见阿卢什（A. Allouche）的《奥斯曼－萨法维冲突的根源与发展（1500—1555）》[*The Origins and Development of the Ottoman－Ṣafavid Conflict（906－962/1500－1555*）, Berlin, 1983]。关于乌兹别克人，参见傅礼初即将发表的文章《乌兹别克人的兴起》（"Western Turkestan: the emergence of the Uzbeks", forthcoming in the *Cambridge History of Inner Asia*），以及 M. B. 迪克森（M. B. Dichson）的《塔合玛斯普沙与乌兹别克人（为呼罗珊与乌拜都剌的决斗: 1524—1540）》[*Shāh Ṭahmásb and the Uzbeks（The Duel for Khurásán with ʿUbayd Khán*: 1524－1540）, Princeton, 1958]——严格说来，这是一篇未出版的学位论文，但 182 实际上大学缩微胶卷出版公司提供了书本形式。

关于经济史，参见 R. W. 费里耶（R. W. Ferrier）的《从14世纪中叶到萨法维王朝末期的贸易》（"Trade from the mid-14th century to the end of the Safavid period", *CHI* vol. 6）和福拉格纳的《社会和内部经济事务》（"Social and internal economic affairs", *CHI* vol. 6.）。近期的英语读物有 M. 齐瓦尼（M. Keyvani）的《萨法维王朝后期的工匠与行会生活》（*Artisans and Guild Life in the Later Safavid Period*, Berlin, 1982）。N. 史汀斯加尔德（N. Steensgaard）的《17世纪亚洲贸易革命》（*The Asian Trade Revolution of the Seventeenth Century*, Chicago and London, 1974）包含了与波斯相关的重要内容。有许多关于这一时期艺术和建筑的书籍，如 A. 威尔赫（A. Welch）的《阿拔斯沙与伊斯法罕的艺术》（*Shāh ʿAbbās and the Arts of Isfahan*, New York, 1973）。布伦特与斯旺（W.

Swaan）的《伊斯法罕，波斯之珠》（*Isfahan*，*Pearl of Persia*，London，1966）读来引人入胜。另参见论文集《伊斯法罕研究》（*Studies on Isfahan*，*Iranian Studies* VII，2 parts，ed. R. Holod，1974）。尤其值得注意 R. 希伦布兰特（R. Hillenbrand）的《萨法维王朝建筑》（"Safavid architecture"，*CHI* vol. 6）一文。

L. 洛克哈特（L. Lockhart）在《萨法维王朝的灭亡与阿富汗人占领波斯》（*The Fall of the Ṣafavī Dynasty and the Afghan Occupation of Persia*，Cambridge，1958）一书中对萨法维王朝末期进行了详细研究。迪克森就此书撰写的书评《萨法维王朝的灭亡》（"The fall of the Ṣafavī Dynasty"，*JAOS* 82，1962，503-17）很重要。

18 世纪

关于短暂的阿富汗人统治时期，参见洛克哈特的《萨法维王朝的灭亡与阿富汗人占领波斯》一书。洛克哈特的《纳迪尔沙》（*Nadir Shah*，London，1938）仍然是标准的论述。有关 18 世纪最好的读物是 J. R. 佩里（J. R. Perry）的《卡里姆汗：一段伊朗史（1747—1779）》（*Karim Khan Zand：a History of Iran*，*1747-1779*，Chicago and London，1979）。关于 18 世纪的什叶派，参见阿约曼德的《真主的影子与隐遁的伊玛目》，H. 阿尔加尔（H. Algar）的《18 世纪什叶派与伊朗》（"Shiʿism and Iran in the eighteenth century"）一文，收录于 T. 纳夫（T. Naff）和 R. 欧文（R. Owen）合编的《18 世纪伊斯兰教史研究》（*Studies in Eighteenth*

Century Islamic History, Carbondale, etc. , 1977, 288 – 302 and 400 – 3)，还有 N. R. 凯迪（N. R. Keddie）的《近现代伊朗乌莱玛权力之根》（"The roots of the ulama's power in modern Iran"），收录于他本人编辑的《学者、圣人与苏菲：1500 年以来中东伊斯兰宗教机构》（*Scholars*, *Saints and Sufis*: *Muslim Religious Institutions in the Middle East since 1500*, Berkeley and Los Angeles, 1972, 211 – 29）。兰顿的《18 世纪部落复兴与官僚主义的衰落》（"The tribal resurgence and the decline of the bureaucracy in the eighteenth century", in Naff and Owen, *op. cit.* , 108 – 29 and 377 – 82）是一篇有益的探讨。

术语表

需要指出的是，这些术语的定义仅限于其在本书中出现的时代和地域的含义。当处在其他时代、地域时，有些术语的含义会不同。

Akhbārī（阿赫巴尔派）什叶派神学派别，认为先知穆罕默德和伊玛目们的圣行为穆斯林提供了充分的指导，因此反对运用"伊智提哈德"。

Amīr（异密）军事统帅。

Amīr al-umarā'（众异密之异密）大元帅。

Anda（安答）蒙古社会中的结拜兄弟。

Atabeg（阿塔毕）"王子的父亲"（突厥语），原为塞尔柱王子的监护人及其封地摄政；有些塞尔柱帝国继承国的统治者是阿塔毕或伪阿塔毕。

Barāt（拜拉特）一种汇兑券，尤其用于税收。

Bāṭin（内学）伊斯兰教的隐义诠释。

Beg（别、伯）部落首领；王子（突厥语）。

Caliph（哈里发，阿拉伯语为 khalīfa）"代表，继承人"，伊斯兰教全体逊尼派穆斯林共同体正统、公认的首领。

Catholicus（牧首）景教教长头衔。

Chʿao（钞）中国的纸币。

Dār al-ḥarb（战争之所）伊斯兰教法上所有不在穆斯林管辖下的土地。

Dār al-Islām（伊斯兰之所）伊斯兰教法上所有穆斯林管辖的土地。

Dargāh（达鲁噶）宫廷。

Dawla（道拉）王朝，国家。

Dihqān（迪赫坎）地主；村长，世袭拥有土地并负责征收缴纳税款（萨珊王朝和伊斯兰时代早期）；现代波斯语中指农民。

Dīnār（第纳尔）源于拉丁语 denarius，金币单位。

Dīwān（迪万）政府部门。

Ghāzī（加齐）为伊斯兰信仰而战的勇士。

Ghulām（古拉姆）另参见 mamlūk，奴隶士兵，从伊斯兰世界外引入的奴隶士兵及其后裔。

Ḥadīth（哈底斯）先知穆罕默德或什叶派伊玛目们的圣行。

Hazāra（千户）"千"（波斯语），蒙古帝国时期的军队编制，名义上有 1000 人。

Ijtihād（伊智提哈德）就伊斯兰教信仰事务独立判断。

Īlchī（乙里只）使者（蒙古帝国及之后）。

Īlkhān（伊利汗）"从属的汗"，波斯和伊拉克的蒙古汗国的统治者。

Imām（伊玛目）率领穆斯林群众举行拜功的领拜人；伊斯兰团体的领袖；哈里发；在什叶派的习惯中，当这个词用于团体领袖时，仅限于先知穆罕默德家族内。

Iqṭāʿ（伊克塔）土地或其收益的分配；行省政府。

Ismāʿīlī（伊斯玛仪派）什叶派分支，尤以法蒂玛王朝哈里发和暗
　杀派为代表。

Īwān（伊旺）一种拱门。

Jizya（吉兹亚）向非穆斯林民众实施的人头税。

Khān（汗、可汗）蒙古和游牧部统治者或部落首领的称号。

Kharāj（哈拉吉）税；纳贡；土地税。

Khāṣṣa（哈撒）萨法维王朝时期沙个人支配的土地。

Khuṭba（呼图白）清真寺内的宣讲，通常会提及统治者的名字，这
　是一种军权的标志。

Madhhab（麦兹海布）教义；礼仪；伊斯兰教法学派。

Madrasa（经学院）伊斯兰教的宗教院校。

Mamālik（麦马立克）王国；行省；萨法维王朝时期沙恩赐给红头
　的行省，施行间接统治。

Mamlūk（马穆鲁克）参见 ghulām。

Marjaʿal-taqlīd（玛尔札·塔格利德）"效仿之源"，穆智台希德所
　能获得的最高称号。

Masjid 清真寺。

Mawlā（毛拉，复数形式 mawālī）阿拉伯部落的被保护人（通常不
　是阿拉伯人）。

Maẓālim（马扎里姆）作为"卡迪"的补充行使管辖权的法庭，以
　处理臣民的冤屈和请愿。

Miḥrāb（米哈拉布）清真寺中的壁龛，指示麦加的方向，因此也指
　示礼拜的方向。

Mujtahid（穆智台希德）有资格行使"伊智提哈德"者。

Mullā（毛拉）伊斯兰宗教阶层成员。

Mullā-bāshī（毛拉巴失）毛拉长（萨法维王朝后期）。

Muqaʿ（穆克塔）伊克塔的持有者。

Mustawfī（穆斯塔菲）税收会计。

Nawrūz（诺鲁孜）波斯新年节日（3 月 21 日或 22 日）；人名。

Nizārī（尼扎尔派）该派相信 1094 年法蒂玛王朝危机时，尼扎尔才
　是真正的伊斯玛仪派伊玛目。

Nöker（那可儿）蒙古社会中的伴当、亲随。

Qāḍī（哈的）伊斯兰教法官。

Qalān（哈阑）性质不明的蒙古税种。

Qanāt（坎儿井）地下水渠，通常用于灌溉。

Qiyāma（格雅迈）复活日。

Qizilbash（红头军）萨法维教团的土库曼部落拥护者。

Qūbchūr（忽卜绰儿）蒙古人的牲口税；人头税。

Qullar（忽剌儿）萨法维王朝"古拉姆"骑兵队成员。

Qurchī（火儿赤）早期萨法维沙小型常备军的成员。

Quriltai（忽里勒台）蒙古权贵们的集会。

Raʿāyā（拉雅）臣民，农民。

Ramaḍān（莱麦丹）伊斯兰历第九个月，其间穆斯林在日出后到日
　落前斋戒。

ṣadr（沙德尔）萨法维王朝早期什叶派宗教机构首领。

ṣāḥib-dīwān（撒希卜迪万）财政大臣；伊利汗国时期用于宰相的

头衔。

Shahāda（清真言）穆斯林的宣信词。

Shaḥna（沙黑纳）军事总督。

Shamanism（萨满教）草原民族的传统宗教信仰。

Sharī'a（沙里亚）伊斯兰教法。

Shaykh（谢赫）字面意思为"老人"，穆斯林宗教领袖，尤指苏菲。

Shī'a（什叶派）字面意思为"派别"（穆罕默德的堂弟、女婿阿里的派别），指相信伊斯兰团体的领导权应当属于先知穆罕默德后裔的穆斯林。

ṣūfī（苏菲）伊斯兰教神秘主义者。

Sulṭān（苏丹、算端、速檀）塞尔柱王朝及之后统治者的称号。

Sunnī（逊尼派）伊斯兰教多数派，声称追随先知穆罕默德的圣行（逊奈）。

Suyūrghāl（莎余儿合勒）字面意思为"恩惠"、"奖赏"（蒙古语），"伊克塔"的一种类型。

Tāj（塔吉）"冠"，萨法维王朝红头军佩戴的由 12 块三角形布拼成的红帽。

Tamghā（探合）蒙古人的商业交易税。

Taqiyya（塔基亚）在伊斯兰教信仰问题上的战术伪装，尤见于什叶派。

Ta'zīya（泰尔则叶）什叶派的受难剧。

Tiyūl（提余勒）"伊克塔"的一种类型。

Tümen（万户）蒙古军队编制，名义上有 10000 人。

Tūpchī 炮兵。

Twelvers（十二伊玛目派）什叶派主要支派，相信十二位不会犯错的伊玛目，始自阿里，终于穆罕默德·马赫迪，其于 878 年前后隐遁，将要再临。

'*Ulamā*'（乌莱玛，单数形式*ālim*）伊斯兰宗教学科学者。

'*Urf*（欧尔夫）习惯法。

Uṣūlī（乌苏尔派）什叶派神学派别，支持运用"伊智提哈德"。

Wakīl（瓦基勒）代表，尤其是萨法维王朝早期沙的代表；卡里姆汗的称号。

Wālī（瓦里）总督。

Waqf（瓦克夫）伊斯兰教捐赠，通常用于宗教或慈善目的。

Wazīr（维齐尔）宰相。

Yām（站）蒙古人的驿道系统。

Yarghuchi（札鲁忽赤）蒙古法官。

Yarlīgh（札里黑）敕令（伊利汗国时期）。

Yāsā（札撒）蒙古人的法令、法律、习惯。

索 引

（索引页码为原书页码，即本书边码）

译后记

《波斯的中古时代（1040—1797 年）》是近东历史研究的一部重要著作。作者戴维·摩根（1945—2019 年）是著名的波斯和蒙古史学者。1966 年从牛津大学伍斯特学院历史学专业毕业后，摩根于 1970 年进入伦敦大学亚非学院深造，并于 1977 年获得博士学位。享誉全球的伊朗学专家安·兰顿（Ann Lambton）担任了摩根的导师，并指导他完成了博士论文《蒙古在波斯统治的各个方面》（"Aspects of Mongol Rule in Persia"）。摩根在伦敦大学亚非学院任教二十年后，接受了威斯康星大学麦迪逊分校的教授职位，直至 2010 年退休。

摩根对蒙古和波斯历史的热爱促使他撰写了这两个研究领域必读的两本专著——《蒙古人》（*The Mongols*）和《波斯的中古时代（1040—1797 年）》。这两本专著均已再版，至今已有多种语言的译本。此外，摩根还参加了《皇家亚洲学会杂志》、《新剑桥伊斯兰史》（第 3 卷）和"剑桥伊斯兰文明研究"丛书的编撰工作。作为学者、作家、编辑，他为中东史的研究做出了巨大贡献。

《波斯的中古时代（1040—1797 年）》（第二版）描绘了一片特殊的地区和一个漫长的时期。在本书所涵盖的这段时间里，这片被称为"波斯"的土地涉及今日属于伊朗、阿富汗、土耳其和中亚五国的地区。摩根实际上承担了一项相当艰巨的任务——要在 160

多页的篇幅里讲述这片大地近八个世纪的历史，而其中大量内容甚
至尚未得到充分研究。

摩根对波斯历史时期的划分有些与众不同。今日，许多学者倾
向于认为，波斯（或伊朗）的近现代史始于萨法维王朝，或至少是
该王朝的第一个百年。但摩根坚信即使是 17、18 世纪的波斯，仍
可恰当地归入"中古时代"的范畴。在他看来，将欧洲历史时期的
划分套用于波斯很不明智，在萨法维王朝开端这个节点上，波斯并
没有出现什么类似欧洲文艺复兴和宗教改革所象征的那般意义重大
的突破；倘若波斯的"中古时代"和"近现代"之间有一条分界
线，那么最合理的节点就是恺加王朝的开端。

无论如何，摩根在波斯背景下诸王朝的兴衰更迭中向读者展现
出一种统一性。开篇即以广阔的视角勾勒出波斯的地理生态环境和
曾经生活或征服过这片土地的游牧部落，以及他们对波斯的深远影
响。余下的十五章中，摩根陆续详述了到达和征服波斯的一支支民
族，回溯了这些帝国、王朝、政权如何崛起、兴盛、覆灭和承继，
以及他们同伊斯兰和波斯文化融合的过程。政治、社会和军事是作
者主要分析和讨论的对象，当然他也选择性地介绍了波斯的统治者
同周边政权如埃及（马穆鲁克王朝）、中国（元朝）、奥斯曼土耳
其乃至欧洲的政治和经济关系。

全书最精彩的部分无疑是关于蒙古人和其后诸游牧民族王朝的
章节。书中有三章专门讨论了蒙古人，两章讨论了帖木儿王朝，一
章讨论了 15 世纪的土库曼人王朝，占全书总章节数的三分之一以
上——这显然与摩根的研究背景紧密相关。特别是有关蒙古人的部

分，作者的研究背景和专业知识给波斯这段时期的研究提供了新颖的思路和切实可行的方法。亚洲游牧部落的政治和社会特征以及成吉思汗的征战生涯，为摩根叙述伊利汗国的统治及王朝的桩桩事件给出了真正有价值的解释。他对蒙古人外交和宗教政策的介绍，以及部落和军事方面零散细节的串联，为读者刻画了一个生动的政权形象。蒙古行政管理制度的演变虽然没有留下多少精确的记录，但摩根依靠 13、14 世纪伊利汗国学者剌失德丁留下的文字，以审慎而理性的笔触对此进行了阐述。

除了政治、社会和军事方面是本书的叙述重点外，摩根兼还触及了波斯中古时代的建筑和文艺。他对萨法维王朝都城伊斯法罕的市容描述有如一部旅行指南。有意思的是，本书大部分篇幅都不涉及宗教史，尽管伊斯兰化进程对作者讨论的所有王朝（包括萨法维王朝）都产生了重要影响，但他并未对该进程做任何正式的探讨。当然，有关暗杀派的部分是个例外，研究蒙古历史的学者似乎总是着迷于此。

作为一本通史类读物，《波斯的中古时代（1040—1797 年）》（第二版）的内容丰富有趣。摩根在撰写时不仅查阅大量史料，还吸收了各阶段代表性学者的重要著述。他的叙事风格时而诙谐轻松，时而又洋溢着浩瀚博大的游牧文化精神。书中附有波斯地图和主要王朝世系表，为读者提供直观的感受。值得一提的是，本书后记和参考文献部分颇为翔实，极有价值。摩根在其中罗列综述了相关主题几乎所有的史料和重要研究成果，堪称中古时代波斯研究的文献大全指南。可以说，无论是历史爱好者还是专业研究者，都能从本书中获益匪浅。

　　本书在翻译中，译名的统一始终是最大的难点。书中难免存在诸多令普通读者感到陌生的专有名词，阅读难度也随之上升。书中的人名、地名不仅数量多，涉及历史跨度长，其民族和地理的渊源也相当广。译者在汉译中花费了大量时间斟酌。各游牧民族人名的翻译就是一大难点，除了约定俗成的译名外，译者基本上沿用了柯劭忞《新元史》中以及冯承钧、余大钧等几位翻译大家的译名。如无前例可沿袭，则取其音译名，但避免使用网络上明显按英语发音规则译出的名称，而是尽力贴近常见的突厥语及蒙古语的汉字音译，以留存古意。地名的翻译则是另一大难点。译者本有意采用我国古籍中的译名，因这类译名总能唤起大量历史记忆。然而，这些地名的汉译在不同时期的古籍中各不相同，一些区域的地理空间本身在数个世纪的演变中也有所变更，任何的取舍都无法达到令人满意的结果。因此，出于全书统一的考虑，译者没有刻意求古，而是对大部分地名采用了现代译名，除了个别几处今已废而不用的地名，保留了约定俗成的旧译。但到最后仍然感到不甚满意，可谓"心有余悸"。

　　本书后记及参考文献部分涵盖大量文献资料，不仅显示了作者的学识渊博和使用资料的丰富，更重要的是可以为历史研究者提供实用的一、二手资料线索。其中，大多数书目和专论尚未有中文译名，因此由译者自行翻译。译海行舟，任重道远，唯译者知识储备有限，推敲乏术，还望读者与专家不吝赐教，批评指正，不胜感激。

　　本书能够顺利出版，感谢社会科学文献出版社编辑刘娟老师的辛勤劳动和热情帮助；感谢上海社会科学院宗教研究所吴赟培博士忍受译者频频叨扰，热心为译者答疑解惑，以及田艺琼博士为译者在翻译阿拉伯语渊源的官职名称时提供的建议。

图书在版编目（CIP）数据

波斯的中古时代：1040-1797 年 ／ （英）戴维·摩根
（David Morgan）著；赵博阳译 . -- 北京：社会科学文
献出版社，2024.9
　书名原文：Medieval Persia 1040-1797
　ISBN 978-7-5228-3434-4

　Ⅰ . ①波… 　Ⅱ . ①戴… ②赵… 　Ⅲ . ①波斯帝国-历
史-1040-1797 　Ⅳ . ①K124.4

中国国家版本馆 CIP 数据核字（2024）第 066175 号

地图审图号：GS（2024）2571 号（此书中插附地图系原文插附地图）

波斯的中古时代（1040—1797 年）

著　　者／〔英〕戴维·摩根（David Morgan）
译　　者／赵博阳

出 版 人／冀祥德
责任编辑／刘　娟
责任印制／王京美

出　　版／社会科学文献出版社·甲骨文工作室（分社）（010）59366527
　　　　　　地址：北京市北三环中路甲 29 号院华龙大厦　邮编：100029
　　　　　　网址：www.ssap.com.cn
发　　行／社会科学文献出版社（010）59367028
印　　装／三河市东方印刷有限公司

规　　格／开　本：889mm×1194mm　1/32
　　　　　　印　张：10.375　插　页：0.375　字　数：226 千字
版　　次／2024 年 9 月第 1 版　2024 年 9 月第 1 次印刷
书　　号／ISBN 978-7-5228-3434-4
著作权合同
登 记 号　／图字 01-2024-3579 号
定　　价／79.00 元

读者服务电话：4008918866